지식인 마을

새싹마을

촘스키가

아크로폴리스
아고라

아인슈타인가

입구

지식인마을30
벤야민 & 아도르노
대중문화의
기만 혹은 해방

지식인마을 30 대중문화의 기만 혹은 해방
벤야민 & 아도르노

저자_ 신혜경

1판 1쇄 발행_ 2009. 2. 5.
1판 13쇄 발행_ 2024. 6. 1.

발행처_ 김영사
발행인_ 박강휘

등록번호_ 제406-2003-036호
등록일자_ 1979. 5. 17.

경기도 파주시 문발로 197(문발동) 우편번호 10881
마케팅부 031)955-3100, 편집부 031)955-3200, 팩스 031)955-3111

저작권자 ⓒ 2009 신혜경
이 책의 저작권은 저자에게 있습니다. 서면에 의한 저자와 출판사의
허락 없이 내용의 일부를 인용하거나 발췌하는 것을 금합니다.
이 서적 내에 사용된 일부 작품은 SACK를 통해 ADAGP, Succession Picasso와
저작권 계약을 맺은 것입니다. 저작권법에 의하여 한국 내에서 보호를 받는 저작물이므로
무단 전재 및 복제를 금합니다.

Copyright ⓒ 2009 Shin Hye-Kyoung
All rights reserved including the rights of reproduction in whole
or in part in any form. Printed in KOREA.

값은 뒤표지에 있습니다.
ISBN 978-89-349-3184-3 04600
       978-89-349-2136-3 (세트)

홈페이지_ www.gimmyoung.com   블로그_ blog.naver.com/gybook
인스타그램_ instagram.com/gimmyoung   이메일_ bestbook@gimmyoung.com

좋은 독자가 좋은 책을 만듭니다.
김영사는 독자 여러분의 의견에 항상 귀 기울이고 있습니다.

지식인마을30

벤야민 & 아도르노
Walter Benjamin & Theodor W. Adorno

대중문화의 기만 혹은 해방

신혜경 지음

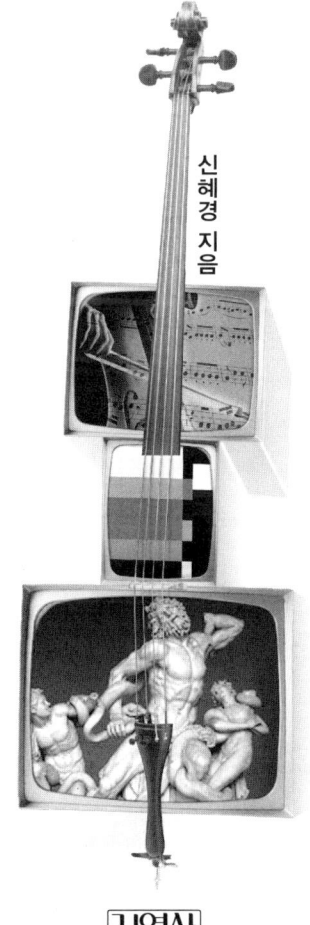

김영사

일러두기

이 책에 소개된 영화 중 〈쉰들러 리스트〉와 〈전함 포템킨〉은 표기법과 상관없이 국내에 소개된 제목을 그대로 사용하였으며, 영화 제목이 아닌 고유명사로 사용할 때는 로마자 표기법을 따랐습니다.

예) 〈쉰들러 리스트Schindlers List〉, 〈전함 포템킨Bronenosets Potyomkin〉
　　오스카어 신들러Oskar Schindler, 전함 포툠킨(Potyomkin) 호

Prologue 1 지식여행을 떠나며

벤야민과 아도르노가 여전히 유효한 시대

2009년 초, 대한민국은 매서운 추위에도 불구하고 '미네르바'의 구속에 대한 논란으로 연일 뜨겁게 달아올랐다. 인터넷상에서 '미네르바'라는 필명으로 경제 동향을 정확하게 예측하고 정부 정책을 비판했던 이 '경제 예언가'는 허위 사실을 유포했다는 혐의로 구속되었고 정부는 그럴싸한 새로운 법 조항을 만들어내기 위해 고심했다.

자살이라는 비극적인 이별을 고했던 한 영화배우는 새로운 입법을 정당화하려는 정치꾼들에 의해 단내 나도록 들먹여졌다. 인터넷 악플이 한 인간의 생명을 앗아 갔으므로 인터넷의 글들을 법적으로 처벌할 수 있는 새로운 법 조항이 필요하다는 주장이 심심찮게 들려왔다. 때를 같이하여 주요 국내 일간지들은 앞다투어 오늘날 인터넷 문화가 얼마나 저질인지를 '폭로'하는 특집 기사로 장식되었다. 조만간 마스크로 얼굴을 가리고 집회에 참여하는 사람들을 처벌하는 법의 제정을 고려 중이라는 소리도 들려왔다. 왜 얼굴을 가린 시위가 등장하는지는 고민하지 않은 채, '얼굴을 가린 놈들을 잡아들이면 시위가 근절될 것'이라는 이런 '황망'한 생각은 진정 반성을 잃어버린 채 "이성"의 광기를 향해 치닫는 시대의 단면이 아니고 무엇이랴.

오늘날 우리의 대중문화 상황은 벤야민과 아도르노가 경험했던 시대와는 분명히 달라졌다. 막대한 초고속 인터넷 사용자 수를 자랑하는 우리나라의 현 상황은 분명 10여 년 전만 해도 상상할 수 없었던 새로운 대중문화 환경을 창출해내고 있다. 우리가 서 있는 이곳은 라디오나 텔레비전에서 일방적으로 송출해내는 전파를 군소리 없이 수신하던 시절로부터는 너무나 먼 길을 떠나온 듯하다. 그럼에도 벤야민과 아도르노가 보여주었던 문화적 단상과 비판적 예견이 여전히 우리 가슴속에 절절히 느껴지는 것은 무엇 때문일까? 2009년을 살아가는 우리들은 암울한 시대의 저편에서 살아갔던 그들의 목소리에서 무엇을 간취해낼 수 있을까?

문화산업론에 대한 개론서들이 적지 않은 상황에서 또다시 이 논제를 들먹인다는 것에 대한 부담이 없진 않았다. 무엇보다 아도르노와 같은 인물의 글을 알기 쉽게 설명한다는 것은 나의 능력을 넘는 일이기에, 아니 그 이전에 아도르노에 대한 범죄 행위가 되지 않을까 하는 걱정이 앞섰다. 그럼에도 이 책이 전문적인 학술서적이기보다는 청소년과 대학생을 위한 교양서로서 기획된 것이라는 점에서 때론 무리한 단순화를 무릅쓰기도 했다. 그저 맘 편하게, 올해 대학생이 되는 조카들과 올해 주민증을 발급받을 터인 아이의 귀에 대고 조곤조곤 얘기해주고 싶은 기분으로 글을 썼다.

늦은 밤 14동에서 내려다뵈는 세상은 적막하다. 지난 몇 년간은 초인적으로 바쁜 나날의 연속이었다. 그야말로 브레이크가 없는 기관차를 탄 것처럼, 정신없이 내달리느라 잠시 숨을 고르고 주위를 돌아볼 여력이 없었음을 반성한다. 그리고 그와 더불어, 머리말을 써야지 고민하다가 문득 생각난 아도르노의 말로 마무리를 대신할까 싶다.

"거짓된 사회 가운데 올바른 삶이란 있을 수 없다."

2009년 1월 15일

p. s. 5년 뒤에, 혹은 10년 뒤에 우리는 또 어떤 모습으로 마주 대할 수 있을까. 우리는 오늘 이 시대의 모습을 어떤 얼굴로 기억할 것인가. 지금 그 대답은 알 수 없을지언정, 그때 우리 모두 현재의 '나'에 대해 '애 많이 썼어'라고 말해줄 수 있게 되기를 바란다. 이 책을 읽는 모든 분에게 진정 어린 축복과 감사를 전한다.

Prologue 2 이 책을 읽기 전에

〈지식인마을〉시리즈는…

〈지식인마을〉은 인문·사회·과학 분야에서 뛰어난 업적을 남긴 동서양대표 지식인 100인의 사상을 독창적으로 엮은 통합적 지식교양서이다. 100명의 지식인이 한 마을에 살고 있다는 가정하에 동서고금을 가로지르는 지식인들의 대립·계승·영향 관계를 일목요연하게 볼 수 있도록 구성했으며, 분야별·시대별로 4개의 거리(street)를 구성하여 해당 분야에 대한 지식의 지평을 넓히는 데 도움이 되도록 했다.

〈지식인마을〉의 거리

플라톤가 플라톤, 공자, 뒤르켐, 프로이트같이 모든 지식의 뿌리가 되는 대사상가들의 거리이다.

다윈가 고대 자연철학자들과 근대 생물학자들의 거리로, 모든 과학사상이 시작된 곳이다.

촘스키가 촘스키, 벤야민, 하이데거, 푸코 등 현대사회를 살아가는 인간에 대한 새로운 시각을 제시한 지식인의 거리이다.

아인슈타인가 아인슈타인, 에디슨, 쿤, 포퍼 등 21세기를 과학의 세대로 만든 이들의 거리이다.

이 책의 구성은

〈지식인마을〉 시리즈의 각 권은 인류 지성사를 이끌었던 위대한 질문을 중심으로 서로 대립하거나 영향을 미친 두 명의 지식인이 주인

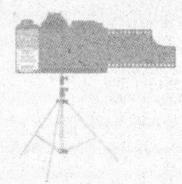

공으로 등장한다. 그리고 다음과 같은 구성 아래 그들의 치열한 논쟁을 폭넓고 깊이 있게 다룸으로써 더 많은 지식의 네트워크를 보여주고 있다.

초대 각 권마다 등장하는 두 명의 주인공이 보내는 초대장. 두 지식인의 사상적 배경과 책의 핵심 논제가 제시된다.

만남 독자들을 더욱 깊은 지식의 세계로 이끌고 갈 만남의 장. 두 주인공의 사상과 업적이 어떻게 이루어졌으며, 그들이 진정 하고 싶었던 말은 무엇이었는지 알아본다.

대화 시공을 초월한 지식인들의 가상대화. 사마천과 노자, 장자가 직접 인터뷰를 하고 부르디외와 함께 시위 현장에 나가기도 하면서, 치열한 고민의 과정을 직접 들어본다.

이슈 과거 지식인의 문제의식은 곧 현재의 이슈. 과거의 지식이 현재의 문제를 해결하는 데 어떻게 적용될 수 있는지 살펴본다.

이 시리즈에서 저자들이 펼쳐놓은 지식의 지형도는 대략적일 뿐이다. 〈지식인마을〉에서 위대한 지식인들을 만나, 그들과 대화하고, 오늘의 이슈에 대해 토론하며 새로운 지식의 지형도를 그려나가기를 바란다.

지식인마을 책임기획 장대익
서울대학교 자유전공학부 교수

Contents 이 책의 내용

Prologue 1 지식여행을 떠나며 · 5
Prologue 2 이 책을 읽기 전에 · 8

 초대

어느 상처받은 지식인들의 최후 · 14
어느 철학자의 최후 : 장면 #1 | 어느 철학자의 최후 : 장면 #2
어느 철학자의 최후 : 장면 #3 | 대중문화, 대중의 기만 혹은 해방?

 만남

1. 해방을 위한 이론, 비판이론 · 30
이성을 통한 이성에 대한 비판 | 마르크스주의를 넘어서서
전통 이론과 비판이론

2. 인류는 왜 야만 상태에 빠졌는가 : 아도르노의 역사 인식 · 45
부유한 유대 지식인 아도르노 | 인류사에 대한 계몽적 각성
계몽의 전개 과정 : 인간에 의한 인간의 지배로
복수의 부메랑 : 인간의 내면에 대한 지배로

3. 계몽적 주체의 귀환 : 『오디세이아』 · 59
파리스의 심판과 라오콘
세이렌의 노래 그리고 오늘날의 사회와 예술
+지식 플러스+ 세잔의 〈사과 바구니〉 | 라오콘 논쟁

4. 총체적으로 관리되는 사회 : 도구적 이성의 동일성 원리 · 76
이성, 합리화의 도구가 되다 | 베버의 합리화론
동일성 원리의 실현 | 문화산업, 대중을 포섭하다
+지식 플러스+ 마르크스의 상품 물신성 이론과 루카치의 사물화론

5. 대중 기만으로서의 계몽 : 아도르노의 문화산업론 · 95
대중문화, 산업이 되다 | 표준화와 도식화 : 문화산업의 특성 1
사이비 개성화 : 문화산업의 특성 2 | 문화산업, 상상력을 마비시키다
허위의식과 순응주의 : 문화산업의 효과 | 대중음악과 재즈
+지식 플러스+ 스윙 재즈와 비밥 재즈 | 그래칙, 아도르노의 재즈론을 비판하다

6. 구원은 어디에 : 자율적 예술과 비동일성의 구제 · 135
  비동일적 사유와 자율적 예술을 위하여 | 자율적 예술이 확립되다
  자율적 예술의 양면성 | 미메시스, 예술적 인식의 가능성
  미메시스와 합리성의 변증법 | 불협화음의 미학 | 아도르노를 마치며

7. 벤야민, 기술 복제 시대의 예술을 논하다 · 164
  벤야민의 재발견 : 문화산업론에 대한 비판 | 토성의 영향 아래 태어난 사람
  벤야민 사상의 야누스적 특성 | 기술 복제 시대와 아우라의 붕괴
  종교적 가치에서 전시 가치로 | 관조적 침잠에서 정신 분산적 유희로
  +지식 플러스+ 벤야민의 『역사의 개념에 대하여』와 〈새로운 천사〉
              뷔르거, 벤야민의 예술 발전 단계를 비판하다

8. 영화, 대중운동의 정치적 도구가 되다 · 203
  영화, 정신 분산적 시험관의 태도 | 대도시 일상의 새로운 지각 체험
  영화, 충격 체험의 훈련장 | 몽타주, 충격 체험의 극대화
  예술의 기능 전환과 생산자로서의 작가 | 정치의 심미화와 예술의 정치화
  +지식 플러스+ 크라카우어의 '정신 분산' 개념
              소비에트 몽타주 이론과 예이젠시테인의 충돌 몽타주 개념

Chapter 3 대화
문화산업론의 현재적 의미 · 236

Chapter 4 이슈
영화의 프레임은 이미지로 채워지는 공간인가,
세계를 향한 창문인가? – 구성주의와 리얼리즘의 논쟁 · 262

대중문화는 지배 이데올로기의 매체인가,
저항과 투쟁의 장인가?
– 문화산업론에 대한 문화연구의 비판적 관점 · 278

Epilogue 1 지식인 지도 · 286   2 지식인 연보 · 288
          3 키워드 찾기 · 293   4 깊이 읽기 · 300
          5 찾아보기 · 304

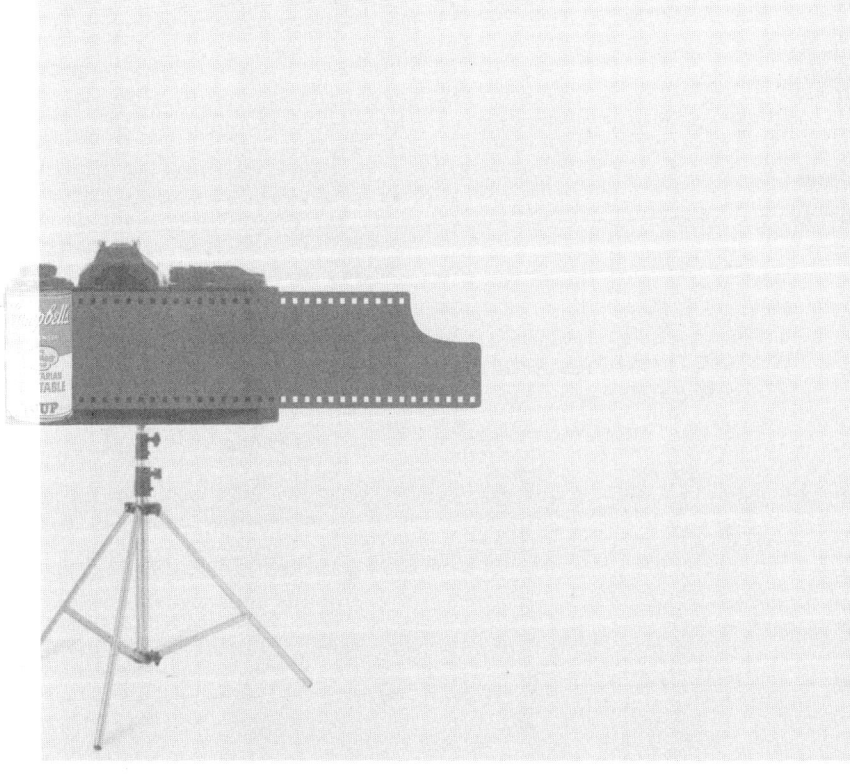

Walter Benjamin

Chapter 1

✉ 초대
INVITATION

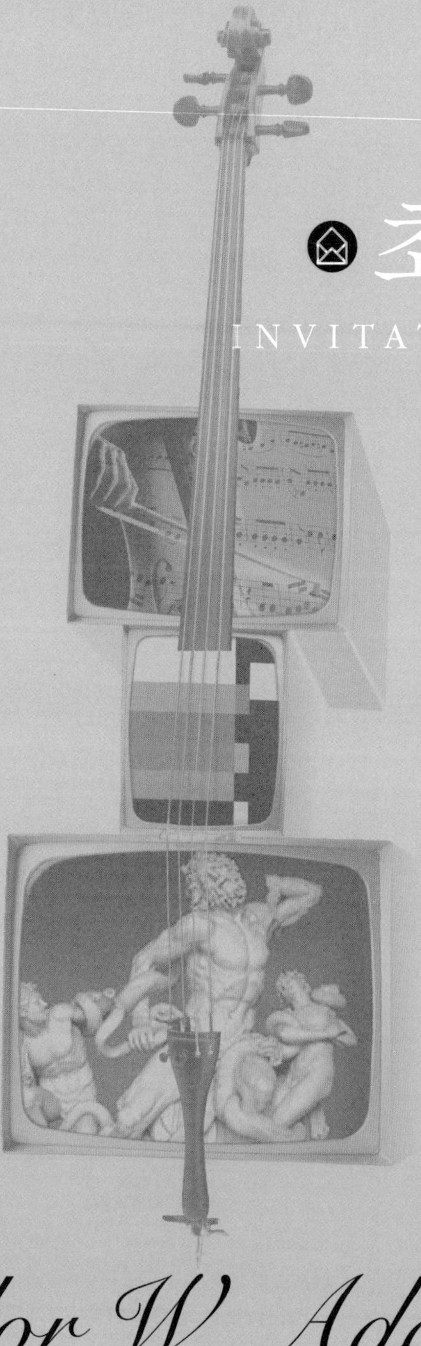

Theodor W. Adorno

초대

어느 상처받은 지식인들의 최후

어느 철학자의 최후 장면 #1

1969년 4월 22일.

독일 프랑크푸르트 대학의 한 대형 강의실은 1,000명에 달하는 학생들로 북적이고 있었다. 당대 최고의 비판적 지성이자 시대의 양심으로 칭송받는, 프랑크푸르트 학파의 대두 테오도어 아도르노^{Theodor W. Adorno, 1903~1969} 교수의 강의를 듣기 위해 모여든 학생들이었다. 이제 곧 '변증법적 사상 입문'이라는 그의 강의가 시작될 참이었다.

그때였다. 갑자기 강의실 뒤에 있던 한 학생이 아도르노 교수를 방해하기 시작했다. 곧바로 또 다른 학생이 앞으로 나와 칠판에 다음과 같은 문구를 적었다.

> 친애하는 아도르노가 지배하도록 그냥 내버려두는 사람이라면 누구든, 그의 삶이 다하도록 자본주의를 보존하게 될 것이다.

아도르노의 얼굴이 당혹감과 분노로 차갑게 굳어졌다. 그러나 그는 마지막 인내심을 다해서, 5분 정도의 여유를 갖고 강의를 지속할 것인지의 여부를 결정하겠다고 말했다. 그러나 그것이 끝이 아니었다. 또 다른 세 명의 여학생들이 앞으로 걸어 나와 아도르노가 서 있는 연단을 에워싸더니, 가지고 온 튤립과 장미 꽃을 그에게 던지기 시작했다. 그리고 입고 있던 가죽 재킷을 벗어젖혀 젖가슴을 드러낸 다음, 아도르노의 뺨에 키스를 하려고 하면서 그를 희롱했다. 동시에 학생들의 좌석에는 일제히 "체제로서의 아도르노는 죽었다"라고 선언한 전단이 뿌려졌다. 모멸감과 충격에 빠진 아도르노는 더 이상 그 자리에 남아 있지 못하고 황급히 강의실을 빠져나갔다. 이른바 '젖가슴 시위'라고 알려진 이 사건의 주동자들은 사회주의 독일 학생연맹^{Sozialistischer Deutscher Studentenbund, SDS} 소속의 행동파 요원이었다. 하지만 이것이 아도르노의 마지막 강의가 될 줄은 아무도 예상치 못했다.

6월이 되어 아도르노는 강의를 재개하고자 했지만, 일부 학생들의 철저한 방해로 그의 노력은 실패로 돌아갔다. 극단적인 절망감에 휩싸인 아도르노는 급기야 6월 18일에 그 학기에 계획된 강의를 모두 취소하고 말았다. 그는 학생들이 자신의 이론뿐만 아니라 자기 자신도 무자비하게 비판하며 공격하고 있다고 믿었고, 당시의 정치적 상황이 전체주의로 치닫는 것이 아닌가 하는 공포를 느꼈다. 아도르노는 지칠 대로 지친 몸과 마음을 달래고 과열된 정치적 현장에서 잠시 떨어져 있기 위해 아내와 함께 스위스 여행길에 올랐다. 스위스에서 그는 의사의 경고를 무시하고 3,000미터가 되는 산악 등반에 올랐다. 바로 그날, 피스프^{Visp}

시내를 운전하던 도중 아도르노는 심장에 심한 통증을 느꼈다. 급히 인근 병원으로 옮겨졌지만, 다음 날 아침 이 불우한 사상가는 다시는 돌아오지 못할 길을 떠나고 말았다. 심장 마비였다. 이날이 8월 6일, 그의 강의가 학생들의 '공격'으로 무산된 지 겨우 두 달 만의 일이었다.

도대체 왜 아도르노는 이렇듯 학생 운동권의 격렬한 저항에 부딪히게 되었을까? 시곗바늘을 거꾸로 돌려 몇 달 전으로 돌아가보자.

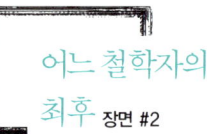
어느 철학자의
최후 장면 #2

1969년 1월 31일.

프랑크푸르트 대학 내 사회조사연구소Institut für Sozialforschung의 건물에 갑자기 일군의 학생들이 몰려들었다. 선두에서 이들을 이끈 이는 아도르노 교수의 박사과정 학생이었던 한스 위르겐 크랄Hans-Jürgen Krahl, 1943~1970이었다. 크랄은 SDS의 과격한 행동주의자였으며, "도발을 통한 계몽"이라는 자신들의 구호를 직접 행동으로 실천하고자 했던 인물이었다. 그들은 점거 농성을 위해 사회학과로 향했지만, 문이 잠겨 있자 대신에 사회조사연구소를 택했던 것이다.

당시 사회조사연구소의 소장이 바로 아도르노였다. 아도르노는 소장실 유리창 너머로 빽빽하게 대열을 갖춘 학생들이 연구소 건물로 뛰어드는 것을 지켜보고 있었다. 그러나 그는 학생운동의 과격 폭력 행위가 현재의 사태에 아무런 해결책도 되지 못한다는 사실을 일찌감치 깨닫고 있었다. 아도르노의 조교였던 위르겐 하버마스^Jürgen Habermas, 1929~가 '좌파 파시즘'이라고 비판했던 학생운동의 실천에 대해 아도르노 역시 '맹목적 행동주의'라는 비판적 입장을 취하고 있었다.

그러나 사실상 학생운동과의 극단적인 대립은 이제부터가 시작이었다. 수차례에 걸친 요구에도 학생들이 자진 해산하지 않자, 결국 아도르노는 경찰력을 요청하는 불행한 결정을 하기에 이른다. 급기야 신성한 대학에 경찰력이 동원되어 학생들을 강제로 연행하는 사태가 벌어지고야 만 것이다. 크랄은 경찰에 의해 끌려가면서 아도르노를 향해 냅다 고함을 질렀다. "이런 똥 같은 비판이론가들아!"

76명의 학생들이 연행되었지만, 크랄을 제외한 모든 학생들은 그날 밤에 훈방되었다. 다음 날 몇몇 학생들이 카페에 모여 크랄을 석방해줄 것을 요청했지만, 아도르노는 학생들의 요구에 일언반구도 하지 않은 채 냉담한 태도로 일관했다. 아도르노의 다음과 같은 주장만이 사람들의 입에 오르내릴 따름이었다.

> 나는 사유를 위한 이론적 모델을 제안했다. 사람들이 화염병을 가지고 그것을 실현하고자 할 줄 내가 어떻게 예상할 수 있었겠는가?

이러한 일련의 사태로 인해 아도르노와 학생 운동권과의 단절은 돌이킬 수 없는 상태까지 치달았다. 아도르노는 왜 세인의 비난이 불을 보듯 뻔한 상황에서 학생운동과의 파국적인 단절을 선택할 수밖에 없었을까? 과연 그가 제안하고자 한 사유를 위한 이론적 모델로서의 비판이론이란 무엇일까?

 시간의 흐름을 좀더 거슬러 올라가 또 한 사람의 불운한 철학자를 만나보자.

어느 철학자의 최후 장면 #3

1940년 9월 27일 혹은 28일 밤이었다. 스페인과 프랑스의 국경에 위치한 포르부Portbou의 한 호텔에서 발터 벤야민Walter Benjamin, 1892~1940은 오랫동안 깊은 침묵 속에 잠겨 있었다. 유대인이었던 벤야민은 나치스Nazis의 학살을 피해 망명하기 위해 국경을 넘으려던 참이었다. 그의 최종 목적지는 미국이었다. 그가 가까스로 미국행 비자를 얻게 된 것도, 이제까지 파리에서 곤궁한 망명 생활을 어떻게든 연명할 수 있었던 것도 모두 아도르노의 도움이 있었기에 가능했던 일이었다. 역시 유대인이었던 아도르노는 이미 미국에 망명해 비교적 안정된 삶을 꾸리고 있었고 그동안 물심양면으로 벤야민의 생계를 돕고 있었다.

 그런데 고된 여정 끝에 마침내 탈출을 목전에 둔 벤야민에게 전해진 소식은 그의 일행이 국경을 넘는 것이 금지되었다는 절망적인 통보였다. 아마도 당시 일행 중에서 유독 벤야민이 경찰의 핵심적인 요주의 대상이었으리라. 일찍이 아도르노, 브레히트Bertolt Brecht, 1898~1956와 같은 비판적 지식인들과 각별하게 지내며 히틀러Adolf Hitler, 1889~1945의 나치즘에 대한 비판을 서슴지 않았던 벤야민은 게슈타포^Gestapo(정식 명칭은 비밀 국가경찰^Geheime Staatspolizei 로, 나치스의 정치 첩보 업무를 담당했다)에게 이미 유명한 존재였다. 당시 이들과 내통하고 있던 스페인 국경의 경찰이 이런 벤야민을 쉽게 보내줄 리 없었다. 위조된 신분증이 없었던 그를 국경 경찰이 알아보기는 어렵지 않았을 것이다.

탈출이 불가능한 상황이었지만, 그렇다고 파리로 되돌아간다면 곧바로 게슈타포에게 체포될 것은 불 보듯 뻔했다. 파리는 그해 봄 프랑스를 침공한 독일의 손에 이미 점령된 상태였다. 게다가 벤야민은 이전에도 수용소에 잡혀갔다가 여러 사람의 도움으로 간신히 빠져나온 경험이 있었다. 나치스의 손아귀는 점점 더 그의 숨통을 옥죄고 있었다.

피레네 산맥의 험난한 지형을 넘어온 터라, 심신이 지칠 대로 지쳐버린 벤야민은 병까지 나 있었다. 이제 그에게는 막다른 선택만이 남은 것처럼 보였다. 이전에도 머릿속으로 여러 번 그려 보았던 일이라 더 이상의 두려움도 없었다. 더욱이 그의 곁에는 가족도 없었다. 이미 십 년 전에 지긋지긋한 재판 과정을 거쳐 이혼을 했고 그전에도 오랫동안 별거 생활을 지속해왔던 터였기에 그에게 결혼이란 '파멸적'인 것으로 생각될 따름이었다. 다른 대안은 없었다. 그는 모르핀 알약을 집어 삼켰다. 그의 수중에는 말 한 마리를 죽이기에 충분한 분량의 모르핀이 있었다. 의식이 남아 있던 다음 날 아침 벤야민은 아도르노에게 쓴 이별의 편지를 일행 중 한 사람에게 맡겼지만, 그 여성은 그 편지를 읽고는 없애버렸다고 한다. 벤야민의 가장 절친했던 벗이었던 숄렘^Gerschom Scholem, 1897~1982은 젊은 시절 벤야민의 모습에서 '심오한 슬

발터 벤야민(왼쪽)과 테오도어 아도르노(오른쪽)
합리성의 미명하에 야만성과 광포함이 극에 달했던 시대, 유대계 지식인으로 유랑하는 삶을 살 수밖에 없었던 이들의 초상은 이들의 우울한 학문을 상징적으로 드러낸다.

품'을 특징적으로 읽어낸 바 있다. 토성의 영향 아래 태어난 운명 탓이었을까. 벤야민은 그 자신이 "현대성의 특유한 충동, 즉 영웅적 의지를 봉인하는 행위"라고 표현했던 자살로 길지 않은 생애를 마감했다.

아도르노와 벤야민은 '프랑크푸르트학파Frankfurt School' 또는 '비판이론critical theory'이라고 알려진 사상가 집단의 제1세대에 속하는 인물들이다. 아도르노는 사뮈엘 베케트Samuel Beckett, 1906~1989의 작품을 이야기하면서 "아무리 많은 눈물도 갑옷을 녹이지 못한다. 다만 눈물이 말라버린 얼굴이 남아 있을 뿐"이라고 말한 적이 있다. 우리는 아도르노와 벤야민의 낡은 사진 속에서 이러한 이미지를 마주 대한다. 두 사람은 모두 유대계 독일인이었고, 히틀러의 유대인 학살로부터 살아남기 위해서 고초를 겪지 않으면 안

되었다. 합리성의 미명하에 야만성과 광포함이 극에 달했던 파시즘과 세계대전의 시대, 유대계 지식인으로서 유랑하는 삶을 살 수밖에 없었던 그들의 초상은 내면에 응고된 슬픔과 깊은 사색에 잠긴 상처받은 지식인의 모습과 그들의 '우울한 학문'을 상징적으로 드러내고 있다. 그런데 오늘날 아도르노와 벤야민이 다시 문제가 되는 이유는 무엇일까?

대중문화, 대중의 기만 혹은 해방?

오늘날 우리는 대중문화의 홍수 속에서 살아가고 있다. 이러한 대중문화는 현대인의 삶에 어떠한 의미와 역할을 수행하고 있을까? 예를 들어 2003년 아카데미 최우수 다큐멘터리상을 수상한 〈볼 링 포 콜럼바인 Bowling for Columbine〉(2002)이라는 영화를 생각해보자.

〈볼링 포 콜럼바인〉은 1999년 미국 콜로라도주 콜럼바인 고등학교에서 일어난 총기 난사 사건을 다룬 마이클 무어 Michael Moore, 1954~ 감독의 다큐멘터리이다. 이 사건은 에릭과 딜런이라는 두 소년이 무려 900여 발의 총탄을 난사하며 13명을 살해하고 스스로 목숨을 끊은 끔찍한 사건이었다. 당시 언론은 이들이 스스로를 '트렌치코트 마피아'라 부르는 인종차별주의자였으며 사건을 일으킨 날이 바로 히틀러의 생일이었음을 부각했다. 특히 보수적인 여론은 이들이 헤비메탈 음악, 〈사우스 파크 South park〉와 같은 삐딱한 만화와 비디오 게임, 폭력 영화의 영향으로 이 같은

▪▪ 마이클 무어 감독의 다큐멘터리 〈볼링 포 콜럼바인〉은 콜럼바인 고등학교의 총기 난사 사건과 같은 사회 문제의 본질적 원인이 드러나는 것을 두려워하는 집단들이 대중문화를 범인으로 몰아세우며 마녀 사냥을 하고 있다고 보고 있다.

잔인한 범죄를 저지르게 되었다고 대대적으로 보도했다. 그중에서도 우익 여론과 보수적인 종교계의 집중적인 질타를 받은 것은 소년들의 방에서 CD가 발견된 메릴린 맨슨^{Marilyn Manson}(메릴린 맨슨이라는 이름은 대중문화의 아이콘 메릴린 먼로^{Marilyn Monroe, 1926~1962}

와 희대의 살인마 찰스 맨슨Charles Manson에게서 따온 이름이다)의 음악이었다. 기괴한 분장과 굉음의 사운드, 광란에 가까운 퍼포먼스와 악을 찬양하는 듯한 가사로 인해 '쇼킹 록'이라 불리는 그들의 음악이 정말 콜럼바인 고등학교의 끔찍한 범죄에 최대 원인을 제공했을까? 만약 그렇다면, 이렇게 사악하고 폭력적인 대중문화의 산물에 대해 단호한 철퇴를 가해야만 하는 것은 아닌가?

흥미롭게도 〈볼링 포 콜럼바인〉에는 일부 여론의 매도를 비웃기라도 하듯 메릴린 맨슨의 인터뷰가 포함되어 있다. 맨슨의 주장에 따르면, 그가 언론의 공격 대상이 된 것은 자신이 불경스럽기 짝이 없는 록 가수이며 남들이라면 감히 입밖으로 꺼내지 못할 말을 거침없이 외쳐왔기 때문이라는 것이다. 결국 이 영화가 역설하는 것은, 공포와 위기를 조장함으로써 대중의 지각을 마비시키고 그것을 억압적 통제 수단으로 이용하려는 지배 집단의 광기와 폭력이야말로 총기 난사와 같은 미국 사회의 병리 현상의 주범이라는 것이다. 따라서 콜럼바인 고등학교의 총기 난사 사건과 같은 사회 문제의 본질적 원인이 드러나는 것을 두려워하는 집단들이야말로 대중문화를 범인으로 몰아세우는 마녀 사냥의 주역이라는 것이다.

그런데 가만히 따지고 보면 대중문화를 사회악의 근원으로 비판하는 논조는 그저 바다 건너 남의 나라 얘기만은 아니다. 다음 신문 기사를 한번 읽어보자.

고교생이 평소 자신을 괴롭힌 급우를 수업 중에 흉기로 찔러 살해한 사건이 발생했다. 특히 이 고교생은 영화 〈친구〉를 40여 차례나 보며 용기를 얻어 이 같은 과감한 범행을 저지른 것으로 드러나 충격을 주고 있다. 2001년 10월 13일 부산시 남구 D고 1학년 교실에서 김 모(15) 군이 같은 반 친구인 박 모(15) 군을 흉기로 찔러 살해한 뒤 달아났다. (중략) 김 군은 경찰에서 지난 3월부터 박 군이 자신을 너무 괴롭혀왔고 지난달 28일에도 일방적으로 박 군한테 폭행당한 게 억울해 이 같은 범행을 저질렀다고 말했다.

신문 기사 일부

  이 기사의 내용에 따르면, 김 군의 행동은 영화 〈친구〉를 보고 '용기를 얻어' 일으킨 일종의 모방 범죄라고 짐작된다. 여기서 좀더 나아가면 다음과 같은 결론에 도달할지도 모른다. "인기 있는 대중문화의 산물은 사람들로 하여금 현실에서도 유사한 행위를 부추기는 촉매제가 될 수 있으며, 자신의 행위에 대해 이성적으로 반성하고 판단할 수 있는 능력을 마비시키는 위험한 영향을 끼칠 수 있다." 과연 그러한가?
  그러나 이러한 생각과는 달리, 오늘날 대중문화가 대중의 자발적 참여를 통해 그들을 의식적인 주체로 만들고 사회적 동질성과 연대감을 회복시키는 중요한 기제가 되고 있다는 주장도 만만치 않다. 다음의 자료를 읽어보자.

  2002년 월드컵에서 가장 특기할 사회 문화 현상은 '붉은 악마'로 불린 대규모 응원단의 길거리 축제였다. …… 월드컵의 열기가 고조되면서 온 국민이 붉은 악마의 대열에 동참했지만 그 주역은 단연 청소년들이었다. 이들은 월드컵이라는 이벤트를 통해 소중한 공동체 문화를 체험했고, 낯설게만 여겨지던 애국 애족의 벅찬 감동을 공유했다. 이들의 행동은 순수했고, 열정은 꾸밈이 없었으며, 무조건적인 박수와 노래는 자발성의 분출 그 자체였다. 더 나아가 이들은 자기희생과 집단주의의 주술에 함몰되었던 이전의 산업화 세대와 민주화 세대들에게 처음으로 놀이와 자발적 참여의 즐거움을 가르쳐주었다. 부정과 체념적 순응만이 횡행하던 한국 사회에 처음으로 긍정과 자발적 참여의 메시지를 전해주었고, 근대로의 진입과 함께 끈질기게 우리를 따라다녔던 서구 콤플렉스를 과감하게 벗어던지는 용기를 보여주었다. 붉은색으로 상징되던 이념의 벽도 허물었으며 그들에게 멍에로 주어진 사회적 통념과 편견도 뿌리쳤다.

김종길, 「R세대와 '붉은 악마'」, 「디지털 한국 사회의 이해」 (집문당, 2006)

한편으로 대중문화는 우리의 고단하고 지루한 삶을 달래는 위안과 희망의 원동력이 되어준다. 붉은 악마의 물결 속에서 목청껏 "대한민국"을 외치면서 우리는 하나 됨을 느끼고 내면으로부터 솟아오르는 강한 에너지와 희열을 만끽한다. 보디 페인팅으로 수놓아진 태극의 문양과 새로운 패션으로 이용된 태극기는 더 이상 국가주의와 권위의 상징이 아니라 대중의 쾌락과 유희를 위한 새로운 문화적 자원이 되었다. 그 속에서 대중은 대중문화의 창조적 주체로서 거듭날 수 있게 되고 이를 통해 비록 한순간일지라도 억압과 순종에 길들여진 기존의 삶의 방식으로부터 해방을 꾀할 수 있다. 그러나 다른 한편 대중문화는 현실에 대한 진지한 관심을 외면하게 만들고 우리의 반성적 사고 능력을 마비시키는 것처럼 보이기도 한다. 매일 라디오에서는 그저 그런 비슷한 멜로디에 사랑 타령만 반복되는 가요가 흘러나오고 텔레비전에서는 돌고 도는 소재에 포장만 조금씩 달리한 드라마들이 끊임없이 재생산된다. 공장에서 대량 생산된 상품들처럼, 대중문화의 산물은 이윤 추구를 위한 상품으로서 동일한 것이 무한 반복되고 있을 뿐이다. 이렇게 반복되는 대중문화는 기존의 현실 또한 변화 불가능하게 영원히 지속되는 것이라는 인상을 심어준다. 대중문화는 우리가 진지하게 사고하고 비판적으로 반성하는 힘을 무력화시키는 데 한몫함으로써, 기존의 잘못된 현실이 그대로 지속되는 데 기여하는 것 같다.

이렇듯 대중문화에 대한 상반된 입장은 오늘날에도 여전히 중요한 문젯거리를 던져준다. 대중문화, 그것은 우리에게 자유와 해방을 가져다주는가, 아니면 또 다른 억압과 기만을 낳는가? 바로 이러한 문제에 대한 핵심적인 대답을 우리는 아도르노와 벤야민이라는 두 이론가에게서 찾아볼 수 있다.

동시대에 서로 비슷한 역사적 상황에 처해 있었지만, 아도르노와 벤야민은 대중매체의 산물에 대해 서로 다른 입장을 밝히고 있다. 두 사람은 1923년 처음 알게 된 이후, 벤야민이 죽을 때까지 긴밀하게 정신적 교류를 나누었다. 아도르노는 1928년 이전에 발표된 벤야민의 글들에서 깊은 감동과 영향을 받았지만, 1930년대 중반 이후 벤야민이 마르크스주의적 성향을 강하게 띠게 되면서 그의 사상에 대해 깊은 우려를 표명했다. 특히 벤야민이 새로운 대중매체를 통해 등장한 기술 복제 시대의 예술을 긍정적으로 평가한 데 대해서는 상당히 신중한 태도를 견지했다. 1936~1945년에 쓰인 라디오, 영화, 재즈, 대중음악 등에 대한 아도르노의 가장 중요한 논문들은 무엇보다도 벤야민의 대중문화 분석을 비판하려는 시도라고 할 수 있다. 그렇다면 과연 이들은 어떠한 시각에서 오늘날의 예술과 대중문화를 바라보았을까?

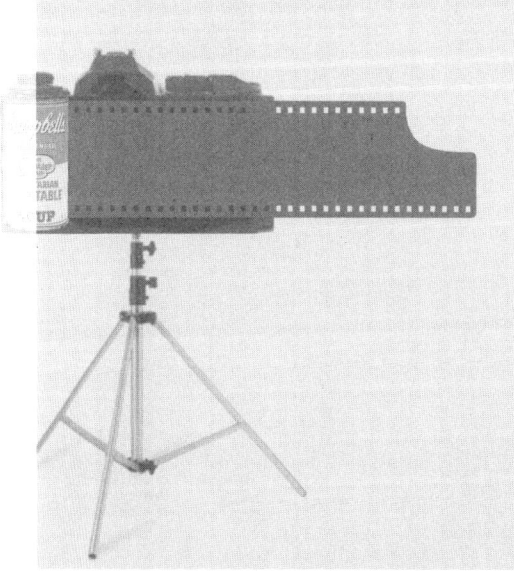

Walter Benjamin

Chapter 2

㊙ 만남
MEETING

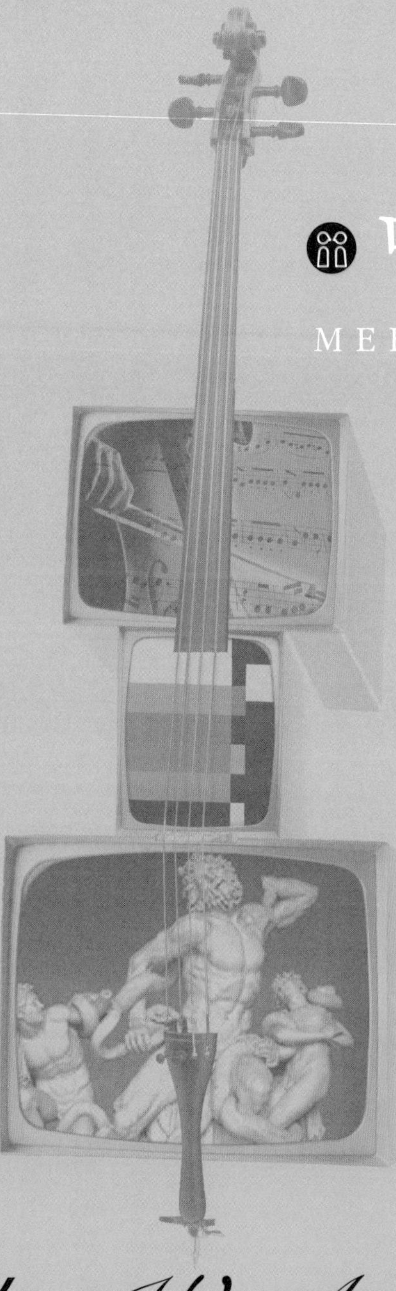

Theodor W. Adorno

만남 1

해방을 위한 이론, 비판이론

이성을 통한 이성에 대한 비판

앞서 말했듯 아도르노와 벤야민은 '프랑크푸르트학파' 또는 '비판이론'의 사상가이다. 프랑크푸르트학파라는 명칭은 1923년 프랑크푸르트 대학에 부설된 '사회조사연구소'를 중심으로 활동했던 일군의 이론가들을 지칭하기 위해 붙인 이름이다. 그렇다면 이들이 자신들의 이론을 '비판이론'이라고 부른 까닭은 무엇일까?

'비판'이란 말은 우리에게 그리 낯선 단어는 아니다. 친구와 함께 영화를 보고 나서 우리는 곧잘 그것에 대해 토론한다. "얼어 죽은 사람이 어떻게 물에 가라앉을 수 있어? 정말 엉터리 같은 영화야." 우리는 이런 종류의 논의를 거창하게는 영화 비판(비평)이라고 한다. 여기에서 비판이라는 말은 논의되는 대상의 어떠한 특질을 판단하고 가치를 평가하는 것을 말한다. 그런가 하면, 우리는 "그 애는 왜 내가 하는 일에 늘 사사건건 비판적이지?"라고 투덜대기도 한다. 이 경우에 비판이라는 말은 대상에 대한 적대감이나 불일치를 포함한다.

이렇듯 일상적으로 사용되는 '비판'이라는 말은 철학에서는 좀더 특별한 의미로 사용된다. 특히 비판이라는 말이 철학에서 중요한 함의를 가지게 된 것은 칸트[Immanuel Kant, 1724~1804]에 의해서였다. 『순수이성 비판[Kritik der reinen Vernunft]』(1781), 『실천이성 비판[Kritik der praktischen Vernunft]』(1788), 『판단력 비판[Kritik der Urteilskraft]』(1790)이라는 그의 책 제목에서 알 수 있듯이 칸트는 인간의 인식 능력의 비판을 주요 과제로 삼았는데, 여기에서 비판이란 이성이 스스로의 능력을 반성하고 검토함으로써 인식의 조건과 전제, 범위와 한계를 명확히 하는 것을 뜻했다. 칸트에 따르면, '대상을 비

∷ 프랑크푸르트학파 Frankfurter Schule

프랑크푸르트학파는 아도르노와 벤야민 외에도 호르크하이머(Max Horkheimer, 1895~1973), 폴록(Friedrich Pollock, 1894~1970), 틸리히(Paul Tillich, 1886~1965), 프롬(Erich Fromm, 1900~1980), 마르쿠제(Herbert Marcuse, 1898~1979), 뢰벤탈(Leo Löwenthal, 1900~1993)과 같은 여러 학자들이 소속되어 있었다. 엄밀히 말해 이들을 '프랑크푸르트학파'라고 부르는 것은 다소 부정확해 보이기도 한다. 이들의 중요한 연구 대부분은 프랑크푸르트(정식 명칭은 '프랑크푸르트암마인')에서가 아니라 제2차 세계대전 이후 미국에서 체류하는 동안 이루어진 것이며, '학파'라고 불릴 만한 사상적 통일성이 있었다기보다는 다양한 학문적 경향을 특징으로 하기 때문이다. 그럼에도 불구하고 이들은 당대의 주요한 사회·정치적 문제들을 해명할 수 있는 포괄적인 사회이론을 구축하기 위해서, 각각의 분과 학문 체계가 갖고 있는 한계를 넘어서 경제학, 정치학, 철학, 사회이론, 심리학과 미학 등의 다양한 방법론과 연구 성과들을 결합하여 보다 다층적인 학제간(interdisciplinary) 연구를 발전시키고자 노력했다.

판적으로 다룬다'는 것은 단지 우리의 인식 능력과 주관적 조건에 관련해서만 그 대상을 고려할 것을, 그럼으로써 주관적 인식 능력의 가능성과 한계를 분명히 하는 것을 의미한다. 따라서 비판이란 이성을 통한, 이성에 대한 비판이며, 이성이 자신을 비판적 시선으로 되돌아보지 않을 때 그러한 이성은 독단에 빠질 수 있다는 사실을 자각하는 것이다. 칸트의 말을 직접 들어보자.

> 우리의 시대는 모든 것을 비판에 회부해야 하는 고유한 비판의 시대이다. 종교는 신성함을 통해서, 입법은 그 위엄을 통해서 비판을 면제받으려 한다. …… 그러나 이성은 오직 자신의 자유롭고 공개적인 검사를 견딜 수 있는 것에 대해서만 거짓 없는 존경을 허용한다.
> 「순수이성 비판」

이렇듯 칸트에게 있어서 이성의 비판이란 독단적인 신학이나 형이상학에 대한 비판뿐만 아니라 비합리적인 권위에 대한 비판도 포함한다. 따라서 포괄적인 의미에서 비판이란 어떠한 이론 체계의 한계에 대해 성찰하고, 거짓되거나 독단적인 철학적, 사회적, 정치적 신념들을 해부하고 폐지하려는 것이라고 이해되었다. 예를 들어 마르크스 Karl Marx, 1818~1883가 『자본론 Das Kapital』(1867, 1885, 1894)의 부제를 '정치경제학 비판'이라고 했을 때, 이것이 의미하는 바는 고전적인 정치경제학의 한계를 폭로하고 자본주의 경제의 모순 구조를 해명함과 동시에 그 모순을 은폐하는 이해 방식을 비판하려는 것이다. 이는 자본주의 현실에 대한 비판이자 이를 정당화하는 허위적인 이데올로기에 대한 비판이기에 잘못된 현실을 변혁시키려는 실천적인 힘과 밀접하게 연관될 수밖에 없다. 그리고 마르크스는 '비판의 무기'를 장악해서 자본주의의 모순을 해결할 수 있는 유일한 주체 세력을 프롤레타리아 prolétariat 계급에게서 발견했다.

프랑크푸르트학파의 이론가들이 스스로를 '비판이론'이라고 지칭했던 것은 이렇듯 칸트와 마르크스의 철학 전통에 입각한 것이라고 할 수 있다. 그러므로 비판이론에서의 '비판'의 의미는 한편으로는 인식 능력의 가능성과 한계에 대한 반성이며, 다른 한편으로는 현재의 사회적 문제를 야기한 억압적 상황에 대한 반성을 포함하는 것이다. 그럼으로써 이들이 강조하고자 했던 것은 주어진 현실 자체를 단순히 설명하고 해석하는 데 만족하는 이론이 아니라, 현재의 사회적 상황에 대한 심도 깊은 반성을 촉구하여 진정으로 인간답고 자유로운 사회를 만드는 데 기여하기 위한 비판이었다. 이러한 문제의식에는 파시즘과 세계대전이라는 당대의 사회·정치적 문제와 세계사적 파국이 발생한 원인에 대한 비판적 탐구로부터 출발하여 억눌리고 소외된 사람들이 보다 인간적인 삶을 살 수 있는 방법에 대한 진지한 대안적 모색까지 포함되어 있다. 이런 까닭에 비판이론은 '지배에 대한 비판'이자 '해방을 위한 이론'으로 요약되곤 한다.

마르크스주의를 넘어서서

비판이론은 자본주의 사회에 대한 비판과 노동자 계급의 해방을 목표

로 하는 마르크스주의Marxism의 전통을 계승했지만 그럼에도 불구하고 결정적인 지점에서 전통적인 마르크스주의와 갈라서게 된다. 그 이유는 무엇보다도 마르크스의 이론과 비판이론이 싹트게 된 역사적 상황과 사회적 문제의식이 달랐다는 데 있다. 마르크스는 자본주의적 현대화가 막 성립되던 19세기 중반, 자본주의 체제가 어떻게 노동자 계급을 착취하는가를 과학적으로 밝혀내고 이를 통해 노동자 계급을 해방하기 위한 이론적 무기로서 철학의 역할을 정립하고자 했다. 반면 비판이론은 20세기라는 역사적으로 변화된 조건하에서 '현 시기의 역사 과정에 대한 이론'을 수립함으로써 마르크스주의를 시대에 맞게 재규정하려고 했다. 그렇다면 비판이론이 처해 있던 20세기의 본질적 특성은 무엇이었을까? 그리고 새로운 상황 속에서 비판이론은 어떤 점에서 마르크스주의를 수정하려 했을까?(마르크스주의에 대해서는 〈지식인마을〉 24권 『역사를 움직이는 힘: 헤겔&마르크스』를 참조하라)

첫째, 마르크스는 고도로 발전한 자본주의 국가에서 사회주의 혁명이 일어날 것이라고 예언했지만, 실제 역사는 그 예측이 빗나갔음을 입증해주었다. 마르크스의 논리에 따라 사회주의 혁명이 실현된 나라는 자본주의가 고도로 발전한 영국과 같은 나라가 아니라, 유럽에서 경제적으로 가장 낙후된 러시아였다. 따라서 자본주의 체제가 고도화됨으로써 생산력과 생산관계의 모순이 심화되고 자본가 계급과 노동자 계급이라는 양 계급 간의 투쟁이 격화됨으로써 사회주의 혁명이 일어날 것이라고 기대했던 마르크스의 예견은 현실 속에서 결코 실현되지 못했다. 결과적으로 이는 마르크스주의 전반에 대한 회의와 의심을 불러일으켰다. 이러한 '마르크스주의의 위기' 상황 속에서 이제 어떤 식으로든 마르크스주의의 비판적 관심을 계승하고자 하는 이론가들은 마르크스주의를 새로운 역사적 현실에 걸맞게 변모시키지 않으면 안 되었다. 다시 말해 '왜 마르크스의 예언과는 달리, 발전된 자본주의 국가에서 노동자 계급에 의한 사회주의 혁명이 성공하지 못했는가?'라는 문제가 바로 이 시기에 마르크스주의의 부활을 도모했던 많은 이론가들의 주된 고민거리가 되었다.

이런 시대적 상황 속에서 비판이론은 생산력의 발전과 생산관계의 모순을 통해 사회주의 혁명의 발생을 정당화하는 사적 유물론˙의 기본 교의를 더 이상 신뢰할 수 없었다. 나아가 비판이론은 자본주의 생산력의 발전을 너무나 낙관적으로 봄으로써 생산력의 진보와 인간 해방을 등가적으로 보았다는 점과 노동자 계급의 혁명적 역량을 지나치게 맹신했다는 두 지점에서 전통적인 마르크스주의를 비판하고 수정하고자 했다. 특히 비판이론은 마르크스주의가 인간의 사회적 지배를 비판하면서도 자연 지배의 원칙에 대해서는 별 문제 없이 받아들인다는 사실을 날카롭게 지적했다. 호르크하이머의 표현대로라면, 마르크스주의에서 말하는 계급 없는 사회의 그림에는 자연을 지배하는 거대 주식회사와 같은 무

■■ **사적 유물론** historical materialism
역사와 사회를 유물론적 관점에서 이해하는 마르크스의 역사관을 가리켜 엥겔스(Friedrich Engels, 1820~1895)가 붙인 용어. '역사적 유물론', '유물론적 역사관'으로도 불린다. 물질적 생산 활동이 역사를 발전시키는 원동력이라고 주장한 마르크스는 사회의 경제적 토대인 생산양식을 기준으로 인류의 역사가 원시 공동체 사회, 고대 노예제 사회, 중세 봉건제 사회, 근대 자본주의 사회를 거쳐왔다고 보았으며, 자본주의 사회는 사회주의 혁명을 거쳐 사회주의 또는 공산주의 사회로 발전한다고 주장했다.

엇이 들어 있다. 따라서 비판이론은 진정한 의미에서 해방된 사회의 표상을 위해서는 인간과 자연 사이의 관계 또한 변해야 함을 강조한다. 마르크스가 「포이어바흐에 관한 테제$^{Thesen\ über\ Feuerbach}$」(1845)의 11번째 테제에서 "이제까지의 철학이 세계를 해석해온 것이라고 한다면 앞으로의 철학은 세계를 변혁시키는 것"이라고 한 데 대해, 지금까지 세계가 변혁되지 않은 것은 오히려 "너무나 적게 해석되었기 때문"이라고 아도르노가 강조한 것도 바로 이런 맥락이었다. 다시 말해 마르크스주의의 예상과는 달리 이론이 실천으로 이행되지 않았다는 사실은 문제의 초점이 다시금 이론으로 환원되었다는 것을 의미하며, 이것이야말로 오늘날에도 여전히 이론적 모색이 필요한 이유라는 것이다.

두 번째, 비판이론이 형성되고 발전하는 데 중요한 영향을 끼친 또 다른 상황은 사회주의 혁명을 성취했다고 여겨진 현실 정치 체제에 대한 실망과 혐오 속에서 찾아볼 수 있다. 1917년 제정 러시아에서 성공을 거둔 사회주의 혁명은 마르크스주의의 실현 가능성에 대한 장밋빛 희망을 부풀렸다. 그러나 마르크스주의자들의 기대와는 달리, 스탈린$^{Iosif\ Stalin,\ 1879~1953}$ 치하의 소비에트 연방은 진정으로 자유롭고 해방된

:: **독소 불가침 조약**
1939년 8월 23일 독일과 소련의 외무장관은 4개의 비밀 조항이 포함된 독소 불가침 조약을 체결하고 양국 간의 경제 협력을 실행했다. 이 조약은 두 국가가 분쟁을 평화적으로 해결하며 다른 국가와 양국을 적대시하는 동맹을 맺지 않는다는 것을 내용으로 한다. 여기에 첨부된 비밀 조항은 동유럽에 "새로운 정치적·영토적 질서"가 성립되면 양국이 동유럽을 분할한다는 밀약을 포함하고 있었다. 이 조약은 세계대전을 일으키기 위한 히틀러의 사전 포석이자 중요한 밑거름이 되었으며, 실제로 이 조약 체결 후 일주일 만에 독일이 폴란드를 침공함으로써 사실상 제2차 세계대전이 발발했다.

사회가 아니라 또 다른 억압과 독재가 판치는 관료적인 중앙 집권 체제임이 서서히 입증되고 있었다. 더욱이 당시 유럽의 비판적 지식인들에게 충격을 던져주었던 최대의 정치적 사건은 제2차 세계대전 직전에 이루어진 히틀러와 스탈린의 불가침 조약(1939)이었다. 이러한 일련의 사건들은 비판이론의 지식인들로 하여금 더 이상 스탈린의 소비에트 체제가 인간 해방을 위한 이상적인 모델로서 진정한 대안이 될 수 없음을 절감하게 했다. 그들은 현대 사회의 문제점을 직시하고 억압적인 지배 체제를 변혁해야 한다는 데는 동의하고 있었지만, 현실 사회주의 세력으로부터는 어떠한 기대도 할 수 없다는 것, 즉 그들과의 어떠한 실질적 연대도 불가능하다는 것을 뼈저리게 인식했다.

세 번째, 당시 자본주의 체제의 발전은 자본주의가 파국으로 나아가는 것이 아니라 스스로의 위기 관리 능력을 통해 체제 내의 문제점을 극복하고 교정할 수 있다는 것을 보여주었다. 특히 비판이론의 지식인들을 무엇보다도 당혹스럽게 만들었던 것은, 독일 히틀러의 나치즘 Nazism 이나 이탈리아 무솔리니 Benito Mussolini, 1883~1945 의 파시즘 fascism 과 같

:: 나치즘

히틀러를 수장으로 하는 나치스의 정치 이념을 지칭하는 말이다. 나치스의 정식 명칭은 국가 사회주의 독일 노동당(Nationalsozialistische Deutsche Arbeiter-partei, 약칭 NSDAP)이다.

:: 파시즘

파시즘은 라틴어 '파스케스(fasces)'에서 유래된 이탈리아어 '파쇼(fascio)'에서 나온 것으로, 파스케스는 '동맹', '결합'을 의미한다. 자작나무 막대 묶음으로 둘러싸인 도끼를 뜻하는 '파스케스(그림)'는 고대 로마에서 집정관의 상징으로 권위와 단결을 통한 강력한 힘을 상징했다.

은 반동적인 지배 체제가 수많은 대중의 열렬한 지지 속에서 노동자 계급의 저항을 무력화하는 데 성공하고 있다는 사실이었다. 특히 제2차 세계대전의 포화와 히틀러의 유대인 학살을 피해서 미국으로 도피한 비판이론의 지식인들에게 미국 사회는 또 하나의 충격을 던져주었다. 미국 사회에서 대부분의 노동자들은 다양한 대중문화의 유혹과 쾌락 속에서 하루하루의 삶을 기만적인 환상에 젖어 행복을 꿈꾸며 살아가고 있었던 것이다. 이들에게 노동자 계급의 해방이니, 사회주의 혁명이니 하는 구호는 이미 시대착오적이고 낯선 먼 나라의 이야기에 불과한 것 같았다. 바로 이러한 역사적 상황에서 비판이론은 어떻게 해서 '노동자 계급이 자신들의 혁명적 잠재력을 상실하고 현실의 지배 체제를 유지하는 도구적 존재가 되어버렸는가'라는 문제에 직면했다.

하지만 당대 마르크스주의의 공식적인 흐름은 마르크스의 『정치경제학 비판을 위하여$^{Zur\ Kritik\ der\ politischen\ Ökonomie}$』(1859) 서문에 나타난 사적 유물론의 법칙, 즉 토대와 상부구조에 대한 도식적이고 결정론적인 이해에 사로잡혀 있었다. 잘 알려져 있다시피 이 책에서 마르크스는 역사의 발전 법칙을 유물론적으로 설명하는 사적 유물론의 기본 원리를 규정했는데, 이를 위해 그는 토대와 상부구조라는 건축학적 비유를 사용했다. 그는 생산력의 특정한 발전 단계에 조응하여 형성되는 사회적 생산관계가 실제적 토대를 이루며, 예술, 종교, 문화, 법, 도덕과 같은 사회적 의식 형태로서의 상부구조는 그러한 물질적 토대에 의해 규정된다고 했다. 이러한 기본 전제에 입각하여 마르크스는 사회의 경제적 구조인 생산력과 생산관계 사이의 갈등과 모순으로 인해 새로운 사회 변혁의 시기가 도래한다고 설명했던 것이다.

그러한 변혁들을 고찰할 때는 항상 자연과학적으로 엄밀하게 확인할 수 있는 경제적·물질적 생산 조건들의 변혁과 법률적·정치적·종교적·예술적·학적, 간단히 말해 이데올로기적 제 형태의 변혁을 구분해야 한다. 어떤 한 개인이 어떤 사람인가를 그 자신이 무엇을 생각하느냐에 따라 판단하지 않듯이 그러한 변혁기를 그에 대한 의식에 따라 판단할 수 없다. 오히려 이 의식은 물질적 생활의 모순들로부터, 사회적 생산력과 생산관계 사이에 존재하는 갈등으로부터 설명되어야 한다.

『정치경제학 비판을 위하여』 서문

이후의 마르크스주의자들은 이와 같은 사적 유물론의 정식을 다소 교조적으로 받아들여서, 혁명의 시기는 경제적 토대의 모순을 통해 파악해야만 하는 것으로 생각했다.

따라서 초창기 마르크스주의자들은 사회적 의식 형태로서 상부구조의 상대적 자율성이나 능동성이 갖는 의미를 충분히 주목하지 못했다. 이를 보다 극단적으로 받아들인다면, 예술이나 문화

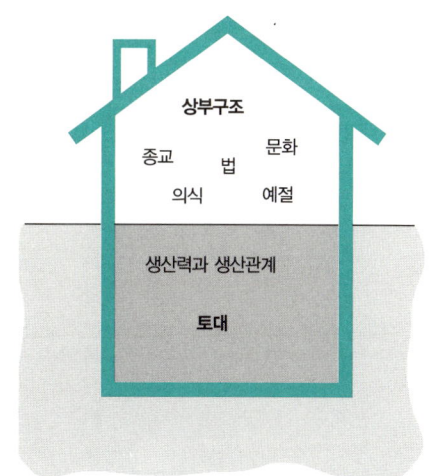

와 같은 상부구조는 일방적으로 경제적 토대에 의해 규정될 수 있을 뿐, 현실을 변화시킬 수 있는 가능성은 완전히 사라지게 되고 만다. 이러한 사적 유물론의 편협한 이해는 모든 것을 경제로 환원시켜 설명함으로써 인간 의식의 능동성과 자율성을 완전히 배제해버린다는 점에서 '경제적 환원주의economical reductionism' 혹은 '경제 결정론economical determinism'이라는 불명예스러운 이름을 얻기에 족했다. 물론 오늘날에는 이러한 표지 자체가 유물론에 대한 그릇되고 저속한 이해를 나타내는 것으로 비판받고 있지만, 당시만 하더라도 이렇게 왜곡된 유물론이 '정통'이라는 기치하에 버젓이 판을 치고 있었다. 특히 경제 결정론을 주장하는 저급한 마르크스주의의 조류는 인간이 자신의 이념에 따라 능동적으로 현실을 변혁시킬 수 있는 가능성을 간과함으로써 대중의 혁명적 의식을 발전시키는 데 실패했을 뿐만 아니라 혁명적 의식과 투쟁을 야기할 수 있는 방법을 알려주지도 않았다.

결국 비판이론은 마르크스주의 내에 존재하는 이러한 속류(저속한) 마르크스주의의 경향과 투쟁할 수밖에 없었다. 무엇보다도 비판이론은 경제적 토대와 상부구조 사이의 매개관계를 더욱 면밀하게 분석하여 현대 자본주의 사회 내에서 인간의 의식과 심리, 예술과 문화, 그리고 대중매체의 의미와 역할을 보다 명확히 하고자 했다. 특히 아도르노와 벤야민은 이전의 다른 어떤 이론가들보다도 현대 자본주의 사회 속에서 대중문화와 이데올로기가 수행하는 의미와 역할을 중요하게 이해하고 이에 대한 철저한 비판과 평가를 수행한 이론가라고 할 수 있다.

전통 이론과 비판이론

비판이론의 개념이 처음으로 분명하게 규정된 논문은 호르크하이머의 「전통 이론과 비판이론 Traditional and Critical Theory」(1937)이다. 호르크하이머는 일찍이 1922년 코르넬리우스 Hans Cornelius, 1863~1947 가 지도한 후설 Edmund Husserl, 1859~1938 세미나에서 아도르노를 알게 되었으며, 프랑크푸르트학파의 일원이 되었던 뢰벤탈, 폴록, 틸리히 등과도 가까운 친구였다. 그는 사회조사연구소의 초대 소장이었던 그륀베르크 Carl Grünberg 의 후임으로 1931년 소장에 취임하면서 초기 프랑크푸르트학파의 이념을 주도해나간다.

호르크하이머는 혁명에 대한 희망을 보존하고 있는가 아니면 상실했는가에 따라 비판이론을 전기와 후기로 구분한다. 비판이론 초기의 대표적 저작이라고 할 수 있는 「전통 이론과 비판이론」에서 그는 전통 이론과 비판이론을 일단 인식 방법의 차이로 구분하여 설명하는데, 전자는 데카르트 René Descartes, 1596~1650 의 『방법서설 Le Discours de la méthode』(1637), 후자는 마르크스의 정치경제학 비판에 기초한다는 것이다.

이에 따르면, 데카르트로부터 실증주의에 이르는 전통 이론은 가능한 모든 대상을 포괄할 수 있는 보편적인 체계적 학문의 수립을 목표로 한다. 이론이란 '체계적인 통일성을 지니도록 연역적으로 명제들을 결합한 것으로서, 모든 부분이 모순 없이 조화롭게 결합되어 있을 것을 기본적인 요건으로 한다'는 것이 바로 전통 이론의 시각이다. 이런 점에서 전통 이론은 수학 체계를 이상적 모델로 한다. 수학 체계를 구성 원리로 하는 대표적 학문이 자연과학이다. 따라서 전통 이론의 관점에서는 인간과 사회에 관

한 과학도 자연과학의 모범을 따르고자 한다. 나아가 전통적인 관점에서 이론이란 특정한 개인적 관심이나 당파의 이해관계로부터 벗어나 있는, 지극히 객관적이고 순수한 것으로 간주한다.

그러나 이론이 현재 존재하는 사태만을 다루고 그것에 의거한다면, 그것은 기존의 사회 상황을 합리화하고 정당화하는 역할에만 치중하게 될 것이다. 그런 면에서 전통 이론은 현실에 대한 비판적 반성을 문제 삼지 않은 채 순수한 인식만을 추구함으로써, 사실과 가치의 분리, 사유와 행동의 분리를 가져온다.

따라서 전통 이론은 이론이 해결해야 할 문제의 사회적 기원, 이론이 이용되는 실제 상황 및 그것을 적용하는 목적 등을 이론 자체와는 무관한 것으로 치부해버림으로써, 결과적으로 현존하는 사회를 무비판적으로 재생산하는 데 일조한다.

이에 반해 비판이론은 오늘날 인간을 지배하고 억압하는 사회 문제들을 해결하고 사회 전체의 변화를 이루기 위해서 비판적 의식을 발전시키고자 한다. 비판이론은 단순히 지식 자체의 증가를 목적으로 하는 것이 아니라, 현재의 노예적인 상태로부터 인간을 해방시키고 진정 이성적인 사회 질서를 수립하는 것을 목표로 한다. 이 점에서 비판이론은 개인의 자유로운 발전이 사회의 이성적 상태와 불가분하게 연관되어 있다는 확신을 전제로 한다. 따라서 어떤 이론가들의 주장에 따르면, 비판이론은 다음과 같은 세 가지 기준을 만족시켜야 한다. 첫째 현재의 사회 현실에서 무엇이 잘못된 것인가를 드러내야 한다는 점에서 설명적이어야 하고, 둘째 그것을 변화시킬 수 있는 요인들을 찾아낸다는 점에서 실천적이어야 하며, 마지막으로 사회 변혁을 위한 비판과

	초기(1930년대)	프롤레타리아 혁명 신념	후기(1940년대 이후)
프롤레타리아 혁명 신념	프롤레타리아 혁명에 대한 신념을 유지		프롤레타리아 혁명에 대한 신념을 상실
대표 저작	「전통 이론과 비판이론」		「계몽의 변증법」
주요 관심	철학, 정치학, 사회과학의 종합에 근거한 현대 사회에 대한 포괄적인 이론의 생산을 목표로 함		인간의 자연 지배라는 테마를 중심으로 한 역사철학, 철학적 인류학 및 문화에 대한 철학적 비판이 목표

비판이론의 두 단계

실천적 목표를 위한 규범을 제공할 수 있어야 한다는 점에서 규범적이어야 한다.

비판이란 자신의 역사적 삶을 스스로 생산하고 창조하는 인간 존재의 활동으로서 사회 자체를 대상으로 삼는 것이다. 사실상 어떠한 사회이론도 정치적 이해관계로부터 무관한 것은 없으며, 그 이해관계가 진실한가의 여부는 구체적인 역사적 활동을 통해 판가름 난다. 따라서 비판이론은 이론과 실천, 사실 판단과 가치 판단을 별개의 것으로 간주하는 것이 아니라 인간 활동과의 연관 속에서 파악한다. 호르크하이머는 비판이론이란 전체주의적인 선전처럼 특정한 계급 집단에 '뿌리를 박고 있는' 것도 아니며, 전통 이론이 주장하는 것처럼 사회관계로부터 분리된 채 '자유로이 떠다니는 것'도 아니라고 한다. 특히 억압과 착취, 소외와 불평등, 비합리와 부정이 난무하는 시대에 진정한 이론은 '긍정적'이라기보다는 '비판적', 즉 현실을 긍정하기보다는 비판하는 것이어야 한다. 따라서 호르크하이머는 이 논문의 대미를 다음과 같은 주장으로 끝을 맺고 있다.

무엇을 수행할 것인가, 어디에 기여할 것인가, 그리고 이를 개별적 부분들에서가 아니라 총체성 속에서 스스로 규정하는 것이야말로 사유자의 활동이 갖는 두드러진 특성이다. 따라서 그것의 고유한 속성은 역사적 변혁, 즉 인간의 정당한 상태를 구현하는 일에 관심을 갖도록 지시한다. …… 사유의 순응주의, 어떤 확고한 직업으로서 사회 전체 속에서 격리된 영역이 존재한다는 생각을 고수하는 일, 바로 이러한 일은 사유의 고유한 본질을 포기하는 것이다. 「전통 이론과 비판이론」

만남 2

인류는 왜 야만 상태에 빠졌는가
아도르노의 역사 인식

부유한 유대 지식인 아도르노

앞에서 비판이론의 이념에 대해 살펴보았으니, 이제 본격적으로 아도르노에 대한 얘기로 들어가보자. 아도르노는 1903년 독일 프랑크푸르트에서 부유한 유대인 주류 상인의 아들로 태어나, 경제적으로나 문화적으로 안락하고 풍요로운 유년 시절을 보냈다. 직업 가수였던 어머니와 피아니스트였던 이모로 인해 음악에 특별한 관심을 갖게 되었는데, 이것이 그의 사상 편력에 중요한 영향을 끼쳤다. 아도르노는 힌데미트[Paul Hindemith, 1895~1963]를 가르쳤던 제클레스[Bernhard Sekles, 1872~1934]에게서 피아노 지도를 받아 뛰어난 연주 실력을 가지고 있었을 뿐 아니라, 한때는 음악가의 꿈을 이루고자 베르크[Alban Berg, 1885~1935]에게서 작곡 수업을 받고 쇤베르크[Arnold Schonberg, 1874~1951]를 둘러싼 혁신적인 작곡가 그룹과 교류하기도 했다. 그의 음악적 관심은 나중에 그가 학문의 세계에 접어든 이후에도 지속적으로 발전돼, 말러$^{Gustav\ Mahler,\ 1860~1911}$ 나 쉰베르크, 바그너$^{Wilhelm\ R.\ Wagner,\ 1813~1883}$ 등의 음악을 포함한 다양한 음악사회학적 연구로 구체화되었다.

아도르노는 크라카우어$^{Siegfried\ Kracauer,\ 1889~1966}$의 지도하에 독일 고전 철학에 입문하고 코르넬리우스의 지도로 후설 현상학에 대한 박사학위 논문을 쓴 다음(앞에서 호르크하이머와 아도르노가 만난 것이 1922년 코르넬리우스의 세미나였다고 했는데, 그들은 이후 미국 망명 시기까지 반세기가 넘도록 지적 공동 작업을 수행했다), 틸리히 아래서 키르케고르$^{Søren\ A.\ Kierkegaard,\ 1813~1855}$에 대한 논문 「키르케고르; 미적인 것의 구성$^{Kierkegaard.\ Konstrucktion\ des\ Ästhetischen}$」을 써서 교수 자격을 취득했다. 여기서 주목할 것은 그가 크라카우어의 지도를 받았다는 것인데, 크라카우어는 당시 바이마르 공화국(1919부터 1933년까지 유지된 독일의 공화국 정부를 통칭하는 말)에서 가장 유명한 문화 비평가이자 영화 이론가였다. 그의 '반관념론적이고 미시적인' 문화 비평은 아도르노의 전 생애에 걸쳐 지울 수 없는 흔적을 남겨주었다(물론 영화 이론가로서 크라카우어는 벤야민에게도 중요한 영향을 끼쳤는데, 이는 뒤에서 잠시 살펴볼 것이다).

아도르노는 호르크하이머와의 교류를 통해 1920년대 이미 사회조사연구소의 지적 궤도 안에 들어와 있었지만, 1932년 「음악의 사회적 상황에 대하여$^{Zur\ gesellschaftlichen\ Lage\ der\ Musik}$」라는 논문을 《사회조사연구지$^{Zeitschrift\ für\ Sozialforschung}$》에 기고하면서 본격적으로 연구소 활동에 참여하게 된다. 그러나 1933년 나치스가 집권하자, 유대인 대학 교수였던 아도르노 또한 위기의식을 느끼지 않을 수 없었다. 당시 호르크하이머가 소장으로 있던 사회조사연구소는 마르크스주의 노선을 공공연히 천명했을 뿐 아니라 유대인 혈통의 연구자들이 중심이었기 때문에 그들의 장래 또한 결코 순탄할 수 없었다. 결국 연구소는 일찌감치 독일을 탈출하여 제네바를 거쳐 안전한 뉴욕에 보금자리를 틀었다. 그때까지도 아도르노는 나치즘을 일시적인 현상이라 생각하고 유럽에 남으려 했지만 1938년 호르크하이머의 지속적인 초청으로 미국행을 결행하고, 프린스턴 대학의 라디오 조사계획 음악분과를 맡으면서 본격적인 망명 생활을 시작했다. 바로 이 망명의 시기에 아도르노와 호르크하이머의 공동 연구가 가장 두드러진 성과를 내며 진행되었다.

 그런데 앞 장에서 언급한 것처럼 이들의 연구 방향에 큰 전향점이 되었던 것은 독소 불가침 조약으로 가시화된 제2차 세계대전의 발발이었으며, 무엇보다도 1940년 벤야민의 자살은 아도르노에게 크나큰 정신적 충격을 주었다. 아도르노는 어떤 의미에서 벤야민의 첫 제자라고도 할 수 있었다. 그는 벤야민보다 열한 살이나 어렸기 때문에, "자신을 늘 받는 사람이라 생각했다"라고 회상한 바 있다. 그럼에도 벤야민의 실질적인 생계와 학문 활동에 결정적인 도움을 주었던 것은 도리어 아도르노였다. 벤야민의 논문 「프랑스 작가의 사회적 위치Zum gegenwärtigen gesellschaftlichen Standort des französischen Schriftstellers」(1934)가 《사회조사연구지》에 처음 실린 것도 아도르노의 주선에 의한 것이며, 벤야민의 파리 망명 생활을 도왔던 것도 그였다. 두 사람이 마지막으로 만났던 1938년 1월에 벤야민은 뉴욕 연구소에 참여해달라는 아도르노의 간

곡한 청을 "유럽에는 아직 몸을 숨길 만한 장소가 있다"라는 말로 애써 거절했다. 그러나 현실은 벤야민의 기대를 완전히 저버렸고 결국 그에게 던져진 운명의 마지막 주사위는 자살이었다.

이런 일련의 사건 때문이었을까? 이후 아도르노의 저작에는 역사에 대한 비관적인 의식과 음울한 우울증이 똬리를 틀고 자리 잡는다. 바로 이러한 상황 속에서 훗날 비판이론의 가장 탁월한 책으로 손꼽히는 『계몽의 변증법Dialektik der Aufklärung』(1944)이 1941년부터 1944년까지 아도르노와 호르크하이머에 의해 완성되는 것이다.

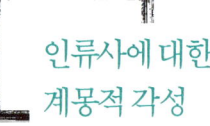

인류사에 대한 계몽적 각성

여기에서 생뚱맞은 질문을 하나 던져보자. 단 한 번의 시간 여행을 할 수 있다면, 그래서 가장 행복하게 살 수 있을 거라 생각되는 시간과 공간을 선택해서 타임머신을 타고 날아간다면, 어느 시대를 선택하겠는가? 아마도 선뜻 대답하기 쉽지 않을 것이다. 과연 오늘날의 세계는 과거의 세계보다 더 행복하고 안락한 것일까? 자기부상열차 시대의 인간은 증기기관차 시대의 인간보다 더 인간답고 편안한 삶을 살고 있다고 확신할 수 있을까? 대자연의 위력과 공포 앞에서 두려움에 떨어야 했던 인간이 원시 상태에서 벗어나 이성의 깨우침을 통해 자연을 지배하고 스스로를 세계의 주인으로 우뚝 세워온 것은 분명한 사실이다. 그럼에도 불구하고 인간 지성의 발전, 특히 과학기술의 발전은 오늘날에 이르러 인간 스스로를 파괴하는 지경에 도달한 것처럼 보이기도 한다. 그러한 역설적 상황을 단적으로 보여주는 것이 바로 전쟁의 경험이다. 현대 세계에서 전쟁은 최첨단 산업 문명과 과학기술의 전시장이 되고 있다. 나날이 고도화되는 전쟁의 기술은 인간 자신이 피땀 흘려 이룩한 삶의 터전과 문화유산을 파괴하고, 생명을 학살하는 것을 마치 컴퓨터 시뮬레이션 게임을 즐기듯 감상하게 만들었다.

하버마스가 "마키아벨리Niccolò Machiavelli, 1469~1527, 홉스Thomas Hobbes, 1588~1679, 사드Marquis de Sade, 1740~1814, 니체Friedrich Nietzsche, 1844~1900로 이어지는 음울한 책들과 관련하여 출현한, 세상에서 가장 음울한 책"이라고 평한 아도르노와 호르크하이머의 명저『계몽의 변증법』의 문제의식도 바로 여기에서 출발한다.

> 왜 인류는 진정한 인간적 상태에 들어서는 대신에 새로운 종류
> 의 야만 상태에 빠졌는가?
> 『계몽의 변증법』

그들은 현재의 상황을 왜 "새로운 종류의 야만"이라고 칭하는 것일까? 이렇듯 비관적인 진단과 물음을 던질 수밖에 없었던 이유는 이들이 겪었던 시대 경험에서 비롯된다. 두말할 나위 없이 그것은 히틀러에 의한 나치즘의 집권과 아우슈비츠Auschwitz의 유대인 학살로 대변되는 제2차 세계대전의 참상이었다. 그들은 파시즘과 대량 학살이라는 역사적 파국들이 예외적이고 우연한 사건이 아니라 인류사의 필연적 결과라고 확신한다. 진보적 사유라는 포괄적 의미에서의 '계몽'이 사실상 스스로를 파괴하는 과

정으로 전개되어왔음을 밝히고, 계몽의 이러한 퇴행적 경향이 이미 인간의 '합리성' 자체에 애초부터 내재하고 있었음을 주장하려는 것이다. 따라서 『계몽의 변증법』이라는 책은 "인류가 완전히 배반당하지 않으려면 계몽은 스스로를 돌아보아야 한다"는 것, 다시 말해 인류사 속에서 계몽이 발전해온 과정에 대한 계몽적 각성을 일깨우려는 것이다.

아우슈비츠의 입구 표지판
"노동은 자유를 가져다준다"

:: **아우슈비츠와 홀로코스트** Holocaust

1940년 나치스는 폴란드 남부의 작은 도시 아우슈비츠에 대규모 강제수용소를 건설했다. 이곳은 곧 유대인 대학살, 이른바 홀로코스트(홀로코스트란 말은 그리스어 홀로카우스톤(holokauston)에서 유래된 것으로, 원래는 통째로 불에 태워 신에게 바치는 제물을 의미하는 말이었다. 나치스는 희생자들의 시신을 불태워 없애버렸기 때문에, 자신들의 학살 계획을 지칭하기 위해 이 말을 선택했다고 한다)의 거점이 되었다. 아우슈비츠에서 희생된 유대인의 수는 정확하게 알려져 있지 않지만, 총 지휘관이었던 회스(Rudolf Höß, 1900~1947)가 전범 재판에 회부되어 진술한 바에 따르면 대략 250만 명의 유대인이 학살당했고 50만 명이 자연사했다고 진술한다. 이들은 대부분 샤워실 형태로 꾸며진 가스실에서 독가스로 살해당했고 시체는 소각장에서 불태워졌다. 포로들은 독가스 외에도 총살, 고문, 질병, 굶주림으로 사망했고, 심지어는 생체실험 과정에서 무참하게 학살되었다. 따라서 오늘날 아우슈비츠와 홀로코스트라는 표현은 나치스의 유대인 학살뿐 아니라 인간의 야만적인 잔혹성과 파괴성을 상징하는 표현으로 이해된다.

··· 다음 작품 중에서 제2차 세계대전 중에 발생한 나치스의 유대인 학살과 관련된 작품이 아닌 것은?

① 안네 프랑크의 일기 『안네의 일기』
② 로베르토 베니니의 영화 〈인생은 아름다워〉
③ 스티븐 스필버그의 영화 〈쉰들러 리스트〉
④ 로만 폴란스키의 영화 〈피아니스트〉
⑤ 엘리 위젤의 소설 『나이트』
⑥ 프랜시스 포드 코폴라의 영화 〈지옥의 묵시록〉

안네 프랑크

☞ 정답은 58쪽에

계몽의 전개 과정
인간에 의한 인간의 지배로

계몽 Aufklärung; enlightenment 이란 문자 그대로 보자면, 빛을 비추어 분명하게 밝혀준다는 뜻이다. 여기서 아도르노와 호르크하이머가 사용하는 '계몽'(소문자 e로 시작되는 the enlightenment)은 신화와 마법의 전제專制로부터 인간을 해방시켜서 자연을 통제하고 지배할 수 있도록 하는 "이성적으로 각성된 사유 양식"을 지칭한다. 따라서 '계몽'은 '계몽주의'(대문자 E로 시작하는 the Enlightenment)와는 구별해서 이해해야 한다.

계몽의 개념에 대한 가장 고전적인 저작은 칸트의 「계몽이란 무엇인가에 대한 답변Beantwortung der Frage: Was ist Aufklärung?」(1784)이다. 칸트의 이야기를 직접 들어보자.

> 계몽이란 우리가 마땅히 스스로 책임져야 할 미성숙 상태에서 벗어나는 것이다. 미성숙 상태란 다른 사람의 지도 없이는 자신의 지성을 사용하지 못하는 것이다. 미성숙 상태의 원인이 지성의 결여가 아니라 다른 사람의 지도 없이 자신의 지성을 사용할 수 있는 결단과 용기의 결여에 있다면, 이러한 미성숙 상태의 책임은 스스로가 져야만 하는 것이다. 따라서 과감히 알려고 하라Sapere aude! 너 자신의 지성을 사용하려는 용기를 가져라! 이것이 계몽의 표어다.
> 「계몽이란 무엇인가에 대한 답변」

칸트의 표현대로 하자면, 계몽이란 인간이 미성숙함에서 벗어나는 것, 즉 인간이 자신의 지성적 능력을 자율적으로 사용할 수 있는 용기와 힘을 지니는 것을 의미한다. 한마디로 말해 그것은 이성의 깨우침을 통한 진보적 사유이며, 타인의 간섭이나 명령이 아니라 자신의 자율적 의지에 따라 이성을 사용할 수 있는 힘을 전제로 한다.

더 나아가 아도르노와 호르크하이머는 계몽이란 예로부터 인간에게서 자연의 공포를 몰아내고 인간 자신을 주인으로 세운다는 목표를 추구해왔다고 설명한다. 이러한 이성의 힘이야말로 마법과 신화, 무지와 몽매함, 권위와 편견으로부터 인간을 해방시키는 토대가 되었다. 그렇다면 왜 그들은 계몽을 가능하게 했던 인간의 합리성 속에 처음부터 파국의 씨앗이 담겨 있었다고 하는 것일까? "완전히 계몽된 지구에는 재앙의 징후만이 빛나고 있다"라는 참으로 암울한 진단은 어떻게 해서 나온 것일까?

애초에 계몽의 출발은 인간이 자연의 위협적인 힘에 맞서서 자신을 보존하고 자연을 지배하려는 데서 시작되었다. 여기에서 핵심적인 개념은 '자기보존'이라는 개념인데, 아도르노는 자기보존이야말로 모든 생명체의 진정한 법칙이라고 강조한다. 다시 말해 이성의 깨우침, 즉 계몽의 일차적인 목표는 자신의 생명을 보존하려는 욕망이다. 그렇다면 대자연이 주는 죽음의 공포와 위험에 맞서 살아남기 위해 남겨진 선택은 결국 양자택일일 수밖에 없다. 자연 아래 굴복할 것인가, 아니면 자연을 지배할 것인가. 여기에서 이성적 인간이 선택할 수 있는 길은 단 하나이다. 이제 인간은 자연의 공포로부터 벗어나기 위해서 자연을 지배하는 길로 들어선다. 그럼으로써 역사는 인간이 자연과 유기적으로 통일되어 있었던 과거를 뒤로하고 자연에 맞서는 대립적 관계로 나아가는 것이다.

그런데 개별적으로 보자면 왜소하고 나약하기 짝이 없는 인간이 거대한 자연에 맞서 싸워나가기 위해서는, 인간들 사이의 집단적 힘과 사회관계가 절대적으로 필요할 수밖에 없다. 따라서 인간은 사회적 관계의 형성, 즉 지배자와 비피지배자의 관계를 통한 사회적 지배 양식을 발전시킴으로써 자연 지배를 완성한다. 인간 자신이 자연의 폭압으로부터 벗어나기 위해 필요로 했던 사회의 형성과 지배 체제의 발전은 이제 '인간에 의한 인간의 지배'라는 사회적 체계를 강화시키게 된다. 그리하여 한때 거대한 자연의 힘 아래서 신음하던 인간은 그로부터 벗어나기 위해 스스로 발전시킨 사회 체계의 구속 아래 점차 종속되어갔다.

아도르노는 "인간이 자연으로부터 배우고 싶어 하는 것은 자연과 인간을 완전히 지배하기 위해 자연을 이용하는 방법"일 뿐이며, 오직 그것만이 인식의 유일한 목적이 되어버렸다고 한탄한다. 마법의 환상이 벗겨진 자연 위에 인간의 이성이 군림하게 되고 거기서 한 걸음 더 나아가 그 이성의 힘으로 인간을 순종하게 만드는 사회적 통제와 구속을 완성시켰다는 얘기다. 인간은 대자연의 지배로부터 권력을 빼앗아내는 데 성공했지만, 그 성공이 귀결하는 바는 인간에 의한 인간의 지배와 억압이라는 또 다른 '야만'의 시작에 불과하다는 것이 아도르노의 생각이었다.

> 자연의 폭력으로부터 한 걸음 한 걸음 빠져나올 때마다 인간에 대한 체계의 폭력이 점점 커져가는 부조리한 상황은 '이성적인 사회'의 이성을 쓸데없는 사족으로 거부한다. 「계몽의 변증법」

복수의 부메랑
인간의 내면에 대한 지배로

요컨대 인간 이성의 발전은 외부 자연의 지배뿐만 아니라 사회적 지배 체계의 형성을 통해 인간에 의한 인간의 지배를 가져왔다. 그런데 이것이 끝이 아니다. 인간은 외적 자연의 지배자임과 동시에 사회의 지배자가 되기 위해서, 자신 속에 존재하는 내적 자연, 이른바 인간이 갖고 있는 자연적 요소를 이성적 통제 아래 복종시켜야 했으며 더 나아가 그것의 존재를 부인해야만 했다. 여기에서 인간의 내적 자연이란, 인간의 육체나 환상, 욕구와 감정 등을 의미한다. 아도르노가 보기에 내적 자연을 충족시키는 것이야말로 행복에의 욕망을 이루고자 하는 인간 삶의 구체적인 목적과 불가분하게 연결되어 있다. 하지만 인간의 내적 자연은 자연과 사회의 지배자이자 사회적 통제가 가능한 합리적 주체를 형성시키기 위해 끊임없이 배제되고 억압당해왔다. 오늘날의 인간이 일상을 살아가는 방식도 이렇지 않은가. 우리는 곧잘 냉혹한 이성적 고려와 계산을 통해 어떠한 삶의 목적을 세우고는, 가능한 모든 수단과 방법을 동원해 그 목적을 성취하고자 한다. 그 속에서 우리는 우리 내면의 모든 욕망과 감정, 본능과 충동을 철저히 통제하고 때로는 무자비하게 몰수해야 한다고 생각한다. "그까짓 사사로운 감정쯤이야 눈 딱 감고 잊어버려야지!" "순간의 욕망을 자제할 수 있어야만 남을 지도할 수 있는 사람이 될 수 있는 거야!" 이러한 논리에 따라 내일의 성공을 위해 오늘의 기쁨은 얼마든지 희생되고 단념될 수 있어야만 한다고 스스로를 다그친다. 이것은 결과적으로는 나 자신에 대한 무자비한 폭력, 철저한 자기검열이 되고 마는 것이다.

```
인간의 자기보존
    ↓
인간에 의한 자연의 지배
    ↓
인간에 의한 사회적 지배
    ↓
인간에 의한 인간의 내적 자연의 지배
    ↓
계몽에 의한 지배의 총체화;
인간에 의한 인간 자체의 말살
```

계몽의 변증법의 전개 과정

 그럼으로써 이제 지배는 인간의 내적 본성에 대한 자기통제로 내면화된다. 다시 말해 폭력적으로 지배된 자연은 인간 주체 속에 내면화된 스스로에 대한 폭력으로 자리를 꿰차고 들어온다. 부메랑은 언제나 다시 돌아오게 되어 있다. 자연과의 통일과 화해를 배반한 인간은 주체 자신에 대한 자기배반으로 대가를 치른다. 이는 모든 감성적인 것의 억압, 정서적 자발성과 욕망의 거세로 나아가며, 결과적으로는 인간 자신으로부터의 자기소외로 나아간다. 이런 맥락에서 아도르노는 "이성의 차가운 빛 아래 새로운 야만의 싹이 자라난다"라고 애도했다. 그는 이와 같은 계몽의 비극적인 전개 과정을 상징적으로 드러내는 알레고리로서 호메로스[Homeros, BC 800?~750]의 서사시 『오디세이아[Odysseia]』의 12번째 노래인 세이렌^{Seiren}의 에피소드를 들고 있다. 다음 장에서 이에 대해 좀더 상세하게 살펴보도록 하자.

①번 『안네의 일기Het Achterhuis』(1947)는 독일군 점령하의 네덜란드 암스테르담에서 나치스의 강제수용을 피해 비밀 은신처에서 가족과 함께 숨어 지내던 유대인 소녀 안네 프랑크Anne Frank의 일기다. 안네의 가족은 결국은 발각되어 유대인 수용소로 끌려가 죽음을 맞는다. ②번 〈인생은 아름다워La vita è bella〉(1997)는 로베르토 베니니Roberto Benigni가 감독, 각본, 주연까지 맡은 영화. 1998년 칸 영화제 그랑프리, 1999년 아카데미 남우주연상을 포함한 3개 부문 수상 등, 세계 각국의 영화제에서 무려 52개의 상을 수상한 영화. 더 이상의 설명은 필요 없다. 영화를 아직 못 본 사람이라면 한번 보도록! ③번 스티븐 스필버그Steven Spielberg의 〈쉰들러 리스트Schindlers List〉(1993)는 독일의 나치스 정권 치하에서 한때 나치스에 동조했던 독일인 오스카어 신들러Oskar Schindler가 무려 1,100명이나 되는 유대인들을 아우슈비츠의 대학살로부터 구출해낸 실화를 그린 흑백 영화. 아카데미 작품상과 감독상을 포함한 7개 부문 수상. ④번 로만 폴란스키Roman Polanski가 메가폰을 잡고 에이드리언 브로디Adrien Brody가 주연한 〈피아니스트The Pianist〉(2002)는 나치스의 유대인 살육 현장에서 살아남은 유대계 폴란드인 피아니스트 브와디스와프 슈필만Władysław Szpilman의 자전적 소설을 영화화한 작품이다. 2002년 칸 영화제 황금종려상(최우수 작품상)을 수상했다. ⑤번 엘리 위젤Elie Wiesel의 『나이트Un di Velt Hot Geshvign』(1958)는 루마니아 태생의 유대인 작가 자신이 15세 때 아우슈비츠에서 직접 겪은 참상을 사실적으로 그린 자전 소설이며, 1986년 그가 노벨 평화상을 수상하는 데에도 결정적인 기여를 한 작품이다. ⑥번 〈지옥의 묵시록Apocalypse Now〉(1979)은 프랜시스 포드 코폴라Francis Ford Coppola가 감독하고 말런 브랜도Marlon Brando, Jr., 마틴 신Martin Sheen, 로버트 듀발Robert S. Duvall 등이 주연한 영화로, 조지프 콘래드Joseph Conrad의 소설 『암흑의 핵심Heart of Darkness』(1899)을 베트남 전쟁이라는 시대적 상황으로 개작한 영화다. 아카데미 최우수 음향상 등 2개 부문, 칸 영화제 황금종려상 등 수상. 나치스의 유대인 학살과는 관련이 없다. 따라서 정답은 ⑥번.

만남 3

계몽적 주체의 귀환
『오디세이아』

파리스의 심판과 라오콘

그리스의 위대한 서사시인 호메로스의 대표작은 『일리아스』와 『오디세이아』이다. 『일리아스』는 트로이^{Troy} 전쟁의 발단부터 대단원의 결말에 이르는 이야기를 담은 것이고 『오디세이아』는 트로이 전쟁이 끝난 후 오디세우스^{Odysseus}(라틴어 이름은 율리시스^{Ulysses})가 고향 이타카^{Ithaka}로 돌아오기 위해 겪는 10년간의 모험과 방랑을 담은 이야기다. 『계몽의 변증법』에서 아도르노와 호르크하이머가 계몽의 알레고리로 해석한 것은 오디세우스의 에피소드지만, 여기서 잠시 『일리아스』도 살펴보고 가도록 하자. 요즘 시중에는 어린이 그림책으로도 나올 정도로 '트로이 전쟁'의 다양한 판본들이 있으니 『일리아스』의 내용도 어찌 보면 상식에 가까운 이야기가 되었지만, 그럼에도 불구하고 트로이 전쟁의 발단을 빼놓고 넘어갈 수는 없을 듯하다.

사람들에게 인류의 역사상 이제까지 이름을 남긴 사과들을 얘기해보라고 한다면, 아마도 대부분이 아담과 이브의 사과를 떠올릴 것이요, 그다음으로 떠오르는 것은 역시 상식처럼 되어 있는 뉴턴$^{Isaac\ Newton,\ 1642~1727}$의 사과일 것이다. 그럼 세 번째 사과는 무엇일까? 물론 이 대목에서는 사람마다 제각기 다른 사과를 대곤 한다. 드니$^{Maurice\ Denis,\ 1870~1943}$라는 현대 미술 이론가는 세잔$^{Paul\ Cézanne,\ 1839~1906}$이 그린 사과$^{지식플러스\ 참조}$를 주목하는데, 세잔의 사과는 실제 사과처럼 보여서 침을 삼키게 하는 사과가 아니라 사람들을 생각하게 만드는 사과라고 한다. 물론 여기에 또 다른 사과가 거론될 수 있는데, 『일리아스』를 좋아하는 사람이라면 응당 불화의 여신 에리스^{Eris}가 올림푸스 신들의 잔치에 슬그머니 던져놓은 황금 사과를 떠올릴 것이다. 이 황금 사과에는 "가장 아름다운 여신에게"라고 적혀 있었고, 이 사과를 두고 헤라^{Hēra}, 아테나^{Athēnā}, 아프로디테^{Aphrodite}라는 세 여신의 쟁탈전이 벌어지면서 이 유명한 이야기는 시작된다.

사실상 신화라는 것은 인간이 자연과 세계에 대해 과학적이고 개념적인 지식을 발전시키기 이전의 보다 포괄적인 인식 형태를 드러낸 것이다. 이런 관점에서 보자면, 세 여신은 여성성과 관련된 개념들을 그들이 나타내는 구체적인 이미지와 성향을 통해서 비유적으로 형상화한 것이라 할 수 있다. 헤라가 상징하는 바는 정치적 야심과 질투, 지배력으로서의 여성성의 단면이며, 아테나는 지혜와 용기라는 단면을, 아프로디테는 외적인 아름다움이라는 단면을 각각의 개별적인 여신의 형태로 재현한 것이다. 따라서 "가장 아름다운 여신을 위한" 사과는 세 여신이 상징하는 바에 따라 그 주인이 이미 판가름 나 있다고 할 수 있을지 모른다. 그런데 황금 사과의 주인을 가려낼 이 엄청난 판결을 떠맡은 주인공은 다름 아닌 트로이의 왕자 파리스^{Paris}였다.

우리의 예상과 다르지 않게, 파리스는 황금 사과를 미의 여신 아프로디테에게 건네주었다. 하지만 파리스의 판단이 순수하게 세 여신의 미모만을 판정했다고 보기는 어렵다. 세 여신은 모두 "나에게 사과를 준다면"이라는 전제하에 구미가 당길 만한 조건을 제시하며 파리스를 유혹했고, 그는 이 조건 중에서 아프로디테의 조건을 선택했다. 아프로디테는 파리스에게 "내게 사과를 준다면, 세상에서 가장 아름다운 여인과 결혼하게 해주겠다"라고 약속했다. 그러나 불행히도 이 말에는 이후에 세계적인 비극을 일으키게 될 고통의 씨앗이 숨어 있었다. 왜냐하면 세상에서 가장 아름다운 여인이라는 조건에는 '결혼한 상태가 아닌'이라는 단서가 붙어 있지 않았기 때문이다. 결국 파리스는 세상에서 가장 아름다운 여인 헬레네^{Helenē}와 사랑에 빠지게 되지만, 헬레네는 스파르타의 왕 메넬라오스^{Menelaos}의 아내였다. 파리스가 트로이의 친선 사절 자격으로 스파르타를 방문했을 때, 그는 메넬라오스 왕의 융숭한 환대 속에서 왕비 헬레네를 만나 첫눈에 사랑에 빠지고 마침내 왕이 잠시 자리를 비운 틈을 타서 두 사람은 트로이로 달아나버리고 만다. 말하자면 외국의 국빈이 우리나라를 방문해서 온 국민이 극진하게 대접을 해주었더니, 아무도 몰래 영부인과 함께 도망을 가버린 셈이다. 어찌 전쟁이 일어나지 않을 수 있겠는가! 이것이 바로 그 유명한 트로이 전쟁의 발단이었고, 이 때문에 트로이와 그리스 연합국은 10년에 걸치는 기나

긴 전쟁을 시작하게 된다.

쉽사리 승패를 가릴 수 없었던 트로이 전쟁이 어떻게 대단원의 막을 내리게 되었는지, 트로이 전쟁의 결말부를 잠시 살펴보자. 잘 알려져 있는 것처럼, 그리스 연합국이 난공불락의 트로이 성을 함락시키기 위해 사용한 계략은 다름 아닌 거대한 목마였다. 어느 날 트로이 사람들이 성 밖에 나와 보니, 그리스군의 배는 온데간데없이 사라지고 거대한 목마만이 남아 있었다. "만세, 그리스의 배가 모두 사라졌다! 마침내 우리가 적군을 물리친 거야!" "아니, 그런데 저 거대한 목마는 뭐지?" 트로이 사람들은 이 목마를 성 안으로 들여놓을지 말지를 놓고 거센 논쟁을 벌인다. 먼저 이 목마를 성 안에 들여서는 안 된다고 주장한 사람은 트로이의 신관神官 라오콘Laocoon이었다. 앞날을 예언할 수 있는 능력이 있었던 라오콘은 이 목마로 인해 트로이가 멸망할지도 모른다고 예감했다. 바로 그때, 거대한 물뱀 두 마리가 바다에서 올라와 라오콘과 그의 두 아들을 칭칭 휘감아 물어 죽여버렸다. 아들과 함께 처참하게 죽어가는 라오콘의 비극적인 최후 또한 수많은 예술작품의 소재가 되었다. ^{지식 플러스 참조}

그런데 라오콘 말고도 목마를 성 안으로 들여놓는 것을 반대한 사람이 있었으니, 바로 트로이의 공주 카산드라Kassandra였다. 카산드라도 앞날을 예언하는 능력이 있었지만, 그 능력과 더불어 신의 저주를 받은 존재였다. 신의 저주란 다름 아니라 아무리 올바르게 앞날을 예견해도 어느 누구 하나 그녀의 말을 믿지 않는 안타까운 운명이었다. 카산드라 또한 목마를 성에 들이지 말 것을 경고했으나, 아무도 그 말을 귀담아듣지 않았다. 그리하여

〈라오콘 상〉
하게산드로스Hagesandros,
아테노도로스Athenodoros와
폴리도로스Polydoros
(BC 160~20 제작 추정)

목마는 트로이인들의 손으로 성 안으로 옮겨지고, 목마에서 쏟아져 나온 그리스 전사들에 의해 마침내 난공불락의 성이었던 트로이는 함락되고 만다. 이로써 10년간이나 지속되었던 트로이 전쟁은 종지부를 찍게 되었다.

세이렌의 노래 그리고 오늘날의 사회와 예술

자, 이제 다시 원래 우리의 관심사인 『오디세이아』로 돌아와 보자. 아도르노와 호르크하이머는 이 이야기에서 오디세우스를 현대적인 계몽을 상징하는 인물, 그들의 표현을 빌리자면 "부르주아적인 개인의 원형"으로 읽어낸다. 그렇다면 이러한 계몽적

••• 다음 그림들의 제목은 각각 무엇일까?

☞ 정답은 94쪽에

인 존재가 추구하는 최우선의 목표는 무엇일까? 그것은 무엇보다도 자기보존, 그러니까 자신의 삶을 지속하고자 하는 욕망일 것이다. 즉 살아남고자 하는 것, 자신의 정체성을 보존하려는 욕망이다. 이 위대한 서사시 속에서 오디세우스가 겪는 모든 시련은 목숨을 앗아 가려는 자연적 또는 신화적 힘에 맞서 살아남기 위한 계몽적 자아의 고투를 보여준다. 그는 위기의 순간마다 합리적인 책략을 펴 자신의 생명을 절멸시키려는 온갖 난관을 극복해나간다.

오디세우스가 부딪히게 되는 수많은 난관 중의 하나는 세이렌의 섬을 지나는 것이다. 세이렌은 여러 미술 작품에서 여인의 얼굴과 새의 몸을 가진 반인반수의 모습으로 그려진 바다의 요정인데(호메로스는 세이렌을 자매로 묘사했으나 정작 외모에 대해서는 아무런 언급도 하지 않았다), 이들이 유혹하는 노래를 들은 사람은 어느 누구도 거역할 수 없는 마력에 빠져서 세이렌을 향해 노를 저어 가게 되고 결국은 그들의 제물이 되고 만다. 그렇다면 오디세우스는 이러한 위험을 어떻게 극복할 수 있었을까? 인간이라면 누구나 그토록 아름다운 노래를 듣고 싶은 욕망을 억제할 수 없으리라. 그러나 그럼에도 불구하고 어떻게든 살아남고자 하는 욕망, 즉 자신의 정체성을 보존하려는 욕망 또한 정신이 온전한 인간이라면 누구에게나 가장 기본적인 삶의 욕구이다. 오디세우스 또한 이성적인 존재로서 자신의 삶을 보존하려는 욕구를 무엇보다 우선시하지 않을 수 없다. 그런데 오디세우스는 이 두 가지 욕망 중 어느 것 하나 포기하지 않은 채 세이렌의 섬을 무사히 빠져나갈 수 있었다. 과연 그가 택한 방책은 무엇이었을까?

〈오디세우스와 세이렌Ulysses and the Sirens〉(1891) 존 워터하우스John Waterhouse

　오디세우스는 키르케Kirke가 알려준 대로 부하들의 귀를 밀랍으로 막아 아무런 소리도 듣지 못하게 만들었다. 그러고는 힘을 다해 노를 저어 갈 것을 명령했다. 생명을 위협하는 세이렌의 섬에서 무사히 배를 빠져나갈 수 있게 하는 힘은 부하들의 노동에서 나오는 것이지만, 부하들은 지배자 오디세우스의 명령에 의해 아름다운 세이렌의 노래를 들을 수 없다. 반면에 오디세우스는 자신의 몸을 돛대에 묶어 꼼짝달싹 못하게 만든다. 그는 지배자이기에 노래를 듣고자 했고 또한 들을 수 있었다. 하지만 돛대에 꽁꽁 묶여 있는 그에게 세이렌의 노래는 아무런 실제적 영향력도 발휘할 수 없다. 세이렌의 유혹이 크면 클수록 그는 자신의 몸을 더욱 강하게 묶게 만들고, 돛대에 묶인 무력한 상태에서 그저 한갓된 향유의 대상으로만 노래를 들을 따름이다. 오디세우스는 거칠게 머리를 내저음으로써 선원들에게 자신을 풀어달라고 애원하지만, 세이렌을 향해 단 한 발짝도 다가갈 수 없다.

그러나 때는 너무 늦었다. 아무것도 들을 수 없는 선원들은 노래의 위험만을 알 뿐 그 아름다움을 알지 못하기에, 그들은 오디세우스와 자신들을 구하기 위해 그를 돛대에 묶인 채로 내버려둔다.

「계몽의 변증법」

그렇게 오디세우스는 자신의 생명을 보존한다.

아도르노와 호르크하이머는 고대의 영웅 오디세우스가 세이렌 섬을 통과하는 이 이야기를 현대의 사회 상황과 예술의 운명에 대한 비유로 읽어낸다. 그들의 글을 직접 읽어보자.

살아남고 싶은 자는 회복될 수 없는 유혹을 들어서는 안 된다. 그 유혹을 들을 수 없을 때만이 살아남을 수 있다. 사회는 항상

〈키르케로서의 틸라 뒤리외에Tilla Durieux als Circe〉(1913)
프란츠 폰 슈투크 Franz von Stuck

::: 키르케 Kirke

키르케는 마술에 능통한 요정이었다. 오디세우스 일행이 자신의 섬에 들어오자, 그의 부하들에게 독이 든 술을 먹인 후 지팡이를 흔들어 돼지로 만들어버렸다. 그러나 오디세우스는 헤르메스(Hermes)의 도움으로 몰리(moly)라는 신의 약초를 먹어서 키르케의 마법에 걸리지 않았다. 결국 오디세우스는 키르케로 하여금 부하들을 다시 사람으로 돌아오게 만들고 1년 동안 그녀와 함께 살면서 텔레고노스(Telegonos, '멀리서 태어난 자'라는 뜻)라는 이름의 아들도 두게 된다. 키르케는 오디세우스가 섬을 떠날 때 세이렌을 무사하게 통과할 수 있는 지혜를 일러준다. 이러한 키르케의 이미지는 수많은 미술가의 예술적 상상력을 위한 소재가 되었는데, 특히 19세기 말 이후에는 남성을 파멸에 빠뜨리는 팜 파탈(femme fatale)의 이미지로 형상화되었다.

이를 위해 배려한다. 노동하는 사람은 건강한 몸과 집중된 마음으로 앞만을 보아야 하며 옆에 있는 것은 무시해야 한다. 그들은 기분을 전환하고 싶은 충동마저 그 이상의 노력으로 집요하게 승화시켜야 한다. 그리고 그렇게 해서 그들은 실제적이 되는 것이다.
「계몽의 변증법」

그렇다. 『오디세이아』의 이야기에서 살아남기 위해 회복될 수 없는 유혹을 들어서는 안 되는 사람들은 누구인가? 바로 지배자의 명령에 의해 감각을 절단당한 부하들이다. 배에 탄 사람들 모두의 목숨을 지속하게 하는 힘은 노를 저어 가는 선원들의 노동으로부터 나오지만, 그들은 지배자의 명령에 의해 세이렌의 노래를 향유할 수 없다. 그들에게 부과된 임무는 한눈을 팔지 않고 정면만을 응시한 채 노를 저어야 하는 고된 노동뿐이다.

여기서 노를 젓는 부하들의 에피소드는 현대 세계의 노동자들의 삶에 대한 비유라고 할 수 있다. 사회의 실제적인 생명을 생산해내는 것은 그들의 노동이지만, 그럼에도 현대의 노동자들은 오늘날 아름다운 예술의 향유로부터 소외된 채 매일 고역스러운 노동에만 종사해야 한다. 아도르노는 오디세우스의 선원들이 자신의 노동을 향유할 수 없다고 설명한다. 왜냐하면 강압 속에서 절망적으로 이루어지는 노동은 자발적인 자기의 실현으로서의 의미를 가질 수 없기 때문이다. 그것은 살아남기 위해 어쩔 수 없는 고역일 뿐이며 억압적으로 착취되는 강제 노동에 지나지 않는다. 그 속에서 노동자들은 진정한 노동의 기쁨을 맛보지 못하고 소외될 수밖에 없다.

한편, 지배자였기 때문에 노래를 들을 수 있었던 오디세우스는 어떠한가? 세이렌은 사람들의 목숨을 빼앗을 수 있는 막강한 능력을 지니고 있지만, 그 노래는 오디세우스에게 실제적으로 아무런 영향력도 끼치지 못한다. 다시 말해 오디세우스는 세이렌의 노래가 갖는 엄청난 힘에 맞서서 자신의 생명을 보존하며, 그럼으로써 세이렌의 노래가 함의하는 위대한 예술의 유혹과 힘은 무화되고 그저 '스쳐 지나가는 자의 단순한 동경'으로 중화되어버리고 만다. 이제 예술은 사람들의 삶 속에서 어떠한 현실적인 영향력이나 실제적 변화도 일으키지 못하게 되었다. 오디세우스와 세이렌의 그 행복하고도 불행한 만남 이래로 모든 노래는 병이 들어버린 것이다. 다시 『계몽의 변증법』의 구절로 돌아가보자.

> 세이렌의 유혹은 한갓된 관조의 대상, 즉 예술로 중화된다. 사슬에 묶인 자는 연주회에 참석하지만, 이후의 콘서트 방문자처럼 미동도 없이 경청하는 사람이 된다. 해방을 향한 감격스러운 요구는 박수갈채처럼 희미하게 사라진다. 그리하여 선사시대와 작별한 후 이런 식으로 예술 향유와 노동은 서로 결별하게 되는 것이다.　　　　　　　　　　　　　　　　　　『계몽의 변증법』

앞서 살펴본 것처럼 오디세우스는 자신이 처한 난관을 노동 분업을 통해 극복한다. 노동하는 자는 노동을 통해서 자신과 지배자의 삶을 지속할 수 있게 하고, 노동으로부터 면제된 자는 그 혜택으로 아름다운 예술의 노래를 들을 수 있다. 그럼으로써 행복 자체는 노동으로부터 철저하게 배제되고 단절된다. 반면 사

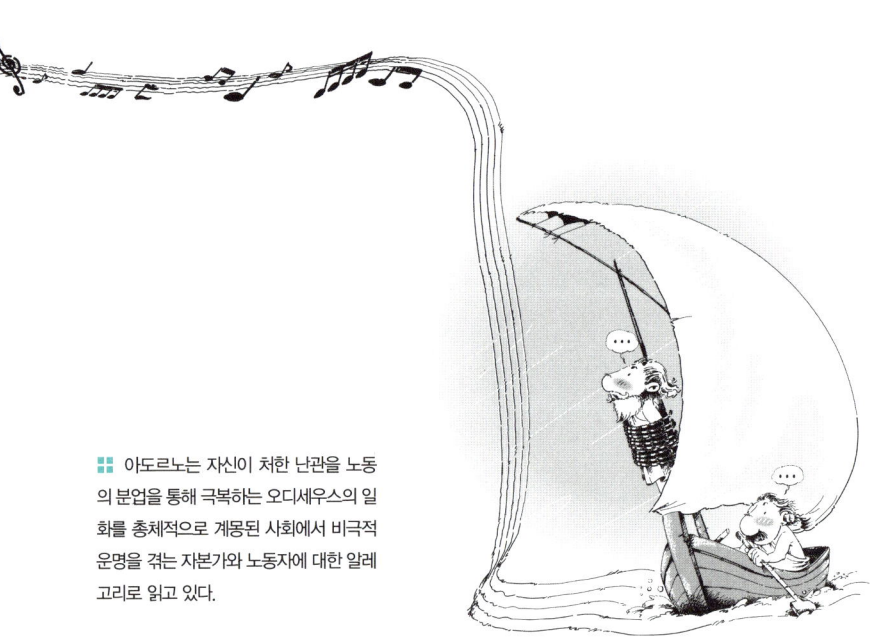

▪▪ 아도르노는 자신이 처한 난관을 노동의 분업을 통해 극복하는 오디세우스의 일화를 총체적으로 계몽된 사회에서 비극적 운명을 겪는 자본가와 노동자에 대한 알레고리로 읽고 있다.

슬에 묶인 자는 진정한 행복을 맛보았는가? 대답은 부정적이다. 오디세우스라는 주체가 자신에 대한 효율적인 통제를 통해서 고작 얻을 수 있었던 것은 기껏해야 행복에 대한 '표상'일 뿐이다. 말하자면 정말 몸으로 느끼고 체득한 행복이 아니라 머릿속으로 알아차린 것에 불과하다. 결국 오디세우스는 궁극적인 행복의 상태에 도달하기를 포기하고 그것을 행복에 대한 관념으로 대체했을 따름이다. 그리하여 노동하는 인간도, 사슬에 묶인 자도 결국 행복해지리라는 계몽의 이상으로부터 배반당한다.

오디세우스는 계몽적 주체의 본질인 자기보존을 위해서 자신의 내면적 자연, 즉 자신의 본능과 감정을 억압하며 세이렌의 노래로 상징되는 '행복에의 약속'을 단호히 포기했다. 따라서 아도르노의 관점에서 볼 때, 계몽적 주체의 자기유지는 자기부정, 즉 자신의 내적 욕망과 충동을 부정하고 억압함으로써 얻은 귀결이다. 결국 문명의 역사는 계몽적 주체의 자기희생이 내면화되는 역사이자 체념의 역사에 다름 아니다. 체념하는 자는 스스로를 통제하고 단념함으로써 자신에게 돌아올 몫보다도 더 많은 것을 자신의 삶에서 내어주지 않으면 안 된다.

또한 여기에서 또한 주목해야 할 사실은 이처럼 지배자만이 소외되고 기형화되는 것이 아니라, 부하들 역시 소외되고 기형화되는 운명을 피할 수 없다는 것이다. 이를 현대 사회에 대한 알레고리로 읽는다면, 오늘날 총체적으로 계몽된 사회에서 이러한 비극적인 운명을 겪는 것은 자본가와 노동자 모두에게 해당되는 것이다. 이는 마르크스주의에서 노동자 계급이 자신들이 처한 계급적 위치로 인해 당연하게 보장되었던 지위, 즉 진리의 파악이나 실천의 역할에 있어서 어떠한 특권적 지위도 더 이상 부여받을 수 없음을 의미한다. 그리고 바로 이 부분에서 아도르노는 전통적인 마르크스주의의 본질적인 신조라고 할 수 있는 노동자 계급의 혁명적 역할에 대한 신뢰를 포기했음을 확인시킨다. 그는 "신화 이래로 순종적인 프롤레타리아들의 듣지 못하는 귀는 지배자의 움직이지 못함보다 나을 것이 하나도 없다"라고 강조한다. 노동자들의 무능력은 단지 지배자들의 술책에 의한 것일 뿐만 아니라 "산업사회의 논리적 귀결"이라는 것이다. 그렇다면 오늘날의 사회는 어떻게 이렇듯 피지배 계급의 무능력과 순응주의를 양산할 수 있었을까? 아도르노가 말하는 계몽의 총체적 지배는 구체적으로 어떤 양상으로 나타나는 것일까? 다음 장에서 이를 간략하게 살펴보기로 하자.

+ 지식 플러스 +

세잔의 〈사과 바구니〉

〈사과 바구니Le Panier de pomme〉(1895) 폴 세잔

세잔은 사과와 과일들을 담은 수많은 정물화를 그렸다. 그런데 그의 정물화에는 비밀이 숨겨져 있다. 자세히 살펴보면 탁자 위에 놓인 정물들이 서로 다른 시점에서 본 모습으로 그려져 있음을 알 수 있다. 왼쪽의 과일 바구니가 오른쪽 대각선 위쪽의 위치에서 본 모습이라면, 가운데 병은 중앙의 약간 위쪽에서 내려다본 시선으로 그려져 있다. 이렇게 각각의 사물들이 다른 위치에 있는 눈에 의해 그려지다 보니, 탁자의 아래쪽 윤곽선은 하얀 천을 사이에 두고 직선으로 연결되지 않은 채 어긋나 있다. 세잔은 왜 이런 그림을 그렸을까?

그가 이렇게 각각의 사물을 다양한 시점에서 그린 이유는 무엇보다도 화면 안의 형식적인 조화와 완성을 위해서였다. 즉 그림 안에 존재하는 대상들의 공간과 관계를 형식적으로 보다 완벽하게 만들기 위해서였다. 근대의 시각 체제인 원근법이 세계의 중심으로 설정된 주체(화가)의 고정된 한 시점에서 바라본 세계를 그리는 것이라면, 세잔은 하나의 지점을 벗어나서 이리저리 이동하면서 대상을 보고 그린 것이라 할 수 있다.

세잔의 이러한 실험은 이후 피카소Pablo Picasso, 1881~1973와 브라크Georges Braque, 1882~1963의 큐비즘cubism(입체주의)으로 이어진다. 큐비즘에서는 이러한 실험이 더욱 확대되어, 하나의 사물을 다양한 시점에서 보고 분해한 뒤 이 분해된 조각들을 다시 결합하는 기법이 등장한다. 예를 들어 얼굴의 앞면과 옆면, 뒷면이 조각조각 분해된 뒤 한 얼굴 속에서 다시 합성되는 것이다. 고정된 한 시점에서 찍은 스냅사진의 세계가 시공을 움직일 수 있는 무비 카메라의 세계로 도약한 것이라고 할까.

〈고양이를 지닌 도라 마르Dora Maar au chat〉(1941) 피카소

라오콘 논쟁

　18세기 중엽 미술사학자 빙켈만^{Johann Winckelmann, 1717~1768}은 고대 그리스의 조각상 라오콘 상을 그리스 예술의 탁월성을 보여주는 대표적인 걸작이라 칭송했다. 그는 고대 로마의 시인 베르길리우스^{Vergilius, BC 70~19}가 『아이네이스^{Aeneis}』에서 "라오콘의 절규는 제단에서 도망치려는 황소의 울부짖음처럼 소름 끼치게 먼 하늘까지 울려 퍼졌다"라고 표현한 것과 조각으로서의 라오콘 상의 표현 방식을 비교하면서, 조각상의 라오콘은 고통에 찬 얼굴 표정과 근육의 뒤틀림에도 불구하고 베르길리우스의 묘사처럼 공포에 찬 비명을 질러대는 것이 아니라 고통을 억누르는 고요하고 위대한 정신의 아름다움을 드러낸다고 했다. 말하자면 바다는 수면의 풍랑이 아무리 거칠어도 그 심연은 언제나 평온하듯, 그리스인들의 형상에 나타난 표현은 어떤 괴로움에도 굴하지 않고 위대하고 절제된 영혼을 보여준다는 것이다. 빙켈만은 이와 같은 그리스 정신세계의 아름다움을 "고귀한 단순함과 고요한 위대함"이라고 하였으며, 이는 이후 독일 고전주의 미학의 중심 원리로 자리잡았다.

　이에 대해 레싱^{Gotthold E. Lessing, 1729~1781}은 『라오콘 혹은 시와 회화의 경계에 관하여^{Laokoon oder über die Grenzen der Malerei und Poesie}』(1766)에서 빙켈만과는 다른 입장을 보이고 있다. 레싱에 따르면, 조각상의 라오콘이 절제된 모습으로 표현된 것은 무엇보다도 조각과 시라는 매체 간의 차별성에서 기인한 것이다. 조형예술에서는 공간적인 제약성으로 인해 가장 결정적이고 효과적인 한 순간을 선택할 수밖에 없는데, 문학에서처럼 일그러지고 추한 모습을 선택할 경우에는 그 추한 모습이 조형예술의 순간성으로 영원히 고정됨으로써 보는 사람들에게 역겨운 감정을 불러일으키게 된다. 따라서 조형예술에서는 극단적이고 추한 순간의 선택을 피한다. 같은 맥락에서 레싱은 회화나 조각은 공간적 병존竝存에 의존하는 반면에 시는 시간적 순서, 즉 줄거리의 진행에 근거하며, 이러한 논리를 통해 회화, 조각, 건축을 포함하는 공간예술과 문학이나 음악과 같은 시간예술이 구분될 수 있다고 했다. 또 빙켈만이 조형예술을 그리스 예술에 있어서 최고의 예술로 평가한 것과는 달리, 레싱은 시가 회화보다 훨씬 더 광범위하고 정신적인 가치를 지니는 예술이라고 주장했다. 외형적인 구상성에 의존하는 회화보다는 내면의 상상력에 기반하여 더 많은 상상적인 체험을 가능하게 하는 시가 더 가치 있다고 보았기 때문이다. 다시 말해 회화보다는 시가 수용자에게 더 넓고 자유로운 상상력의 공간을 열어주기 때문에 그 영향력이 더욱 강하다는 것이다.

18세기 중엽에 이르기까지 예술에 대한 논의가 주로 시와 회화의 유사성을 부각함으로써 시, 음악, 회화, 조각, 건축 등이 모두 '예술fine arts'이라는 하나의 범주로 묶일 수 있다는 것, 즉 근대적modern 예술 체제의 형성을 촉진시켜왔다면, 이러한 레싱의 논의는 매체의 차별성에 근거해 개별 예술의 특수성과 표현 방법의 차이에 주목하는 계기가 되었다. 이렇듯 각각의 예술 장르 사이의 유사성과 차별성을 검토하는 미학적 논의를 '비교 미학comparative aesthetics'이라고 한다. 비교 미학은 예술 장르 간의 비교 이외에도, 고대와 현대처럼 서로 다른 시대나 동서양과 같은 상이한 문화권 사이의 예술이나 미 개념을 비교하고 연구하는 미학의 한 분야를 통칭한다.

만남 4

총체적으로 관리되는 사회
도구적 이성의 동일성 원리

이성, 합리화의 도구가 되다

앞의 논의를 요약해보자. 아도르노는 현대 문명이 파국으로 치닫게 된 원인이 계몽의 전개 과정, 즉 인간의 자기보존에서 시작되어 외적 자연과 내적 본성의 지배로까지 이어진, 이성의 지배가 총체화된 결과라고 보았다. 그렇다면 이러한 총체적인 지배가 가능하기 위해 인간에게 필요한 것은 무엇이었을까?

우선 인간은 대상을 지배하고 효율적으로 조작하기 위해서 대상을 수량화하고 계산 가능한 것으로 만들어야만 했다. 계산할 수 있다는 것은 양적인 측면에서만 대상을 고려한다는 것이고 이는 각각의 대상이 갖고 있는 특수한 질이나 차이는 무시한다는 것을 의미한다. 만약 대상의 세세한 차이를 고려한다면, 그것들을 한데 뭉뚱그려 계산하기는 불가능하기 때문이다. 다시 말해 대상을 효율적으로 관리하고 통제하기 위해서는, 그것을 수

량으로 파악하여(양화量化의 원리) 계산함으로써(계산 가능성의 원리) 통일적이고 체계적으로 파악해야만 한다. 따라서 계몽의 이상은 양화의 원리와 계산 가능성의 원리에 기반한 체계를 도출하는 데 몰두하게 된다. 다시 말해 '계몽의 이상은 세부에 이르기까지 모든 것을 도출해낼 수 있는 체계'인 것이다.

그런데 이러한 효율성과 계산 가능성이라는 원리는 인간 개인에게 그저 바람직한 결과만을 가져온 것은 아니다. 이를 통해 주체는 대상을 지배할 수 있게 되었지만, 다른 한편 인간은 진정으

::**도구적 이성** instrumentelle Vernunft; instrumental reason

호르크하이머는 『도구적 이성 비판(Zur Kritik der instrumentellen Vernunft)』(이 책은 『이성의 상실(Eclipse of Reason)』이라는 제목으로 1947년 미국에서 처음 출간되었는데, 1967년 독일에서 약간의 수정을 거쳐 『도구적 이성 비판』으로 재출간되었다)에서 도구적 이성 개념을 주관적 이성 개념과 연관시켜 설명했다. 그에 따르면, 계몽의 기획은 형식적이고 도구화된 주관적 이성의 일면적인 강화로 발전했으며 이로부터 현대 문명의 위기가 발생하게 되었다. 여기서 주관적 이성이란 목적에 대해서는 관심을 갖지 않고 오로지 주어진 목적에 적합한 수단을 계산하는 것에만 몰두하는 이성인데, 이것의 유일한 목적은 주체의 이해관계와 유용성이며 궁극적으로는 주체의 자기보존이다. 이에 반해 객관적 이성이란 객관적 현실에 내재하는 합목적적인 이성과 그것을 파악하는 주체의 능력을 동시에 가리키는데, 그런 점에서 객관적 이성은 수단에 앞서 목적의 규정과 실현 방법에 관심을 기울인다. 이러한 객관적 이성이 주관적 이성으로 축소되고 주관적 이성이 전면화됨으로써 오늘날의 문제가 발생했다는 것이다. 그리고 주관적 이성의 전면화는 인간 자신까지 포함해 모든 것을 도구화하는 새로운 야만을 발생시켰다. 이에 대해 호르크하이머는 이성의 끊임없는 자기반성과 자기부정이야말로 오늘날의 야만 상태를 벗어날 수 있는 유일한 가능성이라고 주장한다. 따라서 비판 이론이란 이성에 대한 전면적 부정이 아니라, 이성의 끊임없는 자기부정을 통해 도구적 이성으로 왜곡된 계몽을 계몽하려는 철학이라 할 수 있다.

로 사유할 수 있는 능력을 점점 더 잃어버리게 되었기 때문이다. 이제 이성은 이른바 도구적 이성˙, 즉 계산하는 이성으로 전락하고 만다. 다시 말해 인간의 이성적 사유는 진정으로 사유할 수 있는 능력, 스스로를 반성하고 비판할 수 있는 능력을 상실해버리고 어떻게 하면 보다 효율적으로 목적을 달성할 수 있는가에만 몰두하는 도구적 이성이 되어버렸다. 이로써 자기보존을 위해 출발한 계몽의 진전 과정에서 인간의 합리성은 결국 지배와 자기통제의 도구로 기능하게 되었다.

베버의
합리화론

이러한 점에서 아도르노와 호르크하이머의 문제의식은 서구의 근대화 과정을 합리화의 진전 과정으로 보고 이를 비판적으로 진단한 바 있는 베버$^{\text{Max Weber, 1864~1920}}$˙의 합리화론의 연장선 위에 있다. 베버는 서양의 근대화 과정을 '합리화'라는 개념으로 설명했다. 베버가 말한 합리화란 "신비스럽고 계산할 수 없는 힘이 작용하지 않는다는 것을 뜻하며 원칙적으로 인간이 모든 것을 계산에 의해 지배할 수 있다는 것"을 의미한다. 따라서 합리화란 세계가 주술로부터 해방되었음을 가리키며 기술적인 수단과 계산이 이를 대체했음을 말하는 것이다. 특히 서구의 합리화 과정은 프로테스탄트 윤리의 출현과 과학·도덕·예술이라는 서로 다른 가치 영역들의 분화, 그리고 근대적인 법의 출현이라는 세 가지 발전을 통해 이루어졌다.

베버는 합리성을 다시 '가치 합리성'과 '목적 합리성'으로 구별한다. 먼저 가치 합리성이란 실질적 합리성 substantive rationality 인데, 이는 예상되는 결과를 고려하기보다는 자기에게 부과된 의무, 명예, 종교적 소명 등을 준거로 삼아 설정된 가치에 적합하게 합리적으로 행위하는 양식을 의미한다. 반면에 목적 합리성이란 형식적 합리성 formal rationality 으로, 이는 어떠한 목적을 적절한 방법으로 달성하려는 의식적 시도에 따라 목적에 적합하게 합리적으로 행위하는 양식을 가리킨다. 목적 합리성에는 가치에 따라 선택된 목적을 설정할 때 드러나는 '선택의 합리성'과 설정된 목적의 달성을 위해 효율적인 수단을 사용하는 '도구적 합리성'이 존재한다.

그런데 가치 합리성과 목적 합리성은 서로 대립되는 개념이므로, 형식적 합리성의 관점에서 보자면 실질적 합리성은 비합리적이라고 볼 수도 있다. 예를 들어 IMF 시대에 경영 악화에 처한 기업을 생각해보자. 이 기업이 살아남기 위해서는 기존의 문어발식 사업 확장 계획을 전면 백지화하고 수익성이 높은 단일한 사업으로 특화할 필요가 있다고 하자. 말하자면 구조조정과 정리해고가 필요한 것이다. 예컨대 목적

:: 베버

독일의 사회과학자·경제학자. 사회적 행위의 '동기'와 '주관적 의미'의 이해를 강조하여 인간이 고유하게 지니는 마음과 정신에 초점을 맞췄다. 사회학은 사회 현상의 인과적 설명을 포함한 해석적 이해를 추구하는 과학이라고 규정지어, 사회과학 방법론의 새로운 패러다임을 제시한 것으로 평가받는다. 대표 저서로는 그가 제시한 사회학 방법론(인과적 설명)의 본보기라 할 수 있는 종교사회학 저서 『프로테스탄티즘의 윤리와 자본주의 정신(Die protestantische Ethik und der Geist des Kapitalismus)』(1905)이 있다.

합리적으로 이 문제를 처리하려는 사람은 목적으로서의 경영난 해소라는 과제를 설정하고 이에 대한 해결책으로서 정리해고라는 구체적인 수단을 선택할 것이다. 그러나 다른 한편으로 기업이란 단지 돈벌이의 수단이 아니라 근로자와 고용주가 함께 살아가는 삶의 터전이라는 의식을 갖고 있는 경영자가 있다고 해 보자. 비록 대대적인 정리해고가 기억의 수익 면에서는 더 효율적일지 모르지만, 이 사람은 '기업이란 노사가 더불어 살아가는 가족'이라는 가치관 아래 다 함께 고통을 분담하여, 기업이 어렵더라도 직원들과 함께하는 것이 올바른 선택이라고 판단할지도 모른다. 어쩌면 그 결과 회사는 영영 회생에 실패하여 문을 닫게 될지도 모르지만 말이다. 목적 합리성의 관점에서 볼 때, 이런 식의 가치 합리적인 행위는 분명 상당히 비합리적인 행위로 간주될 것이다.

  베버에 따르면, 목적 합리성에 의한 합리화 과정의 진전이야말로 근대 서유럽 자본주의의 본질이다. 특히 서구의 자본주의 경제, 과학과 기술, 합리적으로 제정된 성문법 및 관료제 등은 순수하게 형식적인 목표 달성의 차원에서 보면 대단히 합리적인 체계라고 할 수 있다. 따라서 베버는 서유럽의 현대화가 행위의 목적 그 자체를 반성하기보다는 목적에 대한 수단과 절차의 효율성을 강조하는 이른바 목적 합리성의 증대로 이어져 내려옴으로써 현대 사회의 문제점을 야기했다고 주장한다.

  베버는 이 문제를 구체적으로 '가치(의미)의 상실'과 '자유의 상실'이라는 두 가지 지점에서 논의한다. 가치의 상실이란 사람들이 주어진 목적을 이루려는 수단의 효율성에만 급급한 나머지 목적 자체의 가치와 의미에 대해서는 반성하지 않음으로써 진정한 가치들을 상실하게 된다는 것이며, 자유의 상실이란 합리화 과정에서 생겨나는 형식적이고 관료적인 체계 속에서 개인의 자유와 창조성이 억압되는 것을 말한다.

한편으로 가치 상실이라는 테제에서, 베버는 서구의 근대 사회가 과학·도덕·예술이라는 세 부분으로 분화됨으로써 이전까지 다양한 가치 영역을 통합해왔던 기준이 상실되었음을 지적한다. 말하자면 진·선·미의 가치 영역은 이전에는 종교적 관념에 의해 하나로 융합되어 있다가 현대화의 진전 결과 과학(진), 도덕(선 또는 도덕성), 예술(미 또는 진정성)의 영역으로 각각 분화되었다는 것이다. 이는 각기 자율적 독립성을 내세우는 가치 영역들 간의 이질적인 정당성 주장으로 이어지게 될 것이며, 이는 곧 '새로운 다신주의'로의 회귀를 의미한다. 이렇듯 베버는 분화된 가치 영역들 속에서 총체적 이성이 분열됨에 따라 이성 자신의 보편타당성이 파기되는 것을 '의미의 상실'이라고 진단한다. 이제 보편타당한 가치의 요구는 불가능하며 제한된 각각의 영역에서만 인정될 수 있는 상대적 가치의 공존만이 인정될 따름이다. 다른 한편으로 '자유의 상실'이라는 테제는 인간의 자유를 확장해주리라 기대했던 근대법의 합리화나 관료제, 프로테스탄트 윤리 등이 자본주의 사회를 발전시키는 과정에서 오히려 인간의 자유를 박탈하고 구속하게 되는 사태를 지칭한다. 따라서 베버에게 있어서 이러한 합리화의 진전은 현대인을 "강철 같은 쇠우리the iron cage" 속에서 "정신을 잃은 전문가"이자 "감정이 없는 향락인"으로 전락시켜버릴 것이라는 비관적인 전망을 낳았다(베버

의 사상에 대해서는 〈지식인마을〉 19권 『사회는 무엇으로 사는가: 뒤르켐&베버』를 참조하라).

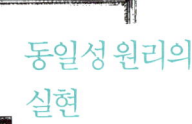
동일성 원리의 실현

아도르노와 호르크하이머의 계몽에 대한 비판, 특히 도구적 이성이라는 개념은 이렇듯 베버의 합리화론이라는 서구 사회에 대한 비관적 진단으로부터 많은 영향을 받았다. 하버마스에 따르면, 근대 사회의 목적 합리적 행위 속에서 관철되는 베버의 형식적 합리성이 아도르노와 호르크하이머에 있어서는 전체 문명사에 걸쳐 작동하는 도구적 이성으로 설정되고 있는 셈이다. 다시 말해 이들은 베버의 테제를 이중적으로 일반화시키는데, 시간적으로는 인류 역사 전체로, 그리고 내용적으로는 주체의 지배 논리로 소급시킴으로써 도구적 이성 개념을 확장시켰다.

여기에서 더 나아가 아도르노는 도구적 이성의 메커니즘이 주체의 자기보존이라는 절대명령에 봉사하는 이른바 '동일화시키는 사고'라고 규정한다. 즉 도구적 이성의 기저에 깔려 있는 정신적 원리가 바로 동일성 원리^{das Prinzip der Identität; the principle of identity}라는 것이다. 동일성 원리란 주체가 대상을 파악하고 관리하기 위해 서로 다른 대상들을 주체가 가지고 있는 동일한 하나의 형식으로 강제하는 지배 원리다. 동일성 원리를 통해서, 한편으로 주체는 대상들의 고유성과 차이를 무시하여 대상을 계산 가능하고 대체 가능한 것으로서 파악하고자 하며, 다른 한편으로 주체의 주관적 형식을 대상에 부과함으로써 대상으로 하여금 주체의 형식에 따르도록 강제한다. 아도르노와 호르크하이머는 이러한 동일성 원리가 계몽의 전 과정에서, 다시 말해 외적 자연의 지배와 사회적 지배, 그리고 인간 자신의 내면에 대한 지배 가운데서 작동하고 있음을 강조한다.

먼저 외적 자연과의 관계 속에서 동일성 사고는 어떻게 나타나는 것일까? 이는 무엇보다도 주체가 가지고 있는 개념적 도식 속에 대상을 포섭한 후 그것을 파악했다고 믿는 사고방식에서 드러난다. 외적 대상을 인식할 때 우리는 실상 인간의 사고가 만들어놓은 개념적 도구를 이용한다. 예를 들어 우리는 앞집의 누렁이와 뒷집의 진돗개, 우리 집의 치와와를 전부 '개'라는 추상적 개념으로 포섭하고는 그것을 인식했다고 믿는다. 그런데 이렇게 구체적인 대상을 추상적인 개념 속에서 파악하는 방식은 사실상 대상이 가지고 있는 특수성과 개별성을 무시하고 비동일적인 것을 동일성 속에 포섭시킴으로써 가능한 것이다. 따라서 이러한 개념적 사유는 서로 다른 타자를 개념과 동일한 것으로 이해함으로써 보편이라는 이름하에 특수를 말살시킨다. 치와와는 구체적인 특수성 속에서 누렁이나 진돗개와 다르지만, 개라는 개념 속에서 그것들은 모두 동일한 '개'로 편입된다. 그러나 이것은 사실상 주체의 도식에 의한 대상의 포획이자 억압이다. 아도르노에 따르면, 동일성의 사고란 사물들을 지배하고자 하는 주체의 이해관계가 표현된 것에 다름 아니다.

나아가 이렇게 동일화하는 사고는 사회적 삶 속에서는 상품의 교환 원리에서 구체적으로 드러난다. 자본주의 사회에서 상품이

교환될 수 있는 것은 그것들이 동일한 교환 가치를 가졌기 때문이다. 다시 말해 서로 다른 사용 가치를 갖는 상품이 같은 가격에 교환될 수 있는 것은 각각의 상품을 생산하는 데 소요된 사회적 노동 시간의 평균적인 양이 같다고 보기 때문이다.

> 인간의 노동을 평균 노동 시간이라는 추상적 보편 개념으로 환원하는 교환 원칙은 동일성 원리와 근본적으로 유사하다. 동일성의 원리는 교환이라는 사회적 모델을 가지고 있으며, 또한 동일성의 원리 없이는 교환도 있을 수 없다. 교환을 통해서 비동일적 개별 존재나 업적들이 통분될 수도 있고 동일해진다. 이러한 원리가 확장되면, 전 세계가 동일자로, 총체성으로 된다.
>
> 『부정변증법Negative Dialektik』(1966)

예를 들어 구두와 선풍기가 동일한 교환 가치를 갖는다고, 즉 같은 가격에 팔릴 수 있다고 가정해보자. 마르크스가 『자본론』에서 설명하는 노동가치설에 따르면, 두 상품이 교환될 수 있다는 것은 구두를 만드는 데 필요한 노동 시간의 양과 선풍기를 만드는 데 필요한 노동 시간의 양이 서로 같기 때문이다. 말하자면 구두를 만들어내는 데 평균적으로 10시간이 소요된다면, 선풍기를 만들어내는 데도 동일한 10시간이 필요하다는 것을 의미한다. 따라서 선풍기와 구두라는 각각의 상품을 만들어내는 구체적인 노동의 질적 차이는 무시한 채 추상적인 노동 시간의 양을 계산하고 그 양의 등가성에 근거하여 두 상품 사이의 교환관계가 성립하는 것이다. 이렇듯 각각의 상품들은 구체적인 유용성

외적 자연의 지배에 적용된 동일성 사고	개념적 인식
사회적 지배에 적용된 동일성 사고	상품 생산 사회의 교환 원리
내적 자연의 지배에 적용된 동일성 사고	문화산업으로서의 대중문화

동일성 원리의 총체적 지배

을 통해 특정한 욕구를 충족시키는 사용 가치의 대상으로서가 아니라, 다른 대상과 교환 가능한 추상적인 교환 가치의 대상으로서 '동일한 것'이 된다. 자본주의 사회에서 상품 교환이 가능하게 된 것 또한 동일성 원리가 사회적 지배 원리로 적용된 결과이다. 아도르노는 "자본주의적인 상품 생산 사회 속에서 이차적인 가치로서의 교환 가치가 '고유하고 일차적인' 사용 가치를 현실적으로 대체한다"라고 주장한다. 그런데 동일성의 원리에 따라 교환이 가능한 것은 단지 시장의 상품만이 아니다. 자본주의 사회에서는 인간의 노동력 또한 사고팔 수 있는 상품이 된다. 따라서 인간 자신 또한 철저하게 교환 가능하고 대체 가능한 것으로 간주된다. 각각의 개인이 철저하게 대체 가능하다는 것은 그 개인만이 지닌 차이나 개별성이 점점 더 사라져버린다는 것, 그럼으로써 그는 단지 체계의 기능으로서만 간주되고 존재하게 된다는 것을 의미한다.

> 전체 사회의 그물은 교환 행위를 모델로 하여 점점 촘촘하게 짜인다. 개인적 의식은 점점 더 철저하게 미리 만들어져 나오며, 개인적 의식에는 차이의 가능성이 원천적으로 차단된 듯하다.

그리고 차이는 공급품의 획일성에 포함된 뉘앙스 수준으로 떨어진다. 『프리즘 – 문화비평과 사회Prismen. Kulturkritik und Gesellschaft』(1955)

문화산업, 대중을 포섭하다

지금까지 살펴보았듯이 아도르노는 후기 자본주의 사회를 도구적 이성에 의해 '총체적으로 관리Verwaltung; administration되는 사회'라고 규정한다. 여기에서 관리라는 개념은 도구적 이성에 의해 보편자의 이름으로 개별자를 통제하는 지배 형태를 의미한다. 효율성을 위한 철저한 관리는 인간을 기능으로 전락시키고 개인의 자율성과 비판적 반성을 없애버린다. 따라서 관리란 비판적 이성이 파괴된 결과 나타난 권력, 지배 및 통제의 양식이라고 할 수 있다. 결국 총체적으로 관리되는 사회는 필연적으로 전체주의적 사회 질서를 강화하는 방향으로 나아가게 되는데, 아도르노는 후기 자본주의 사회를 '잠재적으로 전체주의적'이라고 보았다(아도르노는 권위주의 국가를 세 유형으로 구분했다. 파시스트 국가와 스탈린의 소비에트 사회가 각각 앞의 두 유형의 권위주의 국가라면, 독점 자본주의 사회는 잠재적으로 전체주의적인 사회로서 권위주의 국가의 세 번째 유형에 속한다).

계몽은 인간 존재를 추상적인 '체계'의 반복 가능하고 대체 가능한, 따라서 '사물화된' 요소들로 간주한다. …… 계몽의 철학

속에 잠재되어 있는 전체주의적 관념은 인간의 특성을 교환 가능한 상품으로 전유한다. 이성과 감성은 비개인적 차원으로 환원된다. 합리주의적 계획은 전체주의적 테러로 전화한다.

『계몽의 변증법』

그런데 잠재적인 전체주의로서 후기 자본주의 사회가 대중의 거센 저항과 반발 없이 안정적으로 유지되는 까닭은 무엇일까? 그것은 도구적 이성의 원리가 인간 존재의 정신과 내면에 이르기까지 철두철미하게 관철되고 있기 때문이다. 아도르노와 호르크하이머는 오늘날 대중매체에 의해 생산되고 유포되는 대중문화와 대중예술이 인간의 정신 속에 동일성 원리를 실현시키는 수단이라고 생각했다. 앞서 살펴본 것처럼, 개념적 도식을 통해 동일성 원리가 외적 자연을 지배하고 등가성에 의한 교환 원리를 통해 사회관계 내에서 동일성 원리가 관철된다고 한다면, 대중매체를 통해 대량 생산되고 소비되는 오늘날의 대중문화와 대중예술은 사람들의 내적 본성에 작동하여 모든 사람이 동질적으로 사고하고 반응하며 행위할 수 있게 만드는 효과적인 수단이 된다. 다시 말해 동일화의 도구로서 대중문화는 한 사람도 빠져나갈 수 없게 대중을 포섭하고 통제함으로써 기존의 지배관계와 이데올로기를 정당화하고 재생산하는 역할을 한다.

아도르노와 호르크하이머는 후기 자본주의 시대의 대중문화를 지칭하기 위해, 대중문화popular culture라는 말 대신에 '문화산업 Kulturindustrie; culture industry'이라는 새로운 용어를 고안해냈다. 왜냐하면 대중문화라는 표현을 쓸 경우, '대중 스스로에 의해 자발적으

로 생겨난 문화'라거나 '대중의 꿈과 희망을 대변하는 문화'라는 긍정적인 뉘앙스를 가질 수 있음을 염려했기 때문이다. 그래서 그들은 애초부터 이러한 기대를 조금이라도 불러일으키지 않도록 의도적으로 '문화산업'이라는 용어를 채택했다고 했다.

> 우리는 대중문화의 옹호자들이 마음에 들어 할 의미를 처음부터 차단하기 위해 대중문화라는 표현을 '문화산업'이라는 말로 대체했다. 대중문화의 옹호자들에게 문제가 되는 것은 대중들 자신으로부터 자발적으로 일어난 문화라든가 현대적인 형태의 민중예술일 것이다. 문화산업은 이와 같은 의미의 대중문화와 극명하게 구별된다. 「문화산업론의 재고Résumé über Kulturindustrie」(1963)

아도르노는 문화산업이라는 용어를 사용함으로써, 오늘날 문화가 철저하게 이윤을 추구하는 일종의 비즈니스가 되었음을 강조한다. 따라서 보통 '문화산업론'이라는 표현을 쓸 경우에, 이는 아도르노와 호르크하이머에 의해 대변되었던 비판이론의 대중문화론을 지칭하는 것이다. 물론 오늘날에는 문화경제학이나 예술경영학 등에서 아주 중립적인 의미로 문화산업이라는 표현을 사용하고 있지만 말이다. 아도르노에 따르면, 문화산업이란 궁극적으로는 인간 주체의 내면적 자연, 그러니까 인간의 감정, 충동, 욕망, 본능, 상상력, 육체 등에 대해서 외적 자연에 가했던 것과 똑같은 폭력을 가함으로써 동일성 원리를 관철시키고자 하는 지배의 수단이다. 그럼 이제 다음 절에서 본격적으로 아도르노의 문화산업론에 대해서 자세히 알아보기로 하자.

문화산업은 '유적 존재'로서의 인간을 고약한 방식으로 실현시켰다. 모든 사람은 다른 사람에 의해 대체 가능하며 개인은 교체 가능한 복제품에 불과하다―하나의 개인으로서의 각자는 절대적으로 대체 가능한 존재로서 절대적인 무無이다.

『계몽의 변증법』 중 「문화산업론」, (이하 「문화산업론」으로 표시)

+ 지식 플러스 +

마르크스의 상품 물신성 이론과 루카치의 사물화론

동일성 원리에 대한 아도르노의 비판은 마르크스의 상품 물신성物神性; Warenfetischismus; Commodity fetishism 테제와 루카치György Lukács, 1885~1971의 사물화Verdinglichung; Reification 이론의 영향 속에서 형성된 것이다.

먼저 마르크스의 상품 물신성 개념을 간략히 알아보도록 하자. '물신성'이라는 말은 원래 원시 종교에서 특정한 사물이 초자연적인 주술적 힘을 갖고 있어서 사람들에게 영향력을 발휘하는 것을 뜻한다. 마르크스는 상품이나 화폐가 마치 스스로 생명력을 가지고 자율적으로 증식하는 존재인 것처럼 여겨진다는 점에서 물신성을 갖는다고 설명한다. "자본주의 사회에서는 돈이 돈을 낳는다"라는 말처럼 말이다. 그렇다면 이러한 물신성이 생겨나는 이유는 무엇일까? 자본주의 사회에서는 상품 생산자들이 생산수단을 사적으로 소유하고 독립적으로 노동을 하기 때문에, 그들의 사회적 관계는 상품의 교환을 통해서만 나타나게 된다. 따라서 자본주의 사회 속에서는 사람과 사람 사이의 관계가 상품과 상품 사이의 관계로 나타난다는 것이다. 실상은 사람들의 노동을 통해서 생겨난 가치가 마치 상품들 스스로가 생산해낸 것처럼 보이게 되는데, 이를 마르크스는 '상품 물신성'이라고 불렀다.

루카치는 이러한 마르크스의 논리를 이어받아, 물신성이라는 개념 대신에 '사물화'라는 개념을 애용한다. 마르크스의 생각과 비슷하게, 사물화 개념도 사람들 사이의 관계가 사물들 사이의 관계로 나타나는 현상, 그리하여 인간의 노동 및 그 산물이 거꾸로 인간과 대립하고 더 나아가 인간을 지배하는 현상을 지칭한다. 결국 사물화란 인간 주체와 이 주체의 산물인 객체가 통일성을 상실하고 서로 대립되어 그 관계가 역전되는 현상을 말한다.

그런데 루카치는 우리가 앞에서 살펴보았던 베버의 합리화론을 사물화론과 관련시켜 이해했다. 합리화란 계산 가능성과 조작 가능성의 강화인데, 합리화의 진전이 인간도 사물처럼 계산하고 조작할 수 있는 대상으로 생각하게 만들었다는 것이다. 루카치는 자본주의 사회의 합리화 과정, 특히 노동 과정의 합리화를 통해 사물화가 촉진된다고 보았다. 예를 들어 기계제 대공장의 컨베이어 벨트conveyor belt 시스템처럼, 노동 과정을 세분하여 분업화하고 기계화한 테일러 시스템Taylor system이야말로 노동 과정이 합리화된 전형적인 사례다. 그런데 테일러 시스템은 노동자의 행동뿐만 아니라 심리마저도 합리적인 분석 대상으로 간주하여 분해하고 관리함으로써, 인간 노동을 전체 시스템에 속한 하나의 기계 부품으로 전락시켜버렸다. 결국 노동의 관리와 합리화는 인간의 소외와

영화 〈모던 타임스Modern Times〉(1936)의 한 장면
이 영화는 컨베이어 벨트 시스템이 구축된 기계제 대공장에서 일어나는 노동자의 소외를 그려내고 있다. 이 장면은 컨베이어 벨트의 톱니바퀴 속에 들어가버린 공장 노동자 채플린의 모습이다.

사물화를 더욱더 심화시키는 방향으로 진행되었다. 나아가 합리화는 단지 노동 과정에만 국한되는 것이 아니라 법률, 행정, 학문 등 인간 생활 전체를 조직하는 포괄적인 메커니즘이 되어가고 있다.

이처럼 루카치는 베버의 합리화 개념을 더욱 발전시켜서 자본주의 생활 형식 전체를 포괄하는 개념으로 사물화 개념을 확장했다. 합리화와 사물화가 사회생활 전체를 조직하는 원리가 되는 경우, 인간의 의식과 태도 또한 사물화되고 '정관적靜觀的; contemplative'으로 변해버리게 된다. '정관적'이라는 말은 주체가 대상과 실천적인 관계를 맺지 못하고 자신의 의식 속으로 칩거해버리거나 대상에 침투할 수 없는 수동적인 태도를 말한다. 정관적 태도는 주체와 객체의 분리를 영원한 것으로 간주하기 때문에 주객 분리를 넘어선 세계의 총체성을 포착할 수 없다. 루카치에 따르면, 정관적 태도야말로 근대 부르주아적 주체의 본질적 특징이다.

그런데 루카치는 자본주의 사회에서 사물화를 극복할 수 있는 힘은 오로지 프롤레타리아의 계급의식을 통해서만 나올 수 있다고 주장한다. 프롤레타리아 계급의식이란 프롤레타리아 개인이나 대중이 현실적으로 가지고 있는 심리적 의식이 아니라 그들의 계급 상황과 계급 이해에 적합한, 즉 그들이 마땅히 가져야만 하는 이른바 '귀속의식'이다. 그들은 자본주의 사회에서 사물화와 소외를 가장 심각하게 경험할 수 있는 계급적 상황에 처해 있기 때문에 이를 극복해야만 하는 당위성 또한 분명하게 의식할 수 있다. 따라서 프롤레타리아 계급은 진정한 계급의식을 통해 역사 발전에 대한 총체적 인식을 획득함으로써, 인류 전체의 보편적 이해를 실현시킬 수 있고 사물화를 극복할 수 있는 혁명적 실천의 유일한 주체가 될 수 있다.

이렇듯 루카치가 여전히 프롤레타리아 계급의 역사적 소명을 '선험적으로' 도출해내고 있는 한, 이 점에서 비판이론의 세대들은 다른 길을 갈 수밖에 없었다. 루카치에게 있어서 프롤레타리아 계급은 그들이 처한 존재 조건으로 인해 마땅히 역사 발전의 주체가 되어야 하는 유일한 혁명적 계급이었지만, 아도르노나 호르크하이머와 같은 비판이론가들이 경험했던 현실은 프롤레타리아 계급에게서 역사 발전에 대한 총체적 인식과 주체적 역할을 찾아볼 수 없었다. 이제까지 살펴본 것처럼 현대 사회의 야만성의 원인이 문명 이래 전개되어온 이성의 몰락에 있다고 한다면, 이제 유일한 해결의 가망성은 인간 스스로가 진정한 사유 능력과 비판의식을 회복함으로써만이 가능할진대, 당대의 프롤레타리아에게 이를 기대하기란 상당히 어렵게 보였기 때문이다. 나아가 마르크스나 루카치가 현대 사회 문제의 원인을 서유럽의 자본주의와 더불어 시작된 물신화나 사물화 과정에서 찾고 있는 반면, 아도르노는 역사의 수레바퀴를 훨씬 더 거슬러 올라가서 인류의 자기보존과 자연 지배에서 비롯된 계몽 과정 그 자체에서 문제의 원인을 추적하고 있다는 점에서 또한 시각의 차이가 존재한다. 아도르노의 이러한 입장은 사실상 문제 해결의 실마리를 훨씬 더 근본적인 것으로 인식함으로써, 그 해결의 전망 또한 상당히 어렵고 비관적인 것으로 보이게 한다.

왼쪽의 그림은 이보 잘리거$^{Ivo\ Saliger,\ 1894~1987}$의 〈파리스의 심판$^{Das\ Urteil\ des\ Paris}$〉이다. '파리스의 심판'이라는 소재는 많은 예술가들이 즐겨 그렸던 소재였다. 루벤스$^{Peter\ P.\ Rubens,\ 1577~1640}$, 보티첼리$^{Sandro\ Botticelli,\ 1445~1510}$, 크라나흐$^{Lucas\ Cranach,\ 1472~1553}$ 등이 〈파리스의 심판〉을 그렸지만, 각각의 시대에 따라 표현 방식은 제각각이었다. 그렇다면 여기서 문제가 하나 더 나간다. 잘리거의 〈파리스의 심판〉이 그려진 것은 언제일까? 옷차림이나 분위기로 봐서는 분명 시대적 배경이 현대인 것을 알 수 있다. 눈치 빠른 사람이라면 짐작했겠지만, 이 그림이 그려진 것은 1939년, 바로 나치스 시대이다. 이 작품은 나치스가 주장하는 "새로운 미술", 즉 독일 민족의 우월감과 영광을 표현하고 장려하는 예술이라는 이념에 입각하여, 영웅적인 아리안 종족의 혈통적 단일성과 건강한 아름다움을 부각하고자 했다. 따라서 그것은 남성에게는 진취적인 힘과 강력한 투쟁 정신을, 여성에게는 종족을 번성시킬 수 있는 모성 본능과 남성에 대한 순종을 고취시키는 것이다.

오른쪽의 그림은 엘 그레코$^{El\ Greco,\ 1541~1614}$가 그린 〈라오콘^{Laocoon}〉(1610)이다. 뱀과 죽어가는 사람들이 등장하는 것이 힌트가 될 것이다. 그런데 이 그림에서 눈에 띄는 점은 인체의 표현이나 화면 구성이 상당히 왜곡되고 기형화되었다는 것이다. 엘 그레코는 이른바 마니에리스모^{manierismo}를 대표하는 스페인의 화가이다. 1520년경부터 1600년에 이르는 이 마니에리스모라는 시기는 반종교개혁이라는 사회 상황과 맞물리면서, 전성기 르네상스의 엄격한 비례와 이상적인 조화를 깨뜨리고 인체를 기형적으로 늘리거나 왜곡해서 인간의 감정에 호소하는 종교적 색채의 작품이 주로 그려졌다. 이 그림도 라오콘이라는 고대적 소재를 그대로 가져오긴 했지만, 그리스 고전주의에서 보이는 이상적인 비례나 균형을 벗어나 강렬하고 자극적인 파토스^{pathos}를 부각하도록 표현됐음을 볼 수 있다.

만남 5

대중 기만으로서의 계몽
아도르노의 문화산업론

대중문화, 산업이 되다

보통 '대중문화'라는 우리말은 영어의 '매스 컬처 mass culture'와 '포퓰러 컬처 popular culture'라는 두 표현을 번역한 것이다. 먼저 '매스 컬처'라는 표현은 대중문화의 본질을 산업화된 '대량 생산 체제의 산물'이라는 점에서 파악하는데, 이 관점에서 보자면 본격적인 의미의 대중문화의 탄생은 18세기 중엽 이후 자본주의적인 상품 생산 및 대량 생산 기술의 발전과 밀접하게 연관된다. 한편 '포퓰러 컬처'라는 표현은 대중문화의 본질이 '민중의 것'이라는 점에 주목한다. 즉 이는 한때 민중 스스로가 직접 만든 것에서 발전되어온 것으로, 오늘날에는 대중이 직접 생산한 것은 아니지만 대중의 이념과 열망을 담고 있고 그래서 인기가 있는 것이라는 점을 강조한다. 이렇게 본다면 포퓰러 컬처로서 대중문화의 시원은 고대 그리스 시대까지 거슬러 올라갈 수 있을 것이다. 일

반적으로 매스 컬처라는 표현을 선호하는 사람들은 자본주의 사회에서 문화 또한 대량 생산되는 상품이 되었음을 강조하면서 현대의 대중문화를 비판적으로 보는 입장에 서 있다고 한다면, '포퓰러 컬처'라는 표현을 즐겨 쓰는 사람들은 대중문화가 대중의 진정한 관심과 이해를 표현한다는 점을 부각하면서 대중문화를 찬양하는 입장에 가깝다고 할 수 있다.

그렇다면 대중문화를 보는 아도르노의 관점은 어떠한 것이었을까? 앞 장에서 우리는 아도르노와 호르크하이머가 대중문화를 '문화산업'이라고 지칭했음을 살펴보았다. 전통적인 관점에

∷ 문화^{culture}의 개념

① 문화라고 번역되는 영어 culture라는 말은 라틴어의 colere에서 나온 cultura라는 어원에서 나온 것으로, 이 말은 가축을 기르거나 곡식 등을 경작하는 것을 의미했다. 따라서 최초의 문화 개념은 15세기경 곡식을 경작하거나 가축을 키워내는 것과 관련된다.

② 16세기 초반 '경작'이라는 의미는 인간 정신과 같이 보다 추상적인 대상으로 확장되었다. 이 용법이 널리 퍼지면서 문화 개념은 '인간의 지적, 정신적, 심미적 계발의 일반적 과정'을 지칭하는 것이 되었다. 나아가 이는 모든 사람이 아닌 일부의 개인, 집단, 혹은 국가만이 이렇게 계발된 정신을 가지고 있다는 생각으로 자연스럽게 연결되었다.

③ 18세기 계몽주의자들은 문화라는 단어를 '사회 발전의 일반적인 세속화 과정'을 지칭하는 것으로 사용했고, 유럽 사회가 발전의 정점에 있다고 생각했다. 이제 유럽은 인류의 문화 발전 단계에서 가장 높은 위치에 서 있는 것으로 여겨졌고 이러한 우월한 지점에서 다른 모든 인류에 대해 중심적이고 보편적인 역할을 수행할 수 있게 되었다.

④ 계몽주의 문화 개념 및 계몽주의의 유럽 중심주의는 19세기에 들어와 점차 비판 받게 되는데, 특히 헤르더(Johann Gottfried von Herder, 1744~1803)에게서 이를

서 문화는 인간적인 가치와 창조성을 표현하는 것으로, 산업에는 적대적인 것이었다. 그러나 오늘날 독점 자본주의하에서 문화는 이윤을 추구하기 위한 하나의 사업으로서 존재한다는 것이 아도르노의 기본적인 생각이었다. 그들의 말을 직접 읽어보자.

> 독점하에서의 대중문화는 모두 획일적인 모습을 하고 있으며, 그렇게 독점에 의해 만들어지는 대중문화의 골격과 윤곽은 서서히 드러나기 시작한다. 대중문화의 조정자들은 독점을 숨기려 하지 않는다. 독점의 힘이 강화될수록 그 힘의 행사도 점점

확인할 수 있다. 헤르더는 세계 전체에 대한 유럽 중심적인 문화 지배를 비판하고, '다양한 문화들'이라는 개념, 즉 한 민족 내에 그리고 각각의 민족들 사이에 존재하는 사회적, 경제적 집단들의 특수하고 다양한 문화들에 대해 논의할 것을 제안했다.

⑤ 헤르더의 문화 개념은 이제 인류학적 문화 개념, 즉 "특정한 집단, 민족, 국가 혹은 시대의 삶의 방식들(ways of life)"로서의 문화라는 개념이 출현하는 데 중요한 영향력을 끼쳤다. 이전의 "가장 가치 있고 완벽하며 고상한 산물"로서의 문화 개념을 넘어서서, 삶의 방식들로서의 문화란 평범한 사람들의 일상적인 삶의 방식의 하나로서 이해되게 되었다. 레이먼드 윌리엄스(Raymond H. Williams, 1921~1988)가 "문화란 평범한(ordinary) 것"이라고 선언했듯이 말이다. 여기에서 오늘날 주거 문화, 여가 문화, 음주 문화 등과 같은 일상 어법에서 쓰이고 있는 문화 개념이 정착되었다.

⑥ 20세기 중반 이후 구조주의를 통해 형성된 문화 개념은 문화를 하나의 사물이나 상태로 보기보다는 일종의 사회적 실천으로서 간주한다. 이제 문화는 의미를 나타내는(signifying) 일종의 실천 행위로서 규정되게 되었다.

노골화된다. 영화나 라디오는 더 이상 예술인 척할 필요가 없다. 대중매체가 단순히 사업 외에는 아무것도 아니라는 사실은 아예 한술 더 떠 그들이 고의로 만들어낸 허섭스레기들을 정당화하는 이데올로기로 사용된다. 그들 스스로 자신을 기업이라고 부르며, 사장의 수입이 공개되면 그로써 그들의 생산물이 사회적으로 유용한가 아닌가에 대한 의심은 충분히 해소된 것으로 간주한다.
「문화산업론」

아도르노는 오늘날의 독점 자본주의 사회에서 대중문화와 예술이 더 이상 문화와 예술이라는 범주 속에서 고찰될 수 없다고 주장한다. 오늘날 대중문화의 산물을 평가하는 기준은 무엇보다도 얼마나 인기를 끌었고, 수익을 얼마나 올렸는지에 좌우된다. 따라서 많은 수익을 올린 작품일수록 그 작품에 대한 미학적 가치나 사회적 유용성 등에 대한 논의는 슬그머니 뒷전으로 물러나버린다. 예를 들어 〈겨울연가〉(2002)와 같은 드라마가 엄청난 외화를 벌어들였다는 사실이 공공연하게 선전되었을 때, 이 작품의 '질'에 대한 냉정한 분석과 비판은 어느 순간 사라져버린다. 대신에 그것은 가장 모범적인 대중예술의 사례로 평가되어 다른 모든 드라마의 이상적 지향점이 된다. 자본주의 시대에서 문화와 예술이 상품으로 생산되고 소비되는 상황에서 이러한 운명은 피할 도리가 없다.

아도르노는 "모든 것이 교환할 수 있는 것만큼의 가치만을 가지고 있으며, 그 자체로서 가치를 가진 것이 아니라 시장성이 예술의 가치를 결정한다"라고 주장한다. 만약 과거의 예술이 그 자신만의 특수한 사용 가치를 지니고 있었다면, 이제 예술이 상품으로서의 지위를 얻게 된 상황에서 그것의 특수한 사용 가치는 점점 뒷전으로 밀려나며 대신에 교환 가치 자체가 향락의 대상이 되어 더욱더 중요한 것으로 물신화된다.

아도르노는 「음악의 물신성과 듣기의 퇴행에 관하여Über den Fetischcharakter in der Musik und die Regression des Hörens」(1938)라는 글에서 이를 다음과 같이 설명한다. 소비자는 값비싼 음악회의 표를 구매하면서 실제로 음악회에서 연주되는 음악 그 자체를 좋아하고 숭배하기보다는, 연주회 입장권을 사기 위해 자신이 지불했던 돈을 숭배한다. 그렇기 때문에 교환 가치 자체로부터 대중이 느끼는 쾌감은 입장료의 가격이 비싸면 비쌀수록 더욱 증가한다. 말하자면 음악회의 청중은 입장권의 가격이 비쌀수록 그 음악이 더욱 고상하고 가치 있는 것이라 여기며, 그것을 향유할 수 있는 처지가 되는 자신에 대한 자부심과 만족감은 더욱 배가된다. 그러나 이러한 만족감은 예술 그 자체의 향유를 통한 것이라기보다는 음악회 입장권의 가격, 즉 그것의 교환 가치가 주는 가상으로부터 나오는 것이다.

> 교환 가치 원리가 인간에게 사용 가치들을 더 냉혹하게 빼앗을수록 교환 가치 자체는 더 철저하게 향락의 대상으로 변모한다. 소비 상품의 사용 가치로부터 교환 가치로의 이행은 모두 전체 체제에 공헌한다. 「음악의 물신성과 듣기의 퇴행에 관하여」

이처럼 문화의 상품화는 상품 물신성이라는 구도 속에서 상품

생산의 논리가 일견 경제적이지 않은 것처럼 보이는 예술과 문화의 영역에까지도 확장되었음을 보여준다. 따라서 아도르노는 토대와 상부구조라는 전통적인 마르크스주의의 이분법적인 구분을 거부한다. 이제 문화는 이데올로기일 뿐만 아니라 산업이기도 하다.

표준화와 도식화
문화산업의 특성 1

문화산업이 존재하게 되는 필요성과 당위성은 일반적으로 기술技術적인 용어로 설명된다. 세계 각국의 수많은 장소에 존재하는 동일한 문화 상품에 대한 동일한 요구를 만족시키기 위해서는, 다시 말해 생산지는 얼마 안 되지만 수요는 여기저기 광범위하게 흩어져 있는 현실적 상황에서 발생하는 기술적 문제가 문화산업의 조직과 계획을 불가피하게 만든다는 것이다. 이에 대해 아도르노는 이러한 주장 뒤에는 문화산업의 조종과 그 조종에 의해 만들어지는 수요가 서로 순환 고리처럼 맞물려 있다는 사실이 은폐되어 있다고 비판한다. 즉 대중의 거대한 수요 때문에 독점적이고 획일적인 대중문화가 만들어지는 것이 아니라, 사실은 문화산업의 조종에 의한 일종의 부메랑 효과로 문화의 수요가 만들어진다는 것이다. 따라서 문화산업에 대한 기술적 설명 뒤에 은폐되어 있는 것은 기술이 사회에 대한 통제력을 획득할 수 있는 기반이 사회에 대한 경제적 강자의 지배력이라는 사실이다. "오늘날 기술적 이성이란 지배의 이성 그 자체"이다.

최근 우리나라의 영화 시장에서 나타나는 현상을 예로 들어보자. 1990년대 중반 이후 등장하기 시작한 거대 투자배급사들이 상영관을 독점적으로 잠식하면서 자연스럽게 이들이 배급하는 영화가 흥행에 성공하고 있다. 국내 영화 배급 투자의 양대 산맥이라 할 수 있는 CJ 그룹의 CJ엔터테인먼트와 오리온 그룹의 쇼박스의 흥행 기록을 보자. 2005년에는 〈웰컴 투 동막골〉, 〈말아톤〉, 〈가문의 위기-가문의 영광2〉 등 흥행 1~3위까지의 영화를 모두 쇼박스가 독식했으며, 2006년에는 CJ가 배급을 맡은 〈투사부일체〉, 〈음란서생〉, 〈달콤 살벌한 연인〉이 각각 2위와 3위, 5위의 흥행 성적을 거뒀다. 또한 2006년 최고 흥행작인 〈왕의 남자〉의 투자배급사인 시네마서비스는 CJ 계열 회사로, CJ는 이 영화로 60억 원 이상의 수입을 올렸다. 초대형 스크린에 수많은 상영관을 자랑하는 멀티플렉스 극장이 넘쳐나지만 실제 상영되는 영화 편 수는 한정되어 있는 것이 최근 우리나라 영화 시장의 현실이다. 때문에 관객은 자신이 원하는 영화가 아님에도 때로는 울며 겨자 먹기 식으로 상영 중인 영화를 선택할 수밖에 없는 상황이 벌어지기도 한다. 이는 거대 기업이 소유한 멀티플렉스 영화관의 스크린 독점과도 밀접하게 연관되어 있다. 우리나라 3대 멀티플렉스 극장 체인인 CJ 그룹의 CGV, 오리온 그룹의 메가박스, 롯데그룹의 롯데시네마의 스크린 점유율과 매출액은 2006년 전체 스크린 점유율의 65%, 총 매출액의 83%에 달했다. 1,000만 관객 시대를 가능하게 했던 〈태극기 휘날리며〉(2004)나 〈실미도〉(2003)와 같은 영화의 등장은 이전의 단관 시절 〈서편제〉(1993)가 4개월여의 오랜 상영 기간에도 불구하고 불과 200

만 관객 동원에 그친 것과 비교해볼 때, 거대 배급사와 멀티플렉스 극장이라는 거대 자본의 힘을 입증하는 것이기도 하다(참고로 1,000만 관객을 넘는 흥행 기록을 지닌 우리 영화는 모두 네 편이며, 〈괴물〉, 〈왕의 남자〉, 〈태극기 휘날리며〉, 〈실미도〉의 순서다). 이렇듯 오늘날 대중문화의 수요는 단순히 대중에게서 나오는 것이 아니라 대중문화를 만드는 거대한 독점 기업의 손에서 만들어지기도 한다.

아도르노는 이러한 문화산업의 산물이 나타내는 특징을 '표준화 standardization'와 '사이비 개성화 pseudo-individualization'라는 두 개념으로 요약한다. 표준화는 대량 생산 체제의 산물로서 대중문화가

∷ 오늘날 대중문화의 수요는 단순히 대중에게서 나오는 것이 아니라
대중문화를 만드는 거대한 독점 기업의 손에서 만들어지기도 한다.

겪을 수밖에 없는 본질적 특성이다. 표준화와 밀접하게 연관된 개념이 도식화 schematization 인데, 이는 문화산업이 생산해내는 전형적인 스테레오타입들에서 구체적으로 드러난다. 아도르노와 호르크하이머의 말을 직접 들어보자.

> 여러 유형의 인기 가요나 인기 배우, 멜로물이 돌고 돌지만 실제로는 전혀 변화가 없는 것처럼, 오락물들도 겉보기에는 내용이 변하는 것 같지만 사실은 전혀 변화 없는 반복일 뿐이며 세부 사항들만이 대체 가능하다. 「문화산업론」

예를 들어보자. 아도르노는 대중음악이 몇 가지의 표준적인 구성 원칙을 따르고 있음을 강조한다. 말하자면 곡조는 보통 32마디로 구성되어야 하고, 음역은 9도 내로 제한되며, 곡은 가장 기본적인 화성을 중심으로 전개되어야 하는 것과 같은 도식들이다. 그래서 "가벼운 음악 light music"에서는 이미 단련된 귀로 인기가요의 처음 몇 마디만 들어도 노래가 어떻게 진행될지를 짐작할 수 있으며 자신의 추측이 맞아떨어질 때에야 비로소 행복감을 느낀다." 실제로 우리는 생전 처음 듣는 노래임에도 불구하고 왠지 어디선가 자주 들어본 듯한 친숙함에 놀라기도 하고, 때로는 노래방에서 단지 몇 소절만 듣고서도 그 노래를 끝까지 따라 부를 수도 있다. 이는 문화산업의 산물들이 사실상 공장에서 대량 생산된 다른 상품들처럼 표준적인 도식에 따라 끊임없이 재생산된 것이기에 가능한 일이다.

대중음악은 표준화된 음악들을 확산시키기 위해서 '플러깅

plugging'을 필요로 한다. '플러깅'이란 문자 그대로 보자면 플러그를 끼운다는 뜻으로, 다시 말해 사람들의 머리에 플러그를 끼우듯이 끊임없이 반복하고 주입시킨다는 의미이다. 오늘날의 대중매체, 즉 텔레비전이나 라디오에서 방송되는 음악들은 우리가 가는 곳 어디에서나 끊임없이 흘러나온다. 아도르노는 특히 라디오 음악의 특징을 유비쿼티^{ubiquity}라고 보는데, 유비쿼티란 '동시에 어디에든 존재하는 편재성'을 의미하며 이를 통해 음악의 플러깅은 더욱더 강화된다. 플러깅이란, 말하자면 사람들로 하여금 같은 음악을 반복적으로 듣게 함으로써 자연스럽게 그것에 친숙하게 만드는 것이다. 따라서 플러깅과 표준화는 불가분하게 연관되어 있다. 플러깅을 통해 표준화가 성공적으로 달성되고 또한 역으로 표준화는 쉴 새 없는 플러깅을 요구한다. 끝없이 반복적으로 들리는 대중음악의 플러깅 효과는 그 음악에 친숙하게 만들

:: 가벼운 음악

아도르노는 가벼운 음악(light music)과 진지한 음악(serious music)이라는 대립적인 개념을 저급음악/고급음악, 대중음악/예술음악이라는 개념 쌍과 혼재해서 사용한다. 여기에서 전자, 즉 가벼운 음악이나 대중음악이라는 표현은 독점 자본주의하에서 상품성을 보다 강하게 띠는 음악을 지칭하며, 후자, 즉 진지한 음악이나 예술음악은 상품으로서의 운명에 비판적이고 적대적인 자기반성성과 자율성을 드러내는 음악을 지칭한다. 구체적으로 가벼운 음악은 19세기 살롱 음악부터 오케스트라 팝스 콘서트를, 대중음악은 유행가나 틀에 박힌 사랑 노래를 지칭한다. 그런데 아도르노는 20세기 들어와 가벼운 음악과 진지한 음악이라는 구분이 사실상 무의미해졌다고 강조한다. 이는 모든 문화 산물이 문화산업의 영향으로부터 완전히 벗어날 수 없으며 이에 따라 상품적인 성격을 띠게 되었기 때문이다.

고 그와 동일한 것에 자연스럽게 빠져들게 만든다. 그럼으로써 플러깅을 통해 동일한 양식의 음악이 표준적인 형태로 재생산되며, 그러한 음악의 성공이 손쉽게 보장되는 것이다.

오늘날 대중문화의 모든 산물에 있어서 표준화는 지속되고 있다. 끊임없이 반복되는 드라마의 소재들, 예를 들면 신데렐라 스토리나 출생의 비밀, 불륜, 불치병 등은 우리나라 텔레비전 드라마의 단골 소재가 되어왔다. 물론 그때마다 약간의 변주와 결합이 존재하긴 하지만, 결국 이러한 이야깃거리들은 지금 이 순간에도 한결같이 반복되고 있다.

가장 확실한 성공이 보장되어 있는 곳을 지향하는 자본 투자의 원칙은 문화산업의 표준화를 강화한다. 특정한 작품이 커다란 인기를 얻고 성공하게 되면, 새로 만들어지는 수많은 작품들은 어떤 식으로건 그것을 흉내 내게 되는데, 이 과정에서 표준화가 확립되는 것이다. 특히 대규모의 경제적 독점과 대량 생산화는 표준화를 제도화하고 필수적인 것으로 만들었다. 그럼으로써 표준화는 결국 '항상 동일한 것'이 계속해서 반복되는 것을 정당화한다.

사이비 개성화
문화산업의 특성 2

'항상 동일한 것'이라는 관념은 또한 과거에 대한 관계도 주재한다. 후기 자유주의 단계에 비해 대중문화의 단계에서 새로운 것이란 새로운 것은 배제하는 것이다. 기계는 항상 같은 자리를 돌

고 있다. 소비를 결정하는 과정에서 아직 시험해보지 않은 것은 위험 부담이 있는 것으로 배제된다. …… 바로 그 때문에 모두에게 친숙한 것이지만 아직 존재해본 적이 없는 무엇인가를 머릿속에 떠올리게 만드는 말인 '참신한 아이디어', '신선한 무엇', '경이스러운 것'이라는 단어가 끊임없이 들먹여진다.

「문화산업론」

표준화가 이전의 성공작을 반복함으로써 실패를 막는 최소한의 안전장치이긴 하지만, 그럼에도 불구하고 표준화 그 자체가 항상 성공을 보장해주는 요인은 아니다. 자칫 잘못하면 표준화는 대중으로 하여금 구태의연한 반복이라는 인상을 심어주어 지루함과 싫증을 불러일으킬 수 있기 때문이다. 그럴 경우 약삭빠른 소비자는 '항상 동일한 것'을 더 이상 돈을 줘가며 구매하지는 않을 것이다. 따라서 표준화와 더불어 늘 함께 추구되는 것이 바로 '사이비 개성화'이다.

문화산업의 산물은 대중에게 항상 새로운 것, 예전의 것과는 다른 뭔가 특수하고 개성적이라는 인상을 심어주어야 한다. 그렇게 때문에 문화산업은 '참신하다', '신선하다', '독특하다'와 같은 형용사를 달고 산다. 그러나 아도르노가 볼 때 그것은 진정한 의미에서 개성적이고 특수한 것이 아니다. 그것은 그저 개성적인 것을 가장하고 선전하는 가짜, '사이비' 개성에 불과하다. 다시 말해 궁극적으로는 표준화의 도식을 그대로 따르고 있음에도 마치 특수하고 개성적인 것인 양 가장할 따름이다. 그리하여 아도르노는 "대중문화의 단계에서 새로운 것이란 '새로움'을 배제하는 것"이라고 선언한다. "기계적 리듬의 보편적 승리가 약속하는 것은 아무것도 변하지 않으며 적합하지 않은 것은 아무것도 출현하지 않기" 때문이다. 결국 표준화와 사이비 개성화에 의해 사람들의 여가 시간은 문화산업이 제공하는 획일적인 생산물, '항상 동일한' 문화산업의 산물들로 채워진다.

이렇듯 문화산업의 산물들이 더욱 도식화되고 그들 간의 차이가 점점 더 사라져버린다면, 이제 가치의 유일한 척도는 얼마나 이목을 끄는가 또는 얼마나 포장을 잘하는가에 달려 있을 뿐이고 생산물의 실제적인 가치나 의미는 아무런 관계가 없는 것이 되어버린다. 오늘날 이런 현상은 영화의 실 제작비 못지않게 마케팅 예산이 중요한 비율을 차지한다거나, 이목을 끌기 위해 다양한 마케팅 전략, 심지어는 노이즈 마케팅 noise marketing (홍보효과를 극대화시키기 위해 이른바 잡음, 예를 들면 사회적 물의나 부정적인 이미지를 선전해서 의도적으로 마케팅에 이용하는 전략)을 적극적으로 활용하는 데에서도 분명하게 확인할 수 있다.

아도르노는 문화산업에서의 차이란 본질적인 차이이기보다는 "소비자들을 분류하고 조직하고 장악하기 위한 차이"에 불과하다고 주장한다. 이러한 문화산업의 산물들은 문화산업의 생산자들, 궁극적으로는 자본과 권력을 독점한 자들이 계획한 의도에 따라 위에서 아래로 일방적으로 만들어지는 것이기 때문이다.

> 어느 누구를 위해서도 무엇인가가 마련되어 있지만, 그것은 누구도 그것으로부터 빠져나가지 못하게 하기 위해서다. 이를 위해 차이는 오히려 강조되고 선전된다. 대중에게는 각계각층을

 깜짝 퀴즈

••• 다음 영화 및 드라마 작품 중에서 공통점이 없는 것은?

① 알리 맥그로·라이언 오닐의 영화 〈러브 스토리〉
② 심은하·한석규의 영화 〈8월의 크리스마스〉
③ 장폴 벨몽도·진 세버그의 영화 〈네 멋대로 해라〉
④ 소지섭·임수정의 드라마 〈미안하다 사랑한다〉
⑤ 권상우·최지우의 드라마 〈천국의 계단〉

〈네 멋대로 해라〉의 포스터

☞ 정답은 128쪽에

위해 다양한 질의 대량 생산물이 제공되지만, 그것은 양화量化의 법칙을 더욱 완벽하게 실현시키기 위한 것이다. 「문화산업론」

텔레비전의 다양한 음악 프로그램을 예로 들어보자. 청소년을 대상으로 하는 공개 방송 위주의 인기 가요 프로그램도 있고, 장년층을 주 대상으로 하는 〈가요무대〉와 같은 프로그램도 있고, 심야의 라이브 위주의 프로그램이나 〈클래식 오디세이〉 같은 클래식 전문 프로그램도 있다. 이처럼 텔레비전 음악 프로그램만 하더라도 다양한 수용자들을 위한 다양한 음악 프로그램이 존재하지만, 실상 이런 다양성과 차이는 어느 누구도 문화산업의 손아귀로부터 벗어나지 못하게 통제하려는 생산자들의 의도로부터 나온 것이다. 이는 진정 다양한 질의 산물들을 제공하여 다양한 질을 원하는 대중을 만족시키기 위한 것이 아니라, 한 사람도 남김없이 지배하기 위해 대중을 분류하고 조직하고 통제하기 위한 총체적인 관리의 시도에 다름 아니다. 겉으로 보기에는 다양한 것처럼 보이는 문화산업의 산물 또한 궁극적으로는 표준화와 도식화로부터 한 발짝도 넘어서지 않는다.

더욱이 우리는 텔레비전 리모컨을 눌러 이런저런 채널을 탐색하고 하나의 프로그램을 보면서 우리의 뜻에 따라 자발적으로 이것을 선택했다고 믿는다. 마치 리모컨의 단추를 누를 때마다 우리 자신이 텅 빈 암흑의 텔레비전 화면으로부터 새로운 프로그램의 생명을 창조해낸 것처럼 말이다. 그러나 실상 우리가 할 수 있는 것이라곤, 미리 우리에게 주어진 수준에 걸맞게 "자발적으로" 행동해서 자신과 같은 유형을 겨냥해 제조된 대량 생산물

에 편안하게 안착하는 것일 뿐이다. 결국 우리는 문화산업의 생산자들이 펼쳐놓은 손바닥 안에서 노니는 것일 뿐, 그 손바닥을 한 발짝도 벗어날 수 없다. 단숨에 10만 8,000천 리를 나는 근두운筋斗雲을 타고 제아무리 달아나봤자 부처님 손바닥 안이었던 손오공처럼 말이다.

문화산업, 상상력을 마비시키다

그렇다면 문화산업의 산물이 대중에게 끼치는 영향은 무엇일까? 표준화되고 획일화된 문화산업의 산물은 항시 동일하게 반복되는 것에 대해 기계적이고 수동적으로 반응하게 함으로써 수용자의 적극적이고 반성적인 사유를 위축시킨다. 왜냐하면 늘 동일한 것에 익숙하게 길들여진 대중은 별다른 정신적 노력 없이도 문화산업의 산물을 손쉽게 이해할 수 있기 때문이다. 아도르노는 이렇듯 문화산업을 통해 대중의 사유 능력이 불구화되는 것을 대중음악의 사례 속에서 구체적으로 설명한 바 있다. 그는 대중음악이 주는 순간의 즐거움과 다채로운 외관의 매력은 청취자가 음악 전체에 대해 사유하는 것을 방해한다고 주장한다. 전체에 대한 사유야말로 올바른 청취의 필수적 조건임에도 불구하고, 청취자들은 대중음악 속에서 무엇보다도 자극과 개성이 강한 부분적인 계기와 음색에만 매혹되어버린다는 것이다. 결국 이러한 부분적 계기들은 전체의 종합적인 통일을 무시해버리기 때문에, 예술작품의 내재적 구성과 화합할 수 없게 된다. 특히 아도르노는 라디오 음악을 분석하면서, 라디오 음악이 전체보다는 각각의 세부에 주의를 기울이게 하는 이른바 '원자적^{原子的} 청취$^{atomic\ listening}$'를 야기한다고 보았다. 이는 마치 혀의 순간적 즐거움을 위해 음식을 맛보듯이 음악을 미각적^{味覺的}으로 지각하는 것으로, 이는 순간적인 자극에만 몰두함으로써 음악 전체의 구조와 의미를 파악하지 못하는 결과로 이어진다.

그런데 아도르노의 비판은 단지 대중음악에만 해당되는 것이 아니다. 이는 대중매체를 통해 방송되는 '진지한 음악', 특히 라디오라는 매체를 통해 전파되는 클래식 음악에 대해서도 동일하게 적용된다. 베토벤 교향곡이 라디오 전파를 탈 때 우리는 교향곡 특유의 음악적 전개 과정을 통해 전체적인 양식적 통일성을 감상하기보다는 자신에게 친숙한 부분적인 계기만을 파편적으로 받아들이는 데 익숙하게 된다. 말하자면 〈운명 교향곡$^{5.\ Sinfonie}$〉(1808) 하면 라디오에서 반복적으로 들렸던 1악장 첫머리 "빠빠빠 밤"의 대목만이 고립적으로 기억되는 것처럼, 친숙한 부분에 대한 수동적인 청취만이 이루어질 뿐이라는 것이다. 이와 마찬가지로 자신이 아는 클래식 음악에서 귀에 익은 한 구절만을 자랑스럽게 흥얼거리는 사람, 예컨대 "지하철에서 브람스$^{Johannes\ Brahms,\ 1833\sim1897}$의 1번 피날레 부분의 주제를 시끄럽게 휘파람을 불어대는 사람"도 마찬가지로 그 음악의 부분적인 단편들과만 관계 맺는다고 할 수 있다. 이러한 음악의 지각 방식을 아도르노는 수동적이고 원자적인 청취 방식이라고 비판하는 것이다.

그는 이러한 수동적인 지각 방식을 '탈집중화$^{Dekonzentration;}$

deconcentration*'라는 개념과 연관시켜 설명한다. '탈집중화된 지각'이란 음악의 전체적 구조가 아니라 어떠한 일부분, 말하자면 매력적이고 자극적인 부분이나 여러 번 반복되어 우리에게 친숙하게 느껴지는 부분만이 따로 떨어져서 지각되는 방식을 지칭한다.

이렇듯 문화산업의 산물들은 모든 정신적 노력과 긴장을 배제하도록 하는 구조, 그래서 결국은 대상에 대한 자동적인 반응을 낳는 구조로 되어 있다. 수용자는 자신의 독자적인 사고를 가져서는 안 되며, 문화산업의 생산자들이 수용자의 모든 반응을 미리 규정하고 있다. 다시 말해 문화산업은 반복성과 자기동일성, 그리고 언제 어디서든 존재하는 편재성으로 말미암아 수용자에게 기계적인 자동적 반응을 일으킨다. 나아가 자동적인 반응에 익숙해진 대중은 문화산업의 산물을 이해하는 데 있어서뿐만 아니라 일상의 삶 속에서도 어떠한 정신적 노력이나 긴장도 회피하려 들게 된다. 틀에 박힌 대중문화의 산물들은 상상력이나 사고력이 필요하지 않기 때문에, 이에 익숙해진 대중은 자유로운 상상력과 반성이 마비되고 마침내는 정신적인 불구가 되어버린다.

> 오늘날 문화 상품(제작물)의 속성은 문화 소비자들의 자발성과 상상력을 불구로 만들어버림으로써 적극적인 사유를 불가능하게 만드는 데 있다. 개개의 문화 생산물은 모든 사람들이 여가 시간에서조차 소비를 활발하게 하게 만드는 거대한 경제 메커니즘의 일환이다. 문화산업은 하자 없는 규격품을 만들 듯이 인간들을 재생산하려 든다. 「문화산업론」

그리하여 문화산업의 동일성은 궁극적으로는 인간 개인의 동일화, 즉 정신적 능력이 불구화된 인간들을 동일하게 양산하는 메커니즘이 되어버린다. 그럼으로써 오늘날 문화산업에 의해서 불구가 된 개인은 체제를 인식할 수 있는 힘, 또한 그것에 저항할 수 있는 힘조차 잃어버렸다는 것이다.

원자적 청취 방식과 탈집중화 개념

아도르노에게 있어서, '원자적 청취'와 '구조적 청취'는 서로 대조되는 개념이다. '원자적 청취'가 귀에 듣기 좋은 매력적인 소리나 친숙한 선율 등의 경험을 강조하는 직관적이고 감각적인 감상 방식이라면, '구조적 청취'는 음악 작품이 의미 있는 전체로서 전개되는 양상에 관심을 기울이는 논리적이고 지적인 지각 방식을 의미한다. 이 두 방식에는 각각 장단점이 있다. 원자적으로 듣는 사람은 세부에만 집착하고 전체의 전개 과정을 간과하는 단점이 있다면, 구조적으로 듣는 사람은 음악에 자발적으로 반응하는 것이 아니라 음악을 전체 구조에 종속되어 부분과 표현을 무시한 채 작품 전체를 추상적이고 도식적인 것으로 만들 위험이 있다. 따라서 아도르노는 두 가지 청취 방식을 상호 보완적으로 사용해야 함을 강조한다. 즉 "음악의 세부를 구조적 청취의 보완물로 보는 진지한 시선이 필요"하다는 것이다.

여기에서 아도르노는 원자적 청취 방식을 '탈집중화' 개념과 연관시키는데, 이 개념은 다음에 살펴볼 벤야민의 '분산' 개념과 동일한 맥락에서 사용되고 있다. 벤야민은 영화를 지각하는 것과 관련하여 분산이라는 개념을 사용했는데, 아도르노는 이 개념이 가벼운 음악을 지각할 경우에도 사용될 수 있다고 했다. 특히 아도르노는 분산 개념을 통해 전체에 대한 이해를 불가능하게 하는 원자적 청취 방식을 지칭하고자 했다. 말하자면 상업적인 재즈를 들으면서, 음악 자체에 대해 진지하게 주목하는 것이 아니라 그것을 대화의 배경이나 춤의 반주로 파악하는 방식을 지칭한다. 이러한 맥락에서 그는 분산적인 지각 방식을 다분히 비판적인 의미에서 청취 능력의 퇴행을 가져오는 것이라고 주장하는데, 이는 벤야민의 개념과는 차이를 보이는 것이기 때문에 주목할 필요가 있다.

허위의식과 순응주의 _문화산업의 효과_

그렇다면 이러한 문화산업의 효과와 기능은 무엇인가? 아도르노는 후기 자본주의 사회 속에서 문화산업이 유흥산업이 되었다고 주장한다. 유흥산업이란 즐김을 상품으로 만들어 판매하는 것인데, 이때 즐김이란 진정한 의미에서의 예술 향유가 아니라 일종의 오락이자 한갓된 유흥에 불과한 것이다. 물론 문화산업 이전에도 유흥은 존재했지만, 현대의 문화산업이 이전과 본질적으로 다른 점은 유흥이 위로부터 조정되고 인스턴트 식품처럼 전부 조리되어 언제 어디서건 곧바로 제공될 수 있다는 점이다. 결국 문화산업은 대중으로 하여금 고된 일상의 괴로움을 한순간 잊어버리고 현실로부터 도피하게 만드는 일종의 마취제이자 아편의 역할을 한다.

이런 방식으로 대중문화는 허위적이고 조작된 욕구와 이데올로기들을 유포한다. 문화산업은 소비자를 위해 소비자가 원하는 것을 제공한다고 주장하지만, 이는 기만이고 위선일 뿐이다. 문화산업이 하는 일은 사실상 고객의 반응을 날조하며 이렇게 날조된 반응을 훈련시키는 것이기 때문이다. 따라서 오늘날 문화산업은 위로부터 아래로, 일방적으로 허위적인 이데올로기를 주입하는 지배의 도구가 되었다.

상상적인 도피처이자 위안처가 되는 대중문화의 본질적인 기능은 다시금 일상의 쳇바퀴가 무리 없이 돌아가게 하기 위한 윤활유의 역할을 한다. 말하자면 유흥을 찾는 사람은 기계화된 노동 과정과 소외된 현실의 삶을 다시금 감당할 수 있기 위해 그로부터 잠시나마 벗어나고자 하는 것이다. 도피는 원래부터 출발점으로 되돌아오도록 되어 있으며, 만족은 만족 속에서 스스로 망각되기를 원하는 체념 자체를 장려한다. 그렇기 때문에 아도르노는 대중문화가 주는 즐거움이란 결국은 도피에 불과하다고 강조한다. 그것은 현실의 문제에 대해 능동적으로 사유하고 비판적으로 반성할 수 있게 하는 것이 아니라, 현실의 고통을 한순간 잊게 만들고 체념하게 만드는 '고통의 완화제'일 따름이다. 그들에게 있어서 만족한다는 것은 '현실의 사태에 대해 동의한다'는 것을, '언제나 고통이 눈에 보이는 경우에도 그것을 망각한다'는 것을, '그것에 대해 생각하지 않아도 된다'는 것을 의미한다. 요컨대 문화산업은 기존의 지배 체계를 유지하고 재생산하기 위해서, 사람들을 현실에 체념하게 만들고 순응하게 만드는 역할을 한다.

> 즐김은 도피이며, 이 도피는 저항의식으로부터의 도피를 의미한다. 오락이 약속해주고 있는 해방이란 '부정성'을 의미하는 사유로부터의 해방이다. 「문화산업론」

따라서 즐김이 주는 도피는 사실상 현실의 억압과 모순에 대한 저항을 불가능하게 만든다. 이는 현실의 문제를 비판적으로 반성하고 이를 변혁시키고자 하는 실천적 의식으로부터 도피하는 것이기 때문이다. 그렇게 문화산업은 대중이 '다르게 생각할 수 있는 힘', 동일성 원리의 강제에 대해서 비동일성과 차이를 생각할 수 있는 힘, 현실의 지배와 억압에 대해 비판하고 부정할 수 있는 사유를 외면하게 만든다. 이는 결국 기존의 지배 체제와 질서에 순응하게 만들고 이를 확고부동한 것으로 여기게 만드는 것, 즉 '사회적 시멘트'의 역할을 한다는 것이다.

아도르노에 따르면, 현대 사회에서 대중음악의 중요한 기능은 '사회적 시멘트'로서 기능하는 것이다. 시멘트가 어떤 대상을 바닥에 견고하게 고정시키는 접착제 역할을 하는 것처럼, 대중음악의 사회심리학적인 기능은 대중이 기존의 생활 방식에 충실하도록 하고 심리적으로 적응할 수 있게 만드는 '시멘트'로서 작용한다는 것이다.

대중음악을 통한 이러한 적응 방식은 두 가지 유형으로 나타날 수 있는데, '리드미컬하게 복종'하는 유형과 '정서적으로 복종'하는 유형이 바로 그것이다. 먼저 '리드미컬하게 복종한다'는 의미는 음악을 들으면서 그 음악의 리듬에 자신을 내맡기며 아무 생각 없이 온몸을 흔들어대는 유형이다. 아도르노는 이러한 유형이 착취나 억압이라는 리듬에 맞춰 춤을 추면서 개인의 개성을 통합하는 권위적인 집단성에 피학적으로 적응하는 것이라고 주장한다. 두 번째로 '정서적으로 복종하는' 유형은 대중음악이 주는 정서나 감정에 완전히 몰입해서 그 속에서 헤어나지 못한 채 흐느적거리는 유형이다. 말하자면 슬픈 노래를 들으면서 비극적인 감정에 젖어 자기도 모르게 눈물을 주르륵 흘리거나 센티멘털해지는 유형이다. 이는 감상성에 마취되어 현실의 상황을 잊게 하거나 고통을 견딜 수 있게 하는 역할을 한다. 아도르노의 표현을 빌리자면, 이러한 음악은 "애야, 이리 와서 실컷 울려무나"라고 말하는 엄마와 유사하다. 그러나 그것은 실컷 울게 함으로써 고통을 달래고 마취시킬 수 있을 뿐이지, 그 고통을 해결할 수 있는 사유와 실천을 부추기지는 않는다.

　더욱이 오늘날의 문화산업은 예술작품을 정치적 구호처럼 포장해서 대중에게 싼값으로 퍼붓고 있다. 이제 예술작품은 도시의 공원처럼 모두에게 접근 가능한 것이 되었다. 이전에는 소수 지배 계층의 전유물이었던 예술작품이 문화산업에 의해 헐값으로 대량 판매되며 대중적으로 확산되었다. 이는 마치 소수에게 한정되어 있던 교양이라는 특권이 폐기되는 것처럼 보일 수도 있다. 그러나 아도르노는 예전에는 대중의 접근이 거부되었던 영역이 모두에게 개방된다고 해서 이를 문화의 민주화이자 발전

∷ 대중은 사회적 시멘트 역할을 하는 대중음악을 들으며 '리드미컬하게 복종하는 유형'과 '정서적으로 복종하는 유형' 두 가지 유형으로 적응한다.

이라고 평가하지 않는다. 그가 보기에 이러한 문화산업의 효과는 적어도 현재의 사회 조건 속에서는 '교양의 상실과 야만적인 무질서의 증가'를 의미할 따름이다. 그리하여 『계몽의 변증법』을 출간한 뒤 20년 뒤에 쓴 「문화산업론의 재고」(1963)에서, 아도르노는 다음과 같은 말로 결론을 맺는다.

> 문화산업의 총체적 효과는 일종의 반계몽이다. 호르크하이머와 내가 주목했던 것처럼, 그 속에서 자연에 대한 진보적인 기술적 지배로서의 계몽은 대중 기만이 되고 의식을 속박하는 수단으로 전화되는 것이다. 문화산업은 스스로의 힘으로 의식적으로 판단하고 결정할 수 있는 자율적이고 독립적인 개인의 발전을 방해한다. 「문화산업론의 재고」

대중음악과 재즈

대중문화에 대한 아도르노의 관점은 『계몽의 변증법』의 「문화산업론」을 쓰기 훨씬 이전에 이미 구체적인 대중문화 산물을 연구함으로써 형성되었다. 앞서 언급했던 것처럼, 아도르노는 음악에 대한 관심이 특히 많았는데, 여기서는 재즈에 대한 아도르노의 논의를 간략하게 살펴보기로 하자.

대중음악, 그중에서도 재즈에 대한 아도르노의 연구는 1920년대 후반에 처음 시작되어, 1933년부터 1953년에 이르는 약 20년 동안 지속되었다. 재즈에 대한 아도르노의 기본 명제는 "재즈는 소외를 초월하는 것이 아니라 강화한다. 재즈는 엄밀한 의미

스윙 밴드인 토미 도시Tommy Dorsey 밴드
트롬본을 연주하는 도시가 앞줄에 보이며, 맨 뒷줄에는 노래를 담당하는 멤버들로서 맨 오른쪽이 프랭크 시내트라Frank Sinatra이다.

에서 상품이 되어버렸다"라는 것이다. 그는 재즈가 노예의 음악으로부터 탄생한 예술이며 그런 점에서 흑인들의 해방 정신의 표현이라는 주장을 신랄하게 비판했다. 다시 말해 그는 재즈의 '흑인 신화Black Myth', 즉 재즈란 흑인의 진정한 '영혼'의 음악이라는 주장을 거짓된 신화이자 허위적인 이데올로기로 일축해버렸다. 아도르노에 따르면, 재즈는 흑인 문화의 전통을 완전하게 대체한 백인의 상업적 음악일 따름이다. 그는 "색소폰의 은빛과 마찬가지로, 검둥이들의 피부는 기껏해야 광고 목적을 위해서만 쓸모가 있는 색채 효과에 지나지 않는다"라고 주장한다. 재즈가 아프리카 흑인 문화로부터 생명력을 가져온 것이라고 한다면, 그 생명력이란 "야생적인 자연의 신체로부터 나오는 것이 아니라 억압 속에 길들여진 신체로부터 나온다"는 얘기다. 물론 재즈에 아프리카적 요소가 있다는 사실을 완전히 부정할 수는 없을 것이다. 하지만 현대에 들어오면서 재즈가 이미 문화산업에 의해 판매되는 상품이 되어버렸고 시장의 법칙에 의해 완전히 종속되어버린 상황에서, 재즈의 모든 요소들은 다른 문화산업의 산물과 마찬가지로 처음부터 엄격히 표준화되고 도식화될 수밖에 없다. 아도르노는 이러한 상업화와 표준화는, 스윙swing이든 비밥bebob이든 지식플러스 참조 모든 재즈 음악의 사례에 똑같이 적용될 수 있다고 역설한다. 다시 말해 재즈는 상업적 성공을 거둔 이래 이제까지 본질적으로 아무것도 변하지 않았다는 것이다.

아도르노는 재즈가 살롱 음악과 군악단의 행진곡이라는 두 가지 전통의 스타일을 결합한 데서 나왔다고 생각했다. 이러한 두 전통으로부터 나온 양식적 특성이 당김음(싱커페이션syncopation)과 즉흥연주improvisation인데, 이는 보통 다른 대중음악에서는 찾아볼 수 없는, 재즈만의 자발성과 창조성을 보여주는 중요한 요소로 평가되곤 했다. 이에 대해 아도르노는 재즈에 있어서 당김음과 즉흥연주는 진정한 의미에서 주체의 능동성과 예술적 자유, 형식과 강제로부터의 해방을 보여주는 것이 아니라고 단언한다. 왜냐하면 재즈에서 비록 당김음이 만들어진다 하더라도, 항상 근본적인 박자는 엄격하게 지켜지며 당김음은 베이스 드럼에서 유지되는 근본적인 박자 단위와 일치하도록 해소되어버리기 때문이다. 따라서 재즈라는 음악적 스타일은 지극히 단순한 멜로디적, 화음적, 운율적 형식 구조를 지닌다. 다시 말해 원칙적으로 재즈는 일탈적이고 자유분방한 것처럼 보이는 당김음들로 구성되어 있음에도 불구하고, 기본 리듬의 완고한 통일성과 동일하게 유지되는 박자, 즉 4박의 리듬과 4분 음표는 절대 건드리지 않는 음악이다. 그러므로 재즈가 당김음을 사용함으로써 예술적 자유를 표현한다는 생각은 한낱 환상에 불과할 따름이다. 그것은 결코 박자 단위의 족쇄를 깨뜨리지 못하며 표준화된 작곡 모델의 구속에서 벗어나지도 않는다. 그렇기 때문에 재즈에서의 당김음은 후기 자본주의 사회의 무기력한 개인들의 가짜 자유를 반영하는 것에 불과하다. 재즈는 결코 새로운 음악적 표현이 아니며, 그것의 가장 복잡한 형태조차 "부단히 반복되는 공식들의 매우 단순한 업무"일 따름이다.

특히 아도르노에 따르면 이러한 재즈의 박자와 당김음의 이용은 군대 행진곡에서 유래한 것이라고 한다. 재즈에서의 베이스 드럼과 기본 리듬은 행진곡 리듬과 완벽하게 일치하며, 재즈 악단의 전체적인 편성은 군악대의 편성과 동일하다. 따라서 아도르노가 보기에 재즈는 "당장이라도 파시즘적으로 이용되기에 적합한" 음악인 것이다.

당김음

싱커페이션의 우리말 번역어로, 절분음이라고도 한다. 통상 강하게 들어가지 않는 박자에 악센트가 들어가는 리듬을 말한다. 말하자면 4분의 4박자의 경우, 강-약-중강-약의 전개로 이루어지지만, 당김음은 두 번째나 네 번째 약박에 강박이 들어감으로써 변칙적인 율동감을 주는 리듬이다. 일반적으로 많이 사용되는 재즈의 당김음 리듬은 8분 음표를 3+3+2로 전개시킨 것(♫♫♪)이다. 이는 실제로는 4박자이지만, 8분 음표가 한 마디 안에서 세 단위로 결합되고, 언제나 각 단위의 첫 번째 음표에 강세가 붙으면서, 마치 3박자와 같은 이른바 '거짓 박자(false beat; Scheintakt)'를 만들어내게 된다.

다른 한편, 즉흥연주에 대해서도 아도르노는 같은 입장을 보인다. 그는 재즈의 열혈 팬들이 연주의 즉흥적 특성을 즐겨 들먹이지만, 이는 속임수에 지나지 않는다고 단언한다. 왜냐하면 오늘날 일상의 단조로움 때문에 즉흥연주의 공간은 사실상 거의 존재하지 않으며, 자발적인 것처럼 보이는 것도 사실은 기계적인 정밀성에 의해 사전에 세심하게 계획되고 미리 훈련된 것이기 때문이다. 다시 말해 재즈의 즉흥연주에서는 박자와 화성의 틀이 아주 좁은 경계에 머물러 있어서 최소한의 기본 형식으로 환원될 수 있음에도 불구하고, 순간적인 발명이라는 것이 늘 강조된다. 사실 가장 탁월한 재즈 전문가 집단 밖에서 즉흥연주라고 포장되는 대부분은 고도로 연습된 것들일 가능성이 높다. 따라서 즉흥연주란 기본 공식들을 다소 싱겁게 변형한 것에 국한되며, 즉흥연주라는 표면 아래서 기본 공식들의 도식이 매 순간 밖으로 드러날 수밖에 없다. "즉흥곡들도 대체로 규범화되어 있고 항상 반복하여 등장"한다. 그리하여 재즈의 표준화, 도식화, 규범화야말로 재즈의 영원한 동일성을 탄생시키는 요인이 된다.

> 재즈의 역설적인 불멸성은 경제에 근거를 둔다. 문화 시장의 경쟁에서는 당김음, 반쯤 성악적인 소리와 반쯤 기악적인 소리, 미끄러지는 소리^{gliding}, 인상주의적인 화음, 풍성한 악기 편성 등과 같은 수많은 효과들이 테크닉의 효과를 입증해왔다. 그러고 나서 이것들을 추려내고 만화경처럼 짜 맞추어 늘 새로운 조합을 만들어내지만, 전체의 도식과 그에 못지않게 도식적인 세부

사이에서는 극히 미미한 상호 작용조차 이루어지지 않는다.

「초시대적 유행; 재즈에 대해Zeitlose Mode. Zum Jazz」(1953)

아도르노는 재즈가 '규격화된 대량 생산품의 형식'을 보여준다는 점에서 표준화되고 도식화되었다는 점을 강조하면서도, 또한 이것이 끊임없이 사이비 개성화를 추구한다는 점을 잊지 않는다. 늘 새로운 것들이 만들어지고 선전되지만, 진정으로 새로운 것의 등장은 재즈가 문화산업의 손아귀 아래 종속됨으로써 완벽하게 제거되고 말았다. 위험과 실패를 두려워하는 자본의 속성은 이전의 경험을 통해 성공을 약속받은 방향으로만 집요하게 나아가며, 전적으로 새롭고 혁신적인 것에 대한 투자를 두려워한다. 따라서 재즈의 도식을 채우는 특수한 효과들은 청취자에게 뭔가 다른 것을 부단히 약속하고 그로 하여금 단조로움을 느낄 수 없게 만들어야 한다. 하지만 본질적으로 그것은 언제나 새로우면서도 동시에 언제나 동일한 것일 수밖에 없다.

그렇다면 표준화와 사이비 개성화를 동시에 추구하는 재즈가 수용자에게 미치는 영향은 무엇일까? 여기서도 역시 아도르노는 『계몽의 변증법』에서 주장했던 것처럼 문화산업을 대중 기만의 도구로 보는 시각을 그대로 고수하고 있다.

> 표준화는 언제나 청취자 대중과 이들의 '조건반사들'에 대한 점점 더 확고해지는 지속적 지배를 의미한다. 청중은 익숙해진 것만을 요구하고 또한 고객의 인권으로서 마땅히 실현되어야 할 것으로 간주되는 요구들이 이루어지지 않으면 격분하리라고

여겨진다. 가벼운 음악에서, 다른 성격을 지닌 것을 가지고 파고들어 가려는 시도가 감행된다고 해도, 경제적 독점으로 인해 처음부터 희망 없는 일이 될 것이다. 「초시대적 유행: 재즈에 대해」

표준화된 재즈는 대중에게 익숙한 것만을 요구하게 만들고 그럼으로써 결국 표준적 반응을 마치 조건반사처럼 유발한다. 아도르노는 재즈가 대중에게 가하는 영향력을 정신분석학적 용어로 설명한다. 즉 재즈의 목표는 반성적이고 적극적인 사유를 방해하는 퇴행적 계기의 기계적 재생산이자 그 자체로 '거세castration의 상징'이다. 대중은 사회적 권위를 두려워하는 것을 배움으로써, 말하자면 그것을 거세의 위협으로 또한 직접적으로는 성불구가 되는 불안으로 경험함으로써, 자신이 두려워하는 권위와 법의 요청에 정확하게 스스로를 동일시하고자 한다.

따라서 다른 모든 문화산업의 산물과 마찬가지로, 재즈 또한 산업적이고 정치적인 통제 및 지배의 기술을 미적으로 실현한다. 재즈 음악 속에는 개인을 지배하는 집단의 힘에 대한 피학적masochistic 복종이 존재한다. 특히 재즈는 흔히 일상생활의 배경이 되는 음악(말하자면 음악을 틀어놓고 집안일을 한다거나 독서를 하는 등의 경우)이나 춤추기 위한 음악으로 이용됨으로써, 사람들로 하여금 피학적인 피동성에 익숙해지게 만든다. 쇤베르크의 무조無調 음악이나 베토벤의 소나타가 적극적인 귀 기울임을 촉구하는 것과는 달리, 재즈는 사유를 중단하고 그저 피동적으로 춤을 추게 만드는 음악이란 얘기다. 아도르노는 "재즈의 성적인 호소는 명령이다. 복종하라, 그러면 당신은 허락될 것이다"라고 말하기까지 한다. 결국 재즈 음악이 사회 속에서 행하는 기능은 자율적인 개인적 주체의 파괴다. 재즈를 통한 주체의 파괴는 오늘날의 대중문화에서, 그리고 구체적으로 재즈 속에서 다음과 같은 형태로 구현된다.

> 이들[대중문화의 추종자들]은 대개 대중문화가 조작하는 대중문화의 명성에 열광한다. 그들은 영화배우를 숭배하기 위한 클럽에서 만나거나 다른 유명인의 사인signature을 모으기도 한다. 그들은 예속이나 동일시 자체를 중시하며, …… 젊은 여성들은 낮은 소리로 읊조리는 가수crooner의 목소리를 들으면 실신하도록 훈련받는다. 조명 신호에 맞춰 달려드는 그들의 갈채는 …… 인기 라디오 프로그램들에서 동시에 전송된다. 그들은 자신을 지터버그jitterbug, 즉 반사적으로 움직이는 딱정벌레, 자신의 황홀경을 연기하는 자라고 칭한다. 그것이 무엇이든 간에 그것에 넋을 잃는다는 것, 자신의 것을 가진다는 사실 자체가 그들의 빈곤하고 황폐한 삶을 보상해준다. 「초시대적 유행: 재즈에 대해」

이렇듯 재즈의 주체들은 마치 현실에 순응하지 못하는 사람처럼 행동하지만, 실상은 그의 모든 개인적 특징들이 사회적으로 요구되는 규범에 의해 규정되며 결국 불구의 기록이 되어버린다. 한마디로 말해 재즈의 숭배는 기존의 현실을 그대로 지속시키는 데 일조하는 현실 추수적affirmative 성격을 강요한다. 그러므로 이는 "비합리주의적인 전체주의적 통제"를 가능하게 하는 지배의 수단이자 대중 기만의 도구에 다름 아니다.

특히 아도르노는 오늘날 문화산업이 고급 문화와 대중문화 양자의 희생을 치르면서 수천 년간 분리되어 있었던 두 영역을 결합하려 한다고 보았다. 오늘날 총체적으로 관리되는 후기 자본주의 사회 속에서는 단지 대중문화뿐만이 아니라 모든 예술과 문화 전반이 위험을 겪을 수밖에 없다.

> 고급 예술뿐만 아니라 기계적으로 재생산된 소비예술도 모두 자본주의의 오점을 담고 있으며 양자 모두 변화의 요소를 갖고 있다(그러나 물론 쇤베르크와 미국 영화의 중간 항은 결코 아니다). 양자 모두 완전한 자유의 조각난 반 토막에 지나지 않으며 그럼에도 불구하고 그것들은 그 자유에 아무것도 보태지 않는다.
>
> 「벤야민에게 보내는 아도르노의 편지」(1936. 3. 18)

따라서 아도르노의 이론이 고급 문화에 대한 찬양과 대중문화에 대한 비판이라는 이분법적인 구도를 지니고 있다고 보는 것은 잘못이다. 다시 말해 그의 이론은 고급 문화와 대중문화를 이분법적으로 대립시킴으로써 전자를 찬양하려는 것이 아니라, 후기 자본주의 사회 속에서 문화 산물의 총체적인 물화와 타락을 강조하기 위한 것으로 보아야 한다. 아도르노가 대중문화에 퍼부었던 비판들은 자본주의 시대의 극히 엘리트적인 문화에도 동일하게 적용되고 있으며, 엘리트적 문화가 본질적으로 우월한 것으로 물신화되지도 않기 때문이다. 예컨대 영화에 대한 비판의 대부분은 바그너에 대한 공격에서 찾아볼 수 있는데, 바그너의 오페라는 "음악의 정신으로부터 나온 영화 탄생의 증인"으로 언급되고 있다.

마찬가지로 아도르노가 재즈 음악에서 그 마조히즘적인 지점을 비판했다면, 스트라빈스키Igor' Fyodorovich Stravinsky, 1882~1971의 음악에서도 같은 병리를 찾아내려고 한다. 앞의 편지에서도 언급되듯이, 산업적으로 생산된 예술뿐만 아니라 고급 예술도 자본주의의 상흔을 지니고 있으며 둘 다 변화의 징후를 가지고 있는 것이다.

아도르노의 다음 글을 읽어보자.

> 예술을 자율적인 면과 상업적인 면으로 나누는 현재의 경직된 구분은 그 자체로 대개 상업화의 한 기능이다. 문학이 처음으로 실제 대규모 사업이 되었던 19세기 전반의 파리에서 "예술을 위한 예술"이라는 구호가 논쟁적으로 만들어졌다는 것은 거의 우연한 일이 아니다. 예술을 위한 예술이라는 반상업적 상표를 달고 있는 많은 문화적 산물들은 상업주의의 흔적을 보여주는데, 이는 선정적인 것에 호소하거나 혹은 작품의 의미를 희생시킨 채 물질적인 부나 감각적 자극들을 눈에 띄게 드러내는 데서 드러난다. 상업 문화의 체계가 확장되면 될수록, 그것은 더욱더 과거의 '진지한' 예술을 그 체계의 고유한 요건에 적합하게 함으로써 동화시키려는 경향이 있다.
>
> 「텔레비전을 보는 방법How to Look at Television」(1954)

결국 아도르노의 관점은 한마디로 말해서 자본주의적인 시장경제와 상품화가 총체적으로 되어갈수록 문화의 타락과 몰락이

가속화된다는 것이다. 물론 이러한 몰락의 과정에서는 고급 문화의 산물도 예외가 될 수 없다. "진지한 음악 또한 상품적인 듣기에 굴복"하는 것이다. 따라서 공식적인 클래식 음악과 가벼운 음악에서 수용의 차이는 더 이상 실질적으로 중요하지 않다. 그것들은 모두 시장성이라는 이유에서 조작되기 때문이다. 이렇듯 적나라한 이윤 동기가 문화의 형식 속에서도 철저하게 관철되는 것, 이것이야말로 오늘날 문화산업을 포함하여 후기 자본주의 시대의 문화 전반이 겪고 있는 위기 상황의 본질인 것이다.

108쪽
정답

정답은 ③번. 다른 작품에는 불치병에 걸려 죽게 되는 주인공이 등장하고 이 주인공의 애잔한 사랑이 그려진다. 영화 〈러브 스토리Love Story〉(1970)는 에릭 시걸Erich Segal, 1937~의 자전적 베스트셀러를 영화화한 작품으로 재벌가의 하버드 대학생 올리버와 가난한 여대생 제니퍼의 사랑을 그린 영화. 암에 걸린 제니퍼의 명대사 "사랑이란 미안하다는 말을 하는 게 아니야Love means never having to say you're sorry"로도 유명하다. 〈8월의 크리스마스〉(1998)에는 자신의 죽음을 담담히 준비하는 사진사 정원이 등장하며, 〈미안하다 사랑한다〉(2004)에는 머리에 총알이 박혀 시한부 인생을 살아가는 무혁이 등장한다. 역시 〈천국의 계단〉(2003)에서는 안암으로 시력을 잃고 결국 목숨까지 잃게 되는 정서가 나온다. ③번 장뤼크 고다르Jean-Luc Godard, 1930~의 영화 〈네 멋대로 해라À bout de souffle〉(1960)는 누벨바그nouvelle vague의 대표적 영화다. 남자 주인공 미셸이 경찰의 총에 맞아 죽긴 하지만 불치병과는 무관하다. 당시 미국에는 〈브레드레스Breathless〉란 이름으로 개봉되었으며, 1983년 할리우드에서 동명의 제목으로 리메이크한 바 있다.

깜짝 퀴즈

••• 다음의 재즈 음악과 그 시기의 대표적 뮤지션을 연결시켜라.

ⓐ 스윙 재즈　① 존 콜트레인의 〈Impressions〉
ⓑ 비밥 재즈　② 마일스 데이비스의 《Birth of the Cool》
ⓒ 쿨 재즈　　③ 팻 메시니의 《Letter from Home》
ⓓ 모달 재즈　④ 찰리 파커의 〈Yardbird In Lotus Land〉
ⓔ 퓨전 재즈　⑤ 듀크 엘링턴의 〈Mood Indigo〉

마일스 데이비스

☞ 정답은 134쪽에

+ 지식 플러스 +

스윙 재즈와 비밥 재즈

　스윙 재즈란 1920년대 등장하여 1930년대 중반 미국의 경제 위기가 극복되는 과정에서 백인들에게 확대된, 발랄하고 율동적인 리듬을 강조하는 재즈 음악을 말한다. 스윙은 더블 브라스와 드럼의 리듬 파트가 강조되어 춤의 반주로 쓰였으며, 대규모 공연장에서 보통 12~19인의 멤버로 이루어진 빅밴드 앙상블의 음악이었다. 이 시기의 재즈는 대부분 정해진 악보를 바탕으로 연주했기 때문에 즉흥연주는 매우 제약되어 있었으며, 대중에게 익숙한 테마를 필요로 했기 때문에 표준화된 스탠더드 레퍼토리를 확립했다. 따라서 재즈에 있어서 스윙 시대의 가장 큰 공헌은 무엇보다도 재즈의 대중화에 있다. 스윙은 인기 있고 잘 팔리는 음악이 되었기 때문에 재즈 인구의 급증을 가져왔고, 이에 따른 두터운 연주층을 바탕으로 재즈 음악이 발전할 수 있었다. 다음에 올 비밥 시대의 화려하고 독창적인 연주는 스윙 시대의 정형화된 연주를 거치면서 발전된 것이다. 스윙 시대의 대표적인 뮤지션으로는 듀크 엘링턴[Duke Ellington, 1899~1974], 아트 테이텀[Art Tatum, 1909~1956], 베니 굿맨[Benny Goodman, 1909~1986], 루이 암스트롱[Louis Armstrong, 1901~1971] 등이 있다.

　비밥이란 1940년대 등장한 재즈의 형태로 이전의 스윙 음악에 비해 즉흥연주와 개인 독주가 보다 강화된 재즈 음악이다. 비밥은 조성 내의 모든 음을 사용하고 긴장감을 주는 관계들로 음을 구성함으로써, 곡의 느낌을 보다 풍성하고 복잡하게 만들어서 코드와 멜로디 간의 관련성을 느슨하게 만들었다. 그럼에도 불구하고 이 시기의 즉흥연주는 코드 체계 중심의 즉흥연주였기 때문에, 미리 연습한 패턴들에 곡을 맞추어 결합하고 변용해가는 수준이었다. 즉 다양한 코드 진행 패턴을 상정해놓고 이 코드를 구성하는 음들로 즉흥연주를 하는 방식이었다. 특히 비밥은 이전의 춤추기 위한 음악으로서의 재즈를 연주자들의 현란한 연주를 보여주는 연주자용 음악으로 전환시키는 계기가 되었다. 비밥의 대표적 연주자는 색소폰의 찰리 파커^{Charles Parker, Jr., 1920~1955}, 트럼펫의 디지 길레스피^{Dizzy Gillespie, 1917~1993}, 피아노의 텔로니어스 멍크^{Thelonious Monk, 1917~1982} 등을 들 수 있다.

그래칙, 아도르노의 재즈론을 비판하다

그렇다면 재즈에 대한 아도르노의 비판은 얼마나 타당한 것일까? 사실상 아도르노가 이러한 평가를 내렸던 것은 엄밀히 말해서 그가 경험한 시대의 재즈에 한정된 경향이라고 할 수 있다. 당시의 재즈, 특히 스윙의 경우에는 기본적으로 대규모의 댄스 음악으로 발전된 것이었기 때문에, 드럼이나 브라스를 통한 4박자의 베이스 리듬이 분명하게 지켜졌으며 상투적인 편곡과 스탠더드한 연주 목록이 중시되던 시기였다. 이러한 점에서 보자면 아도르노의 주장은 일견 수긍할 만한 점이 있다. 그럼에도 불구하고 아도르노의 재즈 비판에는 몇 가지 논쟁점이 존재한다. 여기서는 그래칙^{Theodore Gracyk}이 『록음악의 미학^{Rhythm and Noise: An Aesthetics of Rock}』(1996)에서 논의한 내용을 중심으로 살펴보기로 하자.

우선 첫 번째로 제기될 수 있는 문제는 아도르노가 재즈를 다른 모든 대중음악의 동의어처럼 이해하고 있다는 점이다. 대중음악에는 다양한 유형의 장르들이 존재하는데, 아도르노에게 있어서는 각각의 음악 장르의 차별성이 조금도 인정되지 않는다. 물론 아도르노도 대중음악 내의

질적 차이가 어느 정도 존재하며 재즈 청중이 헤비메탈 팬들에 비해 우월하다는 가정을 할 수 있을지 모르지만, 이는 결국 쓰레기들 간의 무의미한 차이에 불과할 뿐이라고 생각하는 것 같다. 그에게 있어서 재즈는 그저 상업적 소모품으로 전락해버린 음악의 본보기일 따름이다. 특히 그래칙은 아도르노가 비밥의 탄생, 로큰롤의 등장과 더불어 재즈의 대중성이 점점 더 사라져버렸다는 사실을 충분히 인식하지 못한다고 지적한다. 이후 재즈의 발전은 대중적인 문화산업의 산물이라기보다는, 소수에게만 사랑받는 보다 어렵고 예술적인 음악으로 변모해갔다는 것이다. 이런 점에서 그래칙은 재즈라는 음악이 아도르노가 주장했던 문화산업론의 전형적인 사례와는 상당히 다르게 발전했다고 주장한다.

두 번째로 제기될 수 있는 논쟁점은 재즈가 대중음악의 표준적인 도식을 철저하게 준수한다고 하는 아도르노의 비판과 관련된다. 이에 대해 그래칙은 "재즈의 유일한 재료는 32마디의 대중가요"라는 아도르노의 주장에 이의를 제기한다. 재즈 음악가들은 종종 대중가요 없이도 성공적으로 음악을 만들어내며, 그것을 이용할 때조차도 원래의 도식과는 다르게 전도시키는 경우도 많다는 것이다. 예를 들어 루이 암스트롱은 《Hot Five and Hot Seven Recordings》 앨범 녹음 시절(1925~1928)에 주류 스탠더드 곡을 거의 접하지 않았고 32마디 곡조를 사용하지 않았다. 다시 말해 그의 성공은 당시 대중적인 스탠더드 곡조에서 유래하지 않았다. 또한 찰리 파커나 존 콜트레인[John Coltrane, 1926~1967]의 경우, 오리지널 곡을 사용했지만 단순한 원곡의 장식이 아닌 아주 새롭고 독특한 구조를 만들어냈다[찰리 파커는 조지 거슈윈[George Gershwin, 1898~1937]의 〈I Got Rhythm〉(1930)을 변형시킨 재즈곡들을 만들었으며, 콜트레인은 리처드 로저스[Richard Rodgers, 1902~1979]가 작곡한 〈사운드 오브 뮤직[The Sound of Music]〉(1959)의

〈My Favorite Things〉(1959)를 거의 무조적인 즉흥연주를 통해 파편적으로 해체시켰다).

또한 아도르노의 주장과는 달리, 대중가요의 관습과 표준적인 화성진행을 의도적으로 모두 포기한 재즈 음악가들의 예도 상당수 존재한다. 대표적으로는 마일스 데이비스^{Miles Davis III, 1926~1991}의 《Kind of Blue》(1959)나 오넷 콜먼^{Ornette Coleman, 1930~}의 《Free Jazz: A Collective Improvisation》(1960)에서의 즉흥연주를 들 수 있는데, 이 둘은 모두 대중가요의 작곡 방식과 표준적인 조성성을 거부했다. 따라서 그래칙은 즉흥연주가 "박자와 화성의 아주 좁은 틀 안에 머물러 있다"라고 한 아도르노의 주장이 잘못되었다고 비판한다. 게다가 아도르노는 이러한 재즈의 사례들이 그의 생전에 이미 존재하고 있었음에도 자신의 의견을 반박할 수 있는 경험적 증거에 대해서는 관심을 두지 않았다. 그럼으로써 아도르노는 재즈가 대중음악과 통합되는 와중에서조차 지닐 수 있는 자율성을 인식하는 데 실패했으며, 문화산업 안에서부터 그 자신의 저항 형태를 발전시킬 수 있는 재즈의 잠재력을 통찰하지 못했다는 것이 그래칙의 결론적인 생각이다.

129쪽 정답

ⓐ는 ⑤ 듀크 엘링턴, ⓑ는 ④ 찰리 파커, ⓒ는 ② 마일스 데이비스, ⓓ는 ① 존 콜트레인, ⓔ는 ③ 팻 메시니이다. 스윙 재즈와 비밥 재즈는 '지식 플러스'를 참조하라. 쿨 재즈는 1950년대에 들어와서 비밥의 뜨거움을 자제하고 구성을 보다 단순화시킨 재즈로, 보다 가볍고 작은 수의 음정으로 악곡을 구성하고 편안한 연주를 지향했는데, 대표적으로는 레스터 영Lester Young, 1909~1959의 색소폰 연주를 들 수 있다. 또한 이 시기 LA를 중심으로 캘리포니아에서 연주되던 재즈도 캘리포니아의 기후적 여건을 반영한 가볍고 부드러운 사운드를 들려주었는데, 이러한 웨스트 코스트 재즈에는 이른바 '포 브러더스Four Brothers'라고 불렸던 스탄 게츠Stan Getz, 1927~1991, 허비 스튜어드Herbie Steward, 1926~, 주트 심스Zoot Sims, 1925~1985, 세르주 샬로프Serge Chaloff, 1923~1957가 손꼽힌다. 이들은 모두 카운트 베이시Count Basie 악단의 레스터 영에 의해 시작되고 스탄 게츠에 의해 대중화되었던 가벼운 재즈 음악을 즐겨 연주했다. 마일스 데이비스의《Birth of the Cool》은 열정적 비밥보다 부드럽고 여유 있으며 정교한 편곡과 차분히 진행되는 즉흥연주가 일품인 쿨 재즈의 대표적 음악이다.

모달 재즈는 하드 밥의 최고 경지라고 할 수 있는 존 콜트레인의《Giant Steps》(1960)로부터 새로운 출구를 모색함으로써 탄생한 음악이다. 하드 밥Hard Bop은 앞서 설명했던 웨스트 코스트 중심의 백인 감성을 드러냈던 쿨 재즈로부터 발전된 음악이다. 기존의 비밥 재즈의 즉흥연주는 코드 체계를 중심으로 한 코달 재즈였다면, 모달 재즈Modal Jazz는 모드를 중심으로 하는 것으로, 모드란 각 음을 기본으로 하는 7개의 독자적인 음들의 배열 체계를 말한다. 모드에 기반한 즉흥연주에서는 전통적인 코드 진행에 따른 구속에서 벗어나게 되었다. 대표적으로는 마일스 데이비스의《Kind of Blue》음반을 들 수 있는데, 이 중〈So What〉은 레를 기본음으로 하는 도리안 모드Dorian mode로 이루어진 곡이다. 이렇듯 코드의 제약으로부터 벗어난 모달 재즈는 보다 명상적이고 관조적인 분위기를 자아냈다.

한편 퓨전 재즈란 1960년대 후반 등장한 재즈의 흐름으로, 퓨전이란 말 자체가 함의하듯이 서로 다른 것이 뒤섞여 하나가 된 것을 의미하는데, 최초의 퓨전 재즈는 록의 리듬과 일렉트릭 사운드를 재즈에 결합시킨 마일스 데이비스의《Bitches Brew》(1970) 앨범이었다. 오늘날 퓨전 재즈는 록 이외에도, 펑크나 스카, 레게, 라틴 음악이나 힙합 등, 다양한 음악적 스타일과의 퓨전이 감행되고 있다. 팻 메시니의《Letter from Home》(1989)은 재즈에 브라질 음악의 요소를 접목시킨 퓨전 재즈의 정수이다.

만남 6

구원은 어디에
자율적 예술과 비동일성의 구제

―초대―만남―대화―이슈―

**비동일적 사유와
자율적 예술을 위하여**

앞의 논의를 다시 한번 돌이켜 보자. 서구 사회에서 계몽의 전개 과정은 또다시 신화와 야만으로 전락해버렸으며, 그 원인은 한마디로 도구적 합리성이라는 이성의 불구화에 있었다. 도구적 합리성의 근저에 깔린 원리가 바로 동일성 원리였으며, 이는 개념적 인식과 사회적 교환관계, 그리고 자본주의적인 문화산업에서 드러나고 있었다. 아도르노는 동일성의 사고가 가장 극단적인 파국으로 드러난 것이 바로 아우슈비츠의 비극이라고 했다. 아리안족의 영광을 찬미했던 나치즘의 시각에서 볼 때, 유대인들은 이질적인 비동일자였고 제거되어야 할 불순물에 불과했다. 사실상 대량 학살이란 "절대적인 통합"이며 동일화되지 않는 다른 것들을 철저히 없애버리려는 것이다. 실상 이런 모습의 통합은 사람들의 차이와 다양성을 말살하고 획일화하려는 곳이면 어디서든 등장할 수 있는데 결국 아우슈비츠의 비극 또한 동일성의 이름으로 비동일자, 이질적인 것, 통합되지 않은 것, 타자를 억압하는 폭력의 논리가 적나라하게 드러난 것에 다름 아니다. "아우슈비츠가 되풀이되지 않고 그와 유사한 일이 일어나지 않도록 생각하고 행동하라"라는 새로운 정언명령은 이러한 맥락에서 이해할 수 있다. 다시 말해 이는 동일성 사고의 압제에 대한 비판 속에서 비동일적인 것, 비개념적인 것, 이질적인 것을 구제하고자 하는 노력이다.

따라서 아도르노에게 "변증법이란 수미일관한 비동일성의 의식"이 된다. 아도르노는 헤겔^{Georg Hegel, 1770~1831}의 변증법에 대해 부정의 부정을 통해 긍정을 산출하는 긍정적 변증법이라고 비판하면서, 이에 반해 부정의 부정이 긍정으로 넘어가지 않는 것, 즉 사회에서 부정적인 것이 지속되는 한 부정의 부정은 부정으로 남을 수밖에 없다는 의미에서 '부정 변증법'을 주장한다. 한마디로 말해 사유의 자기반성을 촉구하는 부정 변증법은 비동일자의 구제를 목표로 한다. 여기서 한 걸음 더 나아가 아도르노는 비동일자의 구제에 대한 가능성을 진정한 예술 속에서 발견하고자 했다. 예술과 미적 경험의 영역이야말로 도구적 합리성의 지배적 양식으로부터 벗어나는 해방의 모델을 제공할 수 있기 때문이다. 보편에 의한 특수의 폭력적 억압과 동일시를 벗어나서 비동일적인 사유를 가능하게 하는 새로운 인식 및 실천 방식이 예술에 이르러 그 처소를 찾게 된 것이다.

그렇다면 아도르노가 비동일적인 사유를 가능하게 하는 진정한 예술로 간주한 것은 무엇일까? 아도르노 사후에 미완성 유고로 출간된 『미학이론Ästhetische Theory』(1970)은 이에 대한 하나의 실마리를 제공한다. 사실상 『계몽의 변증법』으로부터 『부정변증법』을 거쳐, 그의 급작스러운 죽음으로 미완성으로 끝난 『미학이론』으로 이어지는 사상의 궤적은 아도르노의 비판이론의 문제의식이 걸어온 험난한 노정을 드러내고 있다. 한마디로 말해 이 책의 관심은 근대 시민 사회에서 발전된 '예술의 자율성autonomy of art'의 이데올로기적 성격을 비판함으로써 자율적 예술이 지니는 비판적 잠재력과 저항성을 다시 회복하도록 하는 데 있다. 한편으로는 분명 현실에 뿌리를 박고 있으면서도 다른 한편으로는 현실에 저항할 수 있는 진정한 예술의 자율성이야말로 현실과의 긴장을 놓지 않으면서도 물화된 사회 너머를 보여줄 수 있는 부정성을 제공할 수 있기 때문이다. 아도르노의 미학이론의 핵심은 자율적 예술작품 속에서 예술과 사회 현실 사이의 화해되지 않은 긴장에 의해 남아 있는 흔적과 차이를 정확하게 그려내고 이를 해독하는 것이다. 그러면 이제 '올바른 삶을 위한 무의식적 훈련'으로서의 자율적 예술의 의미에 대해서 살펴보기로 하자.

자율적 예술이 확립되다

신화적인 자연의 힘으로부터 인간을 해방시키기 위한 수단이었던 계몽이 결국에는 또다시 신화와 야만으로 퇴보하게 되었다는 것이 『계몽의 변증법』의 핵심 주장이라면, 현대 사회에서 예술이 겪는 운명 또한 이와 유사한 전개 과정을 거쳐왔다고 할 수

있다. 선사시대의 주술 행위로부터 발생한 예술은 '종교적 예배의식을 위한 수단'이라는 기능에서 벗어남에 따라 점차 세속화되고 자립화되었다. 개인주의와 자유주의의 이념하에 시민혁명과 산업혁명이라는 양대 혁명을 거치면서 절대주의 체제가 붕괴되고 자본주의 시장경제가 가속화됨에 따라, 예술 또한 새로운 운명을 맞이했다. 마침내 예술은 지배층의 직접적인 후원에 전적으로 의존해야만 했던 상황에서 해방되어 자본주의 사회 속에서 하나의 상품으로 팔려야만 비로소 살아남을 수 있는 처지가 되었다.

이러한 상황은 예술에 있어서 새로운 결과를 가져왔다. 우선, 직접적인 후원자patron 체계가 붕괴되고 예술 시장이 형성되었다는 사실은 예술가 또한 노동자처럼 자신의 예술품을 상품으로 판매하여 연명해야 한다는 것을 의미한다. 따라서 이전의 시대와 비교해볼 때 예술가의 처지는 훨씬 더 불안정하고 위태롭게 되었다. 익명의 다수를 겨냥해서 예술작품을 창조해야 한다는 사실은 예술가들에게 하나의 모험이자 위협으로 다가왔다. 이전 시대의 주요 고객이었던 귀족층은 높은 학식과 교양을 갖추고 예술작품을 감식할 능력이 있는 이들로, 예술가들과 서로 교감하고 존중하는 관계에 있었다면, 재력을 통해 예술 시장의 주요한 고객으로 부상한 부르주아 대중은 제대로 된 예술적 식견과 판단력을 갖추지 못한 경우가 허다했기 때문이다. 따라서 이 시기에 부르주아 대중을 '속물'이라고 조롱하고 거부하는 경향 또한 생겨나게 되었다.

다른 한편, 직접적인 후원자 관계를 통해 예술의 주문과 생산이 이루어지는 상황에서 예술가는 주문자의 취향과 요구 조건에 어쩔 수 없이 얽매일 수밖에 없었는데, 이제 이런 예속과 부자유는 사라져버렸다. 예술가는 자신이 원하고자 하면 얼마든지 자유롭게 새로운 예술에 도전할 수 있었고 이전에는 꿈도 꾸지 못했을 혁신적인 예술 형식과 표현을 실험할 수 있었다. 다시 말해 후원자 체계의 붕괴는 예술가의 자율성을 확대하는 결과를 가져왔다. 물론 이에 대한 대가는 혹독한 것이었다. 예술가들의 새로운 실험은 대중에게 외면당하거나 예술 시장에서 제대로 인정받지 못하는 경우가 대부분이었고, 그 결과 많은 예술가가 적어도 당대에는 경제적으로나 사회적으로 불명예스럽고 비참한 삶을 살아야 했다. 속물들의 저속한 취향에 동조하지 않은 채 자신이 원하는 예술 세계를 고수하고자 했던 예술가들은 자신의 진가를 올바로 인정받을 수 없었기에, 사회에서 소외된 채 비참한 삶을 살 수밖에 없었던 것이다.

19세기 중엽 프랑스의 시인 보들레르 Charles Baudelaire, 1821~1867는 개와 똥 통조림이라는 비유를 사용해 예술과 속물적인 대중의 관계를 묘사한 바 있다. 개는 냄새나는 더러운 똥 통조림을 보면 꼬리를 흔들며 좋아라 달려들지만, 정작 향기로운 향수를 주면 그 가치를 알아보지 못한 채 냉담하게 돌아설 뿐이다. 여기에서 개와 향수, 그리고 똥 통조림이 의미하는 것은 무엇일까? 쉽게 짐작할 수 있듯이 개는 당시의 속물적인 부르주아 대중을 의미하며, 똥 통조림이란 속물적 취미에 영합하는 저급한 예술을, 향수는 순수한 아름다움을 추구하는 진정한 예술을 의미한다. 개와 똥 통조림이라는 비유 속에서 우리는 현대적인 자본주의화가 완성되던 시기에 예술가들이 당시의 주요한 예술 소비자였던 부르주아 대중에 대해 어떠한 생각을 갖고 있었는지 짐작할 수 있다. 그래서 보들레르는 대중을 깜짝 놀라게 하고 그들의 코를 납작하게 만들어줄 심산이 아니라면 그들과 말을 섞지 말라고 충고하기까지 한다. 예술은 부르주아 대중과 자본주의 사회에 대한 경멸 속에서 이들로부터 더욱더 멀어져서 자신만의 세계로 빠져들어갔다.

 이러한 맥락에서 예술은 고상한 정신적 가치로서 아름다움을 추구하는 것이며, 아름다움이란 진真이나 선善과 같은 다른 가치들, 특히 일상에서의 실용성과는 구분되는 것이라고 주장되었다. 이른바 '예술의 자율성'이라는 이념이 현대 예술의 등장과

:: 보들레르

프랑스의 상징주의 시인이자 비평가. 보들레르는 서구의 부르주아적인 모더니티에 대한 거부와 비판 속에서 등장한 미적 모더니티 개념을 통해 모던 아트를 발전시켰다. 그는 모더니티를 '영원성과 순간성의 종합'으로 설명했는데, 이는 초월적인 미의 이상에 기반한 영원성의 미학으로부터 변화와 새로움을 중심적 가치로 삼는 일시성과 내재성의 미학으로의 이행이라 할 수 있다. 그는 신에 대한 숭배와 저주, 레즈  비언, 관능, 반항, 퇴폐, 노골적인 성애 등을 다룬 대표 시집 『악의 꽃(Les Fleurs du mal)』(1857)을 발표해 외설과 신성모독죄로 기소되어, 남은 일생 동안 타락과 악덕의 존재로 비난받았다. 그러나 그의 사후, 『악의 꽃』은 시각, 청각, 후각을 하나로 뒤섞는 조응(照應) 수법을 전개한 근대 시의 최대 걸작의 하나이자 현대 시의 효시로 재평가받았다.

함께 확립되었던 것이다. 한편으로 예술은 자율성을 주장함으로써 종교적, 정치적, 경제적인, 다시 말해 예술 바깥의 힘으로부터의 구속과 지배에서 벗어나고자 했다. 하지만 그 과정에서 예술은 구체적인 사회 현실과 단절하고 자신만의 상아탑 속에 안주함으로써 지배적 현실이 그대로 온존되는 데 일조하는 결과를 가져오기도 했다. 다시 말해 예술이 억압적이고 비인간적인 현실을 외면한 채 자신만의 상상 세계로 도피해 아름다움이라는 가상의 왕국에 빠져버리고 만다면, 그 예술은 기존의 현실에 대한 비판적 인식을 발전시키는 데 아무런 도움이 되지 못하며, 새로운 질곡과 퇴행의 가능성을 간직하게 될 것이다. 이러한 예술의 자율성 이념이 극단화되었던 것이 바로 19세기 말 '예술을 위한 예술'로 대변되는 유미주의^{aestheticism}라고 할 수 있다.

자율적 예술의 양면성

예술의 자율성이라는 이념은 어디까지나 근대의 소산이었다. 또한 아름다움이라는 가치가 진이나 선, 유용성과 같은 다른 가치들과 구분되었던 것도 또한 바로 근대의 산물이다. 예를 들어, 고대 그리스 사람들은 아름다움과 선은 떼려야 뗄 수 없는 것이라고 생각했다. 이른바 칼로카가티아^{kalokagatia}가 그들의 이상이었는데, 이는 육체의 아름다움^{kalon=넓은 의미의 미}만이 아니라 정신의 윤리^{agathon=덕}가 결합된 최고의 상태를 의미했다. 이런 식으로 아름다움을 생각한다면, 선하지 않은 것은 곧 아름답지 않은 것이요,

그 역도 마찬가지였다. 그러나 현대의 사람들은 미와 선은 서로 다른 차원의 가치라고 생각한다. 그렇기 때문에 오늘날에는 "외모는 기가 막히게 아름답지만 인간성은 저질이야"라는 말이 얼마든지 가능하다. 비록 그 사람이 도덕적으로 파렴치한이라고 하더라도, 우리는 그를 "아름답다"고 평가하는 데 주저하지 않을 것이다.

마찬가지로, 아름다움이란 일상생활의 유용성과도 전혀 다른 차원의 가치다. 정말로 아름답긴 하지만 실용성이 전혀 없는 물건들도 얼마든지 있을 수 있다. 물에 닿으면 바로 깨져버리는 아주 예쁜 유리잔이 있다고 해보자. 아마도 우리는 "보기에는 참 좋은데 실용성은 없네"라고 말할 것이다. 이와 달리 현대 예술은 순수한 아름다움을 추구하는 것이라고 이해되었다. 따라서 일상생활의 유용성과 보다 밀접한 관련이 있는 공예나 가정에서의 여성의 작업들, 예를 들어 바느질과 퀼트와 같은 것들은 순수예술의 영역에서 배제되었다. 일상의 가치와는 전적으로 구분되는 정신적인 가치이자 (개인의 혹은 공공의 이해관계를 모두 배제한) 순전히 무관심적인disinterested 관조를 통한 즐거움으로서의 아름다움, 아름다움을 자율적으로 추구할 수 있는 독창적인 천재로서의 예술가, 나아가 예술을 사회적으로 생산·유통·소비하는 독립적인 예술 체제의 분화, 이러한 요소들이 근대적인 자율적 예술 개념을 이루는 구성 요소다. 특히 자본주의적인 유용성의 원리와 가치 법칙에 저항하고자 했던 예술가들은 예술이 어떠한 구체적 용도를 위한 수단이 되는 것에 저항하고, 물질적인 것을 중시하는 현실에서는 더 이상 존중되지 않는 정신적 가치를 예술의 영역에서 보존하고자 했다. 요컨대 어떠한 사회적 유용성이나 구체적인 쓸모를 가지고 있지 않다는 것, 다시 말해 '사회적 무용성無用性'이 자율적 예술을 규정하는 중요한 사회적 기능이 되었다.

그런데 이러한 사회적 무용성은 예술의 운명에 있어서 양면적인 결과를 가져왔다. 한편으로 예술은 현실과 담을 쌓고 자신의 세계 속에 침잠해 들어감으로써, 현실의 모순과 부정성에 대한 직접적인 발언을 삼가고 자신이 추구하는 아름다운 가상Schein; appearance의 세계로 도피한다. 예술이 보여주는 이러한 아름다움의 세계, 조화와 통일성이 넘쳐나는 세계는 현실 세계의 고된 삶을 위로해주는 도피처의 역할을 할 수 있다. 나아가 아름다운 가상이 보여주는 위로와 위안은 사람들로 하여금 현실의 고통과

∷ 무관심성 Interesselosigkeit; disinterestedness

무관심성이란 말은 일반적으로 개인의 이해관계, 즉 이기적인 욕망이나 사적인 관심이 배제된 상태를 의미한다. 이 말은 일찍이 섀프츠베리(3rd Earl of Shaftesbury, 1671~1713)와 같은 영국의 철학자들이 사용했지만, 본격적인 의미에서 이를 근대 미학의 핵심 개념으로 확립시킨 것은 칸트이다. 칸트는 미적 즐거움의 본질적 성격을 무관심적 즐거움이라고 규정한다. 우리가 어떤 대상을 아름답다고 판단할 때 그 근거가 되는 것은 대상에 대한 주관의 감정으로서 쾌·불쾌인데, 이때 반드시 전제되어야 할 것이 무관심적 태도라는 것이다. 칸트에 따르자면, 대상이 현존하고 지속되기를 바라는 욕망, 즉 "대상의 존재에 대한 관심"에서 벗어나서 어떠한 욕구로부터 자유로운 상태에서 느끼는 즐거움만이 진정한 미적 판단의 기초가 될 수 있다. 이러한 무관심적 즐거움이라는 미의 규정에 근거해서 예술은 인식이나 선, 혹은 실용성이나 감각적 만족과는 구분되는 자신만의 존재 근거와 영역을 가지는 자율적인 것이 되었다.

억압을 참고 견딜 수 있게 만들어줌으로써 궁극적으로는 기존의 현실이 지속되는 데 일조하는 역할을 하기도 한다.

다른 한편, 사회 속에서 유용한 사물이 되기를 거부하는 자율적 예술의 사회적 무용성은 모든 것을 효용성 원리에 따라 평가하는 자본주의 사회에 대한 저항이 됨으로써 기존 현실을 부정하고 비판하는 존재가 된다. 다시 말해 예술작품의 존재 자체가 인간 자신까지 포함해 모든 사물을 목적-수단 합리성에 따라 효용성의 잣대로 평가하는 자본주의 사회의 원리에 대한 반대 명제가 되는 것이다. 따라서 아도르노는 자율적인 예술작품이 존재한다는 사실 자체가 도구적 합리성에 의해 지배되는 사회적 현실에 대한 부정 및 비판의 역사라고 주장한다. "예술의 역사는 사회적 현실에 대한 부정의 역사이다."

∷ 가상 Schein; appearance

가상이라는 말은 일차적으로는 '찬란하게 빛남'이나 '광채'라는 의미로, 우리의 감각 능력에 호소하는 어떤 것을 뜻한다. 이러한 다소 중립적이고 가치 평가가 배제된 가상이라는 말은 현실과의 관계에서 파악될 경우에 두 가지 차원에서 이해될 수 있다. 먼저 가상이란 실재의 존재가 아니라는 점에서, 다시 말해 '존재하지 않는 것', '사실이 아닌 것', '환영'이나 '가짜'를 뜻한다는 점에서 부정적인 함의를 가진다. 왜냐하면 가상은 현실이 아님에도 불구하고 마치 실재처럼 보임으로 인해서, 우리를 기만하고 현혹시킬 수 있기 때문이다. 그러나 다른 한편 이러한 가상이 현실의 부정성을 비판하면서 진정한 실재를 드러내는 것이라고 평가될 경우, 이는 참된 실재의 '현현', '계시', '존재 자체의 드러남'이라는 점에서 긍정적 의미를 가지는 것으로 평가된다. 이러한 가상을 통해, 우리는 현실의 문제점을 파악하고 더 나은 현실을 앞당기도록 자극될 수도 있기 때문이다.

그리하여 아도르노는 자율적 예술이 가지는 이중적인 성격을 인식함으로써, 오늘날 진정한 예술이 나아가야 할 길은 현실과의 관계를 완전히 벗어나지 않으면서도 자율성을 고수함으로써 현실과 비판적으로 대결할 수 있는 "현실에 대한 부정성"에 있다고 주장한다. 아도르노에게 있어서 예술은 일종의 가상으로 존재한다. 즉 사회 속에서 사회를 부정하는 예술의 형상은 현실에 없는 것을 마치 존재하는 것처럼 보여줌으로써 하나의 가상이자 이데올로기가 될 수 있다. 그러나 다른 한편 예술이 드러내는 형상은 특정한 구성과 짜임새를 통해 직접적 현실과는 구분되는 것으로 경험되는 것이기에 진리의 계기가 될 수 있다. 다시 말해 미적 가상은 존재하는 것과 존재하지 않는 것의 짜임을 통해 존재하는 현실을 부정하고 반성할 수 있는 계기를 제공함으로써 부정적인 현실을 인식하도록 만들 수 있다.

> 예술작품은 예술의 고유한 형태, 즉 가상을 통하지 않고는 달리 사상 내용을 가질 수 없다. 이 때문에 미학의 중심 과제는 가상의 구제인 것이다.
> 『미학이론』

미메시스, 예술적 인식의 가능성

이러한 의미에서 아도르노는 진정한 의미의 자율적 예술이 현실과 갖는 관계를 이중적인 것으로 간주한다. 한편으로 예술도 또한 자본주의의 총체적으로 물화된 현실에 동화되지 않을

수 없기 때문에 불가피하게 이러한 부정적인 현실을 스스로 드러낸다. 다른 한편으로 예술은 이러한 부정적 현실에 저항하기 위해서 새로운 현실, 새로운 사회에 대한 비전을 보여줄 수 있어야 한다. 말하자면 현실의 부정성과 동화되고 그러한 부정성에 대항하는 것, 즉 '부정성의 부정'이야말로 진정한 예술의 힘인 것이다.

아도르노는 이렇게 예술이 현실과의 관련 속에서 현실을 부정할 수 있는 힘을 '미메시스^{mīmēsis}'라는 개념에서 찾는다. 미메시스라는 말은 고대 그리스어로, '모방'이나 '흉내'와 유사한 의미를 지닌다. 말하자면 아이들의 소꿉놀이는 어른들의 살림살이를 흉내 내는 미메시스의 하나요, 동물이나 기차를 흉내 내면서 노는 것도 일종의 미메시스이다.

고대 그리스에서 미메시스라는 말은 '대상에 대한 모방'이라는 의미에서 사용되었다. 사실상 서구의 예술사 속에서 모방이라는 개념은 서로 다른 두 가지 의미에서 이해되었다. 즉 ① 눈에 보이는 대상의 외적 측면 그 자체를 거울처럼 재현한다는 의미와 ② 대상을 규정하는 본질적이고 보편적인 측면을 재현한다는 의미다. 예를 들어 플라톤$^{\text{Platon, BC 428?~347?}}$은 회화나 조각을 "깨어 있는 눈을 위한 백일몽을 만드는 기술"이라고 했다. 다시 말해 회화나 조각은 진짜와 같은 환영, 즉 실재처럼 보이는 가짜를 만들어내는 기술이라는 것이다. 다른 한편 아리스토텔레스$^{\text{Aristoteles, BC 384~322}}$는 미메시스 개념을 플라톤처럼 '진짜처럼 보이게 만드는 눈속임'의 기술로 간주하지 않았다. 아리스토텔레스에 따르면, 훌륭한 미메시스란 대상의 본질적인 측면을 드러냄으로써 대상에 대한 '인식'과 이를 통한 '즐거움'을 동시에 제공해줄 수 있는 것이다. 우리는 잘 모방된 예술작품을 통해서 실제의 대상에 대한 참된 인식을 얻을 수 있고 그러한 앎을 통해서 일종의 인식적 즐거움을 맛볼 수 있다. 예를 들어 죽은 고양이를 잘 모방한 그림이 우리에게 즐거움을 주는 까닭은 그 모방 대상, 즉 죽은 고양이의 시체 자체가 우리에게 즐거움을 주기 때문이 아니다. 그림을 보면서 우리는 '아, 저것이 바로 그 죽은 고양이로구나!' 하고 알아차릴 수 있다. 말하자면 모방된 현실 대상에 대한 참된 인식을 얻을 수 있기 때문에 우리는 즐거움을 느낀다. 이러한 관점에 입각해서 아리스토텔레스는 시, 회화, 조각, 음악 등이 모두 미메시스 개념에 근거해 한데 묶일 수 있는 기술이라고 했다.

요컨대 플라톤과 아리스토텔레스는 미메시스 개념에 대해서 서로 다른 생각을 가지고 있었다. 그렇기 때문에 두 철학자는 미메시스를 토대로 하는 예술작품에 대해서도 서로 다른 평가를 내릴 수밖에 없었다. 플라톤은 모방으로서의 회화에 대해 날카롭게 비판했던 반면, 아리스토텔레스는 모방으로서의 시에 대해 긍정적으로 평가했다. 특히 서양 예술사에서 전통적으로 "예술은 자연의 모방"이라고 했던 것은 아리스토텔레스의 모방 개념에 입각한 것이었음에 주의할 필요가 있다. 고전주의 예술이론의 기본이 되는 것도 이러한 아리스토텔레스의 모방 개념에 입각한, "보편적인 것$^{the\ universal}$의 모방" 혹은 "이상적인 것$^{the\ ideal}$의 모방"이었다.

그렇다면 고전적 의미의 미메시스와 아도르노가 생각하는 미

••• 고대 그리스에는 제욱시스$^{Zeuxis, ?~?}$라는 유명한 화가가 있었다. 이 화가의 그림 중에 〈소년과 포도〉라는 작품이 있었는데, 너무나 아름답게 생긴 미소년이 손에 포도를 들고 있는 그림이었다. 그런데 믿거나 말거나, 지나가던 새들이 그림의 포도를 진짜 포도로 착각해 먹으려고 달려드는 사태가 발생했다고 한다. 우리나라에도 이와 비슷한 일화가 있었으니, 통일신라의 화가 솔거$^{率居, ?~?}$가 담벼락에 그린 소나무에도 날아가던 새들이 진짜 나뭇가지인 줄 알고 달려들어 머리를 부딪쳐 죽었다는 일화가 있지 않은가. 그런데 제욱시스와 솔거의 그림에는 미묘한 차이가 있다. 솔거의 그림과는 달리 제욱시스의 그림에는 소년이 등장한다. 그러니까 사람이 손에 들고 있는 포도라는 것이다. 자고로 아무리 멍청한 새라 하더라도 사람이 손에 들고 있는 포도를 뺏어 먹겠다고 돌진하는 새는 없을 것이다. 자, 그럼 여기서 문제가 나간다. 이 그림에서 잘 미메시스된 대상과 잘못 미메시스되어 고쳐야 할 대상은 무엇인가? 소년인가, 포도인가? 만약 당신이 아리스토텔레스라면, 어떻게 대답했겠는가?

☞ 정답은 163쪽에

메시스는 어떤 차이가 있을까? 플라톤적인 의미에서든 아리스토텔레스적인 의미에서든 전통적으로 미메시스라는 말이 '대상에 대한 모방'이라는 의미에서 사용되었다면, 아도르노는 미메시스 개념을 '대상과의 동화同化'라는 의미로 보다 확장했다. 여기에서 미메시스란 원래는 합리적 주체가 발전되기 이전의 단계에서 인간이 타자와 관계하는 방식으로, '스스로를 대상과 같게 만드는 것'이다.

우선 먼저, 가장 원초적인 형태의 미메시스는 동물이나 곤충이 위험에 처했을 때 자신의 색이나 모양을 주변의 대상과 유사하게 변화시키거나 죽은 척하는 의태擬態이다. 예를 들어 대벌레가 스스로를 나뭇가지인 양 위장하거나 사람들이 갑자기 위험에 처했을 때 일부러 죽은 척하는 행위는 자신이 아닌 다른 대상이나 죽음과 동화됨으로써, 문자 그대로 '사물화됨으로써' 위험을 피하는 것이다. 둘째, 원초적 미메시스 다음에 나타나는 미메시스의 단계는 주술 단계이다. 원시시대의 주술적 제전에서 주술사는 자연의 위협으로부터 벗어나기 위해 스스로를 자연이나 악령과 유사하게 흉내 내는 행위를 한다. 이러한 주술적 행동은 자연에 영향력을 행사하기 위해, 미메시스를 숙달하여 의식적으로 실행하는 것이다. 따라서 아도르노는 이러한 주술적 제전은 인간이 자신을 보존하려는 목적에서 나온 것이기에 "합리적 실천의 원초적 형태"라고 이해한다(우리는 앞서 합리적 계몽의 최초의 출발점이 주체의 자기보존이라는 것을 살펴보았다). 이렇듯 미메시스를 이용하여 주술적으로 자연을 지배하고자 하는 행위는 인간의 합리성이 발전함에 따라 점차 사라져갔다. 이제 대상과 비슷

해지려는 미메시스가 아니라, 주체의 보존과 자연 지배를 위해 대상과의 거리를 유지하고 타자를 지배하려는 개념적 인식이 요청되었기 때문이다.

그런데 미메시스는 합리성에 의한 개념적 인식과는 분명히 구분된다. 극단적으로 말해서, 개념적 인식이란 동일성 원리에 따라 대상의 비동일성과 차이를 억압하는 주체의 폭력적 동일화의 결과이다. 이에 반해서 미메시스란 대상과의 유사성을 인식하고 생산하는 능력으로서, 대상에 대한 단순한 모방을 넘어서서 대상과 교감할 수 있는 능력이다. 미메시스는 또한 인간의 지성적 능력에 비해 열등한 것으로 무시되어온 감성적 측면과 관계한다. 요컨대 개념적 인식이 주체를 세계의 중심으로 내세우고 주체의 잣대에 의거해 대상을 포섭하고 재단하려는 자기중심적 사유에 입각한 것이라면, 미메시스란 낯선 것과 동화하고 친화하려는 대상 친화적 관계를 의미한다. 바로 그렇기 때문에 합리적인 계몽이 인간과 자연을 철저히 분리하고 자연을 지배하게 되자 주술적 미메시스는 금기시되고 배척되었다. 아도르노의 말을 빌리자면, "몸으로 자연에 동화되는 대신에 '개념을 통한 확인', 다시 말해 다양한 것을 동일한 것 속에 집어넣는 형태가 등장"한 것이다.

아도르노는 수천 년 동안 지배자들이 미메시스적인 존재 방식을 엄격히 금지하는 것이야말로 문명의 조건이었다고 역설한다. 계몽의 과정에서 합리성의 지배가 확산됨에 따라, 이제 미메시스는 논리적이고 사회적인 영역에서는 배제되어 예술의 영역으로 추방되어버렸다. 그런데 아도르노는 바로 이 미메시스 개념 속에서 서구의 계몽적 이성이 강화시켜온 주체의 폭력과 개념적 인식의 해악에 대한 교정제를 발견하고자 한다. 왜냐하면 앞서 설명했듯이 미메시스란 주체가 대상을 폭력적으로 동일화시키는 대신에, 대상에 다가가고 대상과 유사해진다는 점에서 인식론적으로 '대상의 우위'를 인정하는 것이기 때문이다. 다시 말해 대상의 우위라는 것은 결과적으로 대상이 갖는 특수성과 차이를 있는 그대로 용인한다는 것을 뜻한다. 따라서 미메시스적 인식이 보존될 수 있는 예술은 대상에 다가가서 대상과 유사해짐으로써 대상을 참되게 인식할 수 있는 가능성을 갖는 것으로 평가될 수 있다. 바로 이러한 맥락에서 "예술에서의 인식은 비개념적 인식이자 참된 인식이 될 수 있다"라는 것이다.

미메시스와 합리성의 변증법

총체적으로 물화되고 관리된 후기 자본주의 사회에서 현대 예술은 도구적 이성의 총체적 지배와 사물화 과정에 미메시스적으로 동화되지 않을 수 없다. 하나의 사회적 사실로서 예술은 사회를 떠나 사회의 저편에 존재할 수 없기 때문이다.

> 현대 예술작품은 죽음의 원리인 물화에 미메시스적으로 따른다. …… 유독 물질이 섞이지 않는다면, 즉 살아 있는 것을 잠재적으로 부정하지 않고서는, 문명의 억압에 대한 예술의 항의는 무기력한 위안에 그치고 말 것이다. 현대 예술이 시작된 이래로

예술은 자신의 형식 법칙에 완전히 변형되어 들어가지 않는, 예술에 이질적인 대상들을 흡수했다. …… 예술은 사회에 대립하면서도, 사회의 피안에 서는 입장을 취할 수 없다. 예술은 오직 예술이 대항하는 것과 동화됨으로써만 대항할 수 있다. 「미학이론」

진정한 예술은 도구적 이성이 지배하는 외부 세계와 관계를 맺으면서도 그 자체가 외부 세계의 단순한 모방이나 반영으로 끝나서는 안 된다. 그것은 자율적인 하나의 완결적 전체를 구성해냄으로써, 물화된 세계를 비판하고 새로운 세계에 대한 대안을 지시할 수 있어야 한다.

예술은 기존 사회의 규범을 따르거나 '사회적으로 유용한 것'으로서의 자격을 갖추는 대신에, 독자적인 것으로서 자체 내에서 결정체를 이룸으로써 자신의 한갓된 현존재를 통해 사회를 비판한다. 「미학이론」

그렇다면 물화된 현실에 동화되어버린 예술이 어떻게 삶에 대한 저항과 극복을 말할 수 있을까? 이것이 가능하기 위한 조건이 바로 미적 합리성을 통한 구성$^{\text{Konstruktion; construction}}$의 원리이다.

우리가 예술에 대해 사회 비판 내지 참여라고 곧잘 부르는 것, 즉 예술적 비판이나 부정은 가장 내적인 부분에 이르기까지 정신, 즉 예술의 형식 법칙과 결합되어 있다. 「미학이론」

예술의 대상은 경험적 현실에서 끄집어낸 형상이지만, 예술은 그 경험적 현실의 요소를 전치시키고 해체시키며 자신의 고유한 법칙에 따라 재구성한다. 말하자면 '고통의 부정성'을 표현하는 것은 구성을 통해 소외로 인한 고통에 대항하고자 하는 모습으로 형상화될 수 있다. 왜냐하면 고통이 미적인 구성을 통해 승화되어 표현될 경우에만, 예술은 가상적으로나마 현실과는 다른 모습을 보여주어 고통을 해결할 수 있는 가능성을 지시할 수 있기 때문이다.

따라서 아도르노는 "예술은 합리성에서 빠져나옴 없이 합리성을 비판하는 합리성이지, 전前합리적이거나 비非합리적인 것이 아니다"라고 강조한다. 미메시스와 합리성이라는 두 대립적인 인식 형식을 변증법적으로 매개함으로써만 양자의 결함을 상호 보완적으로 교정할 수 있기 때문이다. 아도르노는 미메시스와 합리성의 변증법을 통하여, 한편으로는 동일성 사유 속에서 억압되고 배제된 타자와 비동일자를 구제하고 다른 한편으로는 마법으로 퇴행하는 미메시스로부터 벗어나고자 한다. 요컨대 미메시스와 합리성을 결합할 수 있는 미적 합리성만이 지배적 합리성을 탄핵하고 교정하는 역할을 수행할 수 있는데, 이러한 미메시스의 최후의 피난처가 바로 예술이라는 것이다. 따라서 진정한 예술작품에서는 인간과 자연, 체계와 비동일성, 보편자와 특수자의 관계 속에서 억압받고 배제된 후자의 계기가 그 차이와 이질성과 더불어 형상화될 수 있다.

이러한 맥락에서 아도르노는 보들레르의 시, 카프카Franz Kafka, 1883~1924의 소설, 베케트의 부조리극le théâtre de l'absurde 이야말로 물화된 현실의 미메시스를 통해서 부정적 현실을 규정적으로 부정하는, 즉 '부정성의 부정'을 보여주는 진정한 현대 예술의 사례라고 주장한다. 예컨대 보들레르의 시는 사물화된 자본주의 사회에서 소외된 경험에 대한 미메시스로, 카프카 문학은 독점적 경제 체제 및 전체주의적 지배 체제에 대한 충실한 미메시스로, 베케트의 부조리극은 후기 자본주의 사회에서 "세계의 완성된 물화"에 대한 미메시스라는 것이다. 그래서 카프카의 문학에 자주 등장하는 곤충이나 동물 형상의 인물들은 총체적으로 관리되고 사

〈고도를 기다리며〉(1953)

:: 부조리극

'부조리'(l'absurde; absurd)라는 개념은 키르케고르의 『공포와 전율(Frygt og Bæven)』(1843)에서 연원했으며, 제2차 세계대전 이후 카뮈(Albert Camus, 1913~1960)의 『시지프의 신화(Le Mythe de Sisyphe)』(1942)와 같은 저작 속에서 분명하게 드러났다. 나아가 '부조리극'이라는 말은 1961년 연극 비평가 에슬린(Martin Esslin, 1918~2002)이 처음으로 만들었다. 에슬린은 베케트, 이오네스코(Eugène Ionesco, 1909~1994), 주네(Jean Genet, 1910~1986), 아다모프(Arthur Adamov, 1908~1970)와 같은 극작가들의 작품 속에 "인간의 삶이란 부조리한 것"이라는 카뮈의 철학이 잘 드러나 있다고 하면서 이들의 극을 부조리극이라고 불렀다. 부조리극이 하나의 장르로 자리 잡게 되는 것은 이오네스코의 〈대머리 여가수(La Cantatrice chauve)〉(1950)와 베케트의 〈고도를 기다리며(En attendant Godot)〉(1953)이다. 실존주의 철학의 영향 속에서 발전된 부조리극은 인간 존재의 근원적인 무의미함, 이에 대한 공포와 불안을 표현하고자 했으며, 비논리적인 상황 설정과 황당하고 소통 불가능한 대사의 나열, 극적 전개나 클라이맥스가 없는 무의미한 사건의 반복이 특징적이다.

물화된 현대 사회 속에서의 인간의 물화를 여실히 보여주는 것이며, 베케트의 작품에서 등장하는 무의미한 잡담이나 침묵의 나열과 같은 불합리한 언어는 총체적으로 물화된 세계를 기술하는 데 적합한 언어 표현으로 평가된다. 이러한 관점에서 볼 때 현대 예술은 일차적으로는 물화된 사회에서 경험되는 고통의 미메시스적 표현이며, 그렇기 때문에 그것은 조화와 통일성의 미학이 아니라 추醜와 불협화음Dissonanz; dissonance의 미학이 될 수밖에 없다.

불협화음의 미학

그렇다면 아도르노가 강조했던 추와 불협화음의 미학이란 구체적으로 무엇을 의미하는 것일까? 음악에서 불협화음이란 어울림음consonance에 반대되는 개념으로, 두 개 혹은 그 이상의 음들이 '귀에 거슬리거나' 긴장관계에 있어서 불안정하게 들리는 소리를 말한다. 이러한 불협화음은 특히 20세기 들어와 쇤베르크에 의해 본격적으로 사용됨으로써 서양 음악사의 새 장을 열었다. 쇤베르크는 '불협화음의 해방'을 주장했는데, 이는 서양 음악의 기본 토대였던 조성 체계 속에서 "불협화음은 협화음으로 해결되어야 한다"라는 강요로부터 자유로워지는 것을 의미했다. 즉 평균율적으로 조율된 12개의 음 가운데 7개의 음을 선택해 음계를 만들고, 이들에 의한 화성을 기능적으로 분류하는 장·단조로 이루어진 전통적인 조성 체계는 이제 이용 가능성이 고갈된 진부한 방법이 되어버렸다는 것이다. 바로 이러한 불협화음의 해방

을 보여주는 기법이 바로 쇤베르크의 12음 기법이다. 12음 기법이란 한 옥타브 내에 있는 12음 모두를 평등하게 취급해 사용하는 작곡 기법으로, 중심음에 따라 기능적으로 화음을 분류하는 전통적인 조성 체계와 화성학을 무너뜨리는 역할을 했다.

> 불협화음들은 긴장, 이의 제기, 고통의 표현으로서 발생했다. 이것들이 침전되어 재료가 되었다. 이것들은 더 이상 주관의 표현이 아니다. 이 재료들은 그 발생의 근원을 부인하지 않지만 객관적 저항의 성격들이 되었다. …… 이것들의 부정성은 유토피아에 충실하다. 『신음악의 철학Philosophie der neuen Musik』(1949)

아도르노는 쇤베르크의 불협화음이 서구 음악의 지배적 규범이자 관습으로서 조성 음악이 갖는 협화음적인 질서를 거부하는 것임과 동시에 현대 사회에서 인간이 겪는 고통의 표현이라고 평가했다. 12음 기법이 주는 불협화음은 긴장과 고통의 표현으로서, 현재의 사회적 상황을 미메시스하는 것이다. 다시 말해 오늘날의 고통을 드러내고자 하는 것, 그 충격과 악몽을 기록하고 있는 것이 쇤베르크의 12음 기법이다. 그럼에도 불구하고 12음계의 무조성이 또다시 보편적인 작곡 방법으로 굳어지고 새로운 음악적 규범이 되어버린다면, 그것은 또한 새로운 음악을 낡게 만들고 충격이 주는 힘을 고갈시켜버리고 만다.

> 쇤베르크에게 진정 혁명적인 것은 음악에서 표현의 기능이 바뀐다는 점이다. 이제 …… 음악을 매체로 무의식, 쇼크, 악몽의 살

아 있는 움직임이 꾸밈없이 기록된다. 그 움직임은 형식으로부터 부과되는 금기를 무시해버린다. 왜냐하면 그 금기는 살아 있는 움직임을 검열해서 합리화하고 이미지로 변형시키기 때문이다. 쇤베르크에 있어서 형식의 혁신은 표현 내용의 변화와 짝을 이루어 표현 내용의 현실을 발현시키는 데 기여한다.

「신음악의 철학」

따라서 아도르노에 따르면, "불협화음은 청중을 놀라게 하지만, 자신들이 처한 상황에 대해서 말해준다. 그렇기 때문에 듣기 싫은 것"이다. 그에게 있어 음악의 진정한 의미는 청중을 사로잡고 감동을 주는 낭만적 정조에 있는 것이 아니라, 현실을 비판적으로 사고할 수 있는 가능성을 감성적으로 열어주는 것이기 때문이다.

진정한 예술은 고통이 현존하는 상황에서조차 고통을 극복해야 한다. 다시 말해 현재의 사회를 넘어선 다른 사회에 대한 갈망과 '행복에의 약속'을 드러내야 한다. 이는 일차적으로 현실의 부정성에 대한 미메시스지만, 여기서 멈추지 않고 이를 현실과는 다른 타자의 형상으로 변형시키면서 현실에 대항하는 자율적인 것이 되어야 한다. 따라서 아도르노에게 있어서는, 현실의 부정성에 대한 미메시스적 표현과 '부정성에 대한 부정'이라는 저항의 구성적 가상이 진정한 자율적 예술작품의 본질적인 요건이 된다.

그러나 이렇듯 진정한 예술이 보여주는 현실에 대한 저항, 즉 행복에의 약속은 단지 부정적이고 순간적으로만 이루어진다. 그

러한 점에서 진정한 예술은 영원한 화해와 거짓된 조화의 가상을 보여줌으로써 현실 세계에 대한 정신적 위안과 도피처를 제공했던 전통적인 순수예술의 기만적 가상과는 다르다. 왜냐하면 행복의 약속을 성취시키는 것은 실제 현실에서는 늘 좌절될 수밖에 없으므로, 그러한 행복에의 약속은 불가피하게 철저히 부정적인 경향을 띨 수밖에 없기 때문이다. 마찬가지로 이는 기만적인 쾌락을 제공함으로써 왜곡된 현실에 대한 도피처를 제공하는 문화산업의 산물과도 본질적으로 다르다. 도피적인 문화산업이나 기만적인 순수예술은 비록 출발은 서로 다를지라도, 궁극적으로는 현실의 문제를 은폐하거나 미화시키는 동일한 길로 나아간다. 이런 예술들이 주는 기만적인 조화와 위안에 대하여 아도르노는 추와 불협화음, 파편화와 부정을 위하여 "예술의 탈심미화"를 주장했다.

바로 이러한 점에서 아도르노가 주장하는 "사회에 대한 사회적 안티테제"로서의 예술이란 사회 한가운데에 직접적으로 개입하는 것이 아니라 경험적 현실로부터 물러나 형식을 통해서 스스로를 조형화하는 예술이다. 즉 선동적인 정치적 구호를 외쳐대는 것이 아니라 오직 내재적으로만 자신의 비판을 표현할 수 있는 자율적인 예술이다. 그렇기 때문에 아도르노는 소박한 사실주의 예술이나 정치적 개입을 강조하는 참여예술에 대해 강한 거부감을 드러낸다. 예술에서 사회적인 것은 사회에 대적하는 내적 운동이지 선언적인 입장의 표명이 아니다. 다시 말해 예술작품에 사회적 기능이 있다고 한다면, 그것은 작품의 무기능성이다. 마법에 걸린 현실과 거리를 둠으로써, 존재하는 것이 올바른 자기 자리로 돌아오는 상태를 부정적으로 구현하는 것이 진정한 예술의 상태이기 때문이다. 그러므로 예술은 현실에서 경험하는 고통의 표현임과 동시에 현실에서 좌절된 행복에의 약속이 되어야 하는 것이다.

> 진정한 작품을 통해 합리적인 세계의 비합리성이 밖으로 드러나게 되는 한에 있어서 예술은 사회에 대한 진리이다. 예술 속에서는 탄핵과 기대가 서로 연결되는 것이다. 「미학이론」

아도르노를 마치며

앞서 보았듯 아도르노는 당시의 좌파 정치운동 및 학생운동 세력과의 격렬한 갈등 속에서 비극적 죽음을 맞았다.

사실 초창기 독일의 좌파운동은 대부분의 이론적 통찰을 비판이론과 아도르노로부터 빌려 왔다고 해도 과언이 아니다. 그런데 1968년 급물살을 타고 치솟아 올랐던 사회혁명의 파고는 현실 사회 체제에 대한 심각한 공격이 되지 못한 채 가시적인 성과 없이 잦아들어갔다. 이에 학생 운동권은 새로운 돌파구를 모색하고자, 한편으로는 보다 구조적인 정치 조직을 만들거나 다른 한편으로는 기성의 정치 정당과 연대함으로써 난국을 타개하고자 했다. 이러한 학생운동의 두 번째 국면에서 그들은 초기의 자생적 정치운동에 대한 믿음을 벗어던지고 레닌^{Nikolai Lenin, 1870~1924}, 트로츠키^{Leon Trotskii, 1879~1940}나 마오쩌둥^{毛澤東, 1893~1976}과 같은 정통적인 공산주의 지도자의 이념 주변으로 결집했다. 물론 이들 각각의 집단은 구체적인 정치 전략에 있어서 차별화되고 서로 가열찬 논쟁을 벌였지만, 그들이 모두 공유하는 한 지점이 있었으니 그것은 바로 아도르노로 대변되는 비판이론에 대한 혐오와 거부였다. 보다 직접적인 정치 행동과 노동 계급과의 연대를 강조하는 이들에게 있어서, 비판이론은 말하자면 '공공의 적'으로서 하나의 희생양이 되었던 것이다. 이제 비판이론의 사상가들은 이들 신좌파 New-Left들로부터 공개적으로 부르주아라는 비난을 받았고 자유주의적인 중산 계급 이데올로기의 옹호자로 매도되었다.

무엇보다도 아도르노의 사후 발간된 『미학이론』은 이와 같은 당시의 입장을 또다시 확인시켜주는 것 같았다. 좌익 진영의 이론가들은 아도르노의 이론이 만족스러운 유물론적 예술론을 발전시키지 못한 채 여전히 예술의 자율성 이념에 기대고 있다고 생각하고(물론 앞서 살펴본 것처럼 아도르노의 이론에 대한 이러한 해석은 논란의 여지가 있다) 이에 대해 크게 실망했다. 신좌파의 행동주의자들은 아도르노를 위시한 비판이론의 입장이 노동자 계급의 집단적 행위를 역사 변혁의 토대로서 인정하고 있지 않다는 점, 그럼으로써 예술에 '혁명을 유보하는 특수한 위치'를 부여하거나 '잃어버린 행동 요구의 대리자이자 모델'로서 지나친 기대를 걸었다고 비난했다. 나아가 그들은 아도르노가 사회 문제를 해결하기 위한 실제적 행동 방안을 고민하지 않은 채, 비관주의적인 입장에 머물러 유미주의적인 미학자로 돌아가버렸다고 비판했다. 결국 아도르노는 사회적인 집단적 실천이 아니라 개인적인 영역에서 체념적으로 살아가는 삶의 방식을 설파하고 있다는 것이다.

그렇다면 좌파 행동주의자들의 일치된 비판에 대해 아도르노는 어떤 생각을 가지고 있었을까? 죽기 직전에 쓴 「단념Resignation」 (1969)이라는 글에서 아도르노는 이론과 실천의 통일을 강조하는 것은 행위를 지나치게 특권화하는 것으로 나아간다고 주장한다. 여기에서 그는 프랑크푸르트학파에게 쏟아진 "단념의 이론"이라는 비판을 언급하면서, 자신의 이론이 "사회에 대한 비판이론의 요소를 발전시키려 했지만 이 이론으로부터 실천적 결과를 끌어낼 준비는 되어 있지 않다"라는 세간의 비난을 다시금 상기시킨다. 이러한 비판에 대해 아도르노는 자신이 기획한 것은 행동을 위한 전략이 아니라는 사실, 무엇보다도 자신은 비판이론에 의해 영감을 받았다고 주장하는 이들의 행동을 지지한 적이 없다는 사실을 분명히 밝힌다. 정치적인 사회 참여를 강조하는 행동주의자들은 이론과 실천praxis의 통일을 부르짖으면서 실천이 본질적이라고 하지만, 이러한 관점이야말로 사유를 금지하는 것으로 귀결된다는 것이다. 아도르노에 따르면, 상황을 최종적인 것으로 받아들이지 않는 것, 상황에 대한 탈출구를 제공하는 것이야말로 사유의 책임이며, 위축되지 않은 사유를 통해서만이 상황을 변화시킬 수 있는 기회가 존재한다. 단지 행위의 수단으로서 사용된 사유는 모든 도구적 이성과 마찬가지 방식으로 무뎌지기 때문이다.

> 행위의 위협에 굴복하지 않는 비타협적인 비판적 사상가는 진실로 항복하지 않는 자이다. 더욱이 사유는 현존하는 것의 정신

적 재생산이 아니다. 사유는 방해받지 않는 한, 가능성을 굳건히 포착할 수 있다. 개방적 사유는 그 자신 너머를 가리킨다. 그러한 사유는 실천을 위해 그저 복종하는 자리에 있기보다는, 진정 변화에 개입하는 실천과 보다 밀접하게 관련된 실천의 형상화로서 자리매김한다. 「단념」

이렇듯 아도르노는 실천에 대한 요구를 교조적인 것으로 비판하고, 진정으로 비판적인 저항을 사유할 수 있는 이론의 비타협적인 힘을 옹호한다. 따라서 이러한 사유를 빼앗기는 것을 거부하는 자라면, 그는 체념하지 않은 것이다.

사유하는 사람의 눈에 보이는 행복은 인류의 행복이다. 억압으로 향하는 보편적 경향은 사유 자체에 대항한다. 그러한 사유는 심지어 불행이 가득 차 있는 곳에서조차 행복이다; 사유는 불행의 표현 속에서 행복을 성취하는 것이다. 「단념」

그럼에도 불구하고 이러한 아도르노의 생각은 쉽게 이해되지 못했다. 그리고 이 속에서 당시의 진보적인 좌파는 아도르노의 권위에 대항해 대안적인 철학적 입장을 대변할 수 있는 새로운 문화적 영웅을 필요로 했다. 바로 이러한 상황에서 다시금 주목받은 것이 벤야민의 저작이었다. 그렇다면 과연 무엇 때문에 벤야민의 사상은 아도르노의 '비관주의'와 '미학적 엘리트주의'라는 오염에 대항할 교정제로서 자리매김할 수 있었을까?

148쪽 정답

이 문제에 대해서 플라톤과 아리스토텔레스의 생각은 달랐을 것이다. 앞서 살펴보았듯이 플라톤에게 미메시스란 실재처럼 보이는 환영을 만들어내는 것이었다. 그렇다면 소년과 포도의 그림에서 진짜 실재처럼 보였던 것은 무엇일까. 말할 것도 없이 포도다. 새가 보기에도 포도는 너무나 진짜처럼 보였던 것이다. 그렇다면 소년은? 그렇다. 소년이 진짜 사람처럼 보였다면 새가 달려드는 일은 없었을 테니, 소년은 새 눈에도 진짜 사람처럼 보이지는 않았나 보다. 소년의 모습은 실제의 보통 사람과 달리, 너무나 아름답게 이상화되어 있어서 사람이 아닌 그림으로 보였다는 얘기다. "저렇게 잘 생긴 인간이 어디 있담. 그림임에 분명하군." 플라톤적인 미메시스 개념에 익숙해 있던 당시의 이론가들은 제욱시스에게 소년의 모습을 고쳐 그려야 한다고 충고했다. 이에 대해 아리스토텔레스는 진정한 의미의 모방이란 있는 그대로 대상을 복사기로 찍어내듯 베껴내는 것이 아니라 대상의 본질에 대한 모방, 즉 가능성과 필연성에 의거한 모방이 중요하다고 강조한다. 미메시스란 대상을 잘 관찰해 그것의 본질을 인식하고 이를 보다 분명하게 드러낼 수 있는 취사선택과 변형의 계기가 중요한 것이다. 아리스토텔레스가 『시학 peri poiētikēs』에서 "시는 역사보다 더 철학적"이라고 했던 것도 바로 시가 미메시스를 통해서 보편적인 것을 인식할 수 있게 해준다고 생각했기 때문이다. 따라서 아리스토텔레스에 따르면, 제욱시스가 고쳐야 할 것은 소년의 모습이 아니라 포도이다.

만남 7

벤야민, 기술 복제 시대의 예술을 논하다

벤야민의 재발견
문화산업론에 대한 비판

아도르노는 대중문화의 산물을 '아기 음식'에 비유했다. 모름지기 아기 음식이라 하면 먹기 쉽고 소화가 잘되어야 한다. 아이는 그저 입만 벌린 채 엄마가 넣어주는 음식을 꿀꺽 삼키기만 하면 될 테니 말이다. 이처럼 대중문화의 산물은 사람들에게 쉽게 이해될 수 있도록 '미리 소화된' 재료만을 사용한다. 기왕에 먹어보고 소화시킬 수 있었던 것, 그리고 맛도 좋아서 아이들이 잘 받아먹을 수 있는 음식만이 안전하게 다시 사용될 수 있다. 아도르노는 문화산업에 있어서는 "미리 소화된 것들이 확고한 위치를 가지면서 정당화된다"라고 했다. 아도르노는 이 악순환의 고리를 "동일한 것의 영원한 자기반영"이라고 하면서, 이러한 자기반영이 유아적 반복에 의존하고 있다고 했다. 대중문화는 늘 동일하게 반복되는 것에 익숙하게 하고 이에 순응하게 만듦으로써, 기존의 지배 체제와 이데올로기가 지속되는 데 기여한다.

그런데 문제는 여기서 출발한다. 만약 오늘날의 대중문화가 아도르노가 말하는 대로 "대중 기만의 도구"라고 한다면, 우리는 대중문화의 산물을 가까이해서도, 그것에 한눈을 팔아서도 안 될 것이다. 대중문화의 산물을 보면서 즐거움을 얻는 것은 실상 즐거움이라는 수단을 통해서 우리를 노예화하는 폭력에 불과하기 때문이다. 과연 그러한 문화산업론의 논리는 전적으로 정당화될 수 있는가?

대중문화를 진지하게 연구하고자 하는 사람이라면 누구나 반드시 넘어서지 않으면 안 되는 것이 아도르노의 문화산업론이다. 특히 대중문화에 대한 일방적인 비판이나 거부가 아니라 어떤 식으로든 대중문화의 역할과 의미를 긍정적으로 모색하려는 이론이라면, 대중문화가 현대 사회 속에서 진보적으로 이용될 수 있는 가능성을 찾는 것이 본질적인 과제가 되었다. 이러한 상황에서 새롭게 부각된 이론가가 바로 벤야민이었다. 특히 벤야민은 1970년대 이후 이른바 독일의 68세대*에 의해 대중문화의 정치적 이용 가능성을 새롭게 모색하는 데 하나의 지침을 제공하는 이론가로서 재발견되었다.

토성의 영향 아래 태어난 사람

벤야민은 1892년 자본주의적 경제 성장과 기술 발전을 통해 현대적인 대도시로 성장하고 있던 베를린에서 유복한 유대인 상인

의 아들로 태어났다. 벤야민은 어린 시절의 분위기를 『베를린 연대기Berliner Chronik』(1932)에서 생생하게 회상하고 있다. 프랑스인 보모, 정기적인 휴가 여행과 여름 별장, 금은으로 된 실내 용품과 격조 높은 도자기, 우아한 저녁 만찬 등, 세기말 대부르주아 유대인 가정에서 풍요롭게 자라난 소년 벤야민은 자신의 꾸물거리는 행동, "언제나 반 발자국씩 처지는 습관"을 자신이 태어난 계급과 연대하지 않겠다는 무의식적 행위의 소산으로 읽는다. 아도르노나 벤야민과 같은 유대계 청년 지식인들은 보통 유대인의 자연스러운 기질이라고 생각되는 상업적인 장사꾼 근성을 경멸하고 수치스럽게 여겼다. 셰익스피어William Shakespeare, 1564~1616의 희곡 〈베니스의 상인The Merchant of Venice〉(1596)의 샤일록Shylock으

::: 독일의 68세대

독일의 68세대란 1940년대 전후에 태어나서 1960년대 말 20대 전후의 청년으로 자라난 연령 집단, 특히 1968년 전후 독일 사회의 저항운동을 주도했던 세대 집단을 말한다. 이 세대들은 제2차 세계대전 시기에 유년기를 보냈고 전후(戰後) 궁핍한 경제 상황 속에서 가족의 생계를 담당해야 했던 조숙하고 자립적인 청소년기를 거쳐서 성장했다. 하지만 이들은 1950년대 이후 반공 이데올로기하에 독일 경제가 재건되면서 다시금 부모의 권위와 간섭 아래로 돌아와야 했던 공통의 경험을 가지고 있다. 특히 68세대와 기성세대와의 갈등과 반목은 심각한 것이었다. 이들에게 있어 '아버지'는 전범자이자 패잔병으로 기억되는 나치스의 잔당이었음에도 불구하고, 전후의 경제 부흥을 바탕으로 자식들에게 다시금 '아버지'의 권위와 규범을 강요하는 기성세대였다. 따라서 어린 시절의 경험과 기성세대와의 갈등은 이들이 반권위주의적인 성향을 갖게 되는 모태가 되었다. 특히 이들은 1950년대 미국에서 수입된 대중문화와 함께 성장한 세대였기 때문에 더 이상 미국식의 팝 문화에 대해 거부감을 갖지 않았다. 오히려 이러한 문화적 수단을 통해서 일상생활에서 새로운 삶의 방식을 실천하는 문화적 변혁을 꿈꾸었다.

로 대표되는 피도 눈물도 없는 장사꾼 이미지야말로 유대인들에게 고착화된 사회적 편견을 상징적으로 드러내는 것이었다. 실제로 벤야민에게서 나타나는 문화적 반항은 그의 부모들의 삶을 규정하는 자본주의 사회에 대한 거부와 경멸감의 표시이기도 했다. 실제 생활에서의 무능력함, 비감에 젖은 머뭇거림, 그리고 병약함, 이 모든 것이 벤야민을 에워싸고 일생 동안 놓아주지 않았던 것도 바로 이러한 맥락에서 이해될 수 있다.

프랑스 사람들은 벤야민을 '슬픈 사람$^{un\ triste}$'이라고 불렀다고 한다. 벤야민도 스스로를 우울한 사람이라고 생각했고 자신의 우울함을 전통적인 점성술을 빌려 설명하기도 했다. "나는 토성의 영향 아래 태어났다. 가장 느리게 공전하는 별, 우회와 지연

특히 68세대의 저항은 베트남 전쟁과 독일 내의 비상사태법에 반대하는 정치 투쟁에서 격발되어 크게 두 가지 흐름으로 나타났다. 한편으로는 기존의 권위주의적 정치 체제에 반발하여 마르쿠제와 같은 비판이론가들의 사상을 무기 삼아 독일 사회의 혁명적 변화를 추구하는 정치 지향적 노선(이 중 대표적인 집단이 바더-마인호프 그룹(Baader-Meinhof Gang)의 적군파인데, 앞서 보았던 것처럼 아도르노 자신은 이러한 폭력적이고 집단적인 정치 실천을 인정할 수 없었기에 이들과 갈라설 수밖에 없는 운명이었다)과, 다른 한편으로 새로운 삶의 방식과 성의 혁명, 일체의 관습으로부터의 해방을 포함하여, 일상생활의 전방위적 변혁을 추구하는 문화 지향적 노선으로 구분되었다. 이러한 일상생활의 변혁은 미국의 비트 음악이나 록의 영향 속에서 인간의 육체와 성, 인간관계에 대한 새로운 이념을 주장했다. 따라서 68세대들은 아도르노의 문화산업론처럼 대중문화를 싸잡아 비판하기보다는 대중문화의 진보적인 이용 가능성을 자리매김할 수 있는 새로운 이론적 무기가 필요했다. 바로 이러한 맥락에서 발굴된 것이 벤야민의 이론이었다.

의 행성……." 벤야민은 토성의 영향이 사람을 "무감각하고 우유부단하고 둔감하게" 만든다고 토로했다. 나이 마흔이 되어서도 "커피를 끓일 줄 모른다"고 고백했던 벤야민의 무능함과 둔함도 이런 별자리의 탓이었을까? 토성의 영향 아래 태어난 인물은 자신에게 시선이 와 닿을 때 눈을 내리깔고 구석을 본다고 한다. 머리를 노트 속으로 숙이거나, 쌓아 올린 책 뒤로 숨을 수 있으면 더욱 좋다. 벤야민에게 책은 자신을 숨기고 그 속에서 헤매고 다닐 수 있는 또 하나의 공간이었다. "모든 사물에서 모호성이 확실성을 대체한다"라는 그의 생각은 자신의 글에 49개나 되는 의미의 층위가 있다는 농담 섞인 편지의 구절에서도 드러난다. 그리고 그 속에서 그는 모든 사람이 당연시하는 일반적 해석에 저항하고자 했다. "결정적인 일격은 항상 왼손으로 날린 주먹"이라는 그의 말처럼 말이다.

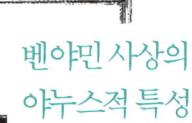

벤야민 사상의 야누스적 특성

벤야민 사상의 특수성은 무엇보다도 그의 사유 속에 신학적 요소와 유물론적 요소가 씨실과 날실처럼 교차되어 있다는 점에서 발견될 수 있다. 이를테면 벤야민을 신학적으로 해석하는 대표적인 이론가이자 평생의 절친한 벗이었던 숄렘은 "벤야민에게는 유대 신학자와 마르크스주의적 유물론자라는 '야누스적 얼굴'이 존재한다"라고 했다. 아마도 전자의 요소는 숄렘으로부터, 후자의 요소는 브레히트로부터 받은 영향을 무시할 수 없을 것이다. 특히

1929년 이후 이러한 긴장된 관계는 숄렘과 브레히트, 그리고 아도르노와의 삼각관계를 통해서 드러난다. 아도르노는 벤야민에게 뉴욕으로 오라고 간청했고, 숄렘은 예루살렘으로, 그리고 브레히트는 덴마크로 와서 함께 지낼 것을 각각 청했다. 그러나 벤야민은 자신이 섣불리 어느 한 곳으로 가게 되면, 재정적으로나 지적으로 한 친구에게 지나치게 의존하게 되는 것이 아닌가 두려워했다. 그래서 그는 세 친구들을 각각 서로 다른 시각으로 대하고자 했다고 한다. 숄렘에게는 마르크스주의로, 아도르노에게는 정치학으로, 그리고 브레히트에게는 형이상학 및 보들레르와 카프카에 대한 연구로 말이다. 그래서 그는 스스로를 "쇠버팀목으로 입을 벌리게 한 악어의 턱 사이에 자리한 사람"이라고 표현하기도 했다.

벤야민의 마지막 저작인 「역사의 개념에 대하여 Über den Begriff der Geschichte」(1939)(일명 「역사철학테제」)의 첫 번째 이야기는 이를 잘 보여주고 있다. 여기에서 벤야민은 터키 옷을 입은 인형이 앉아서 장기를 두는 자동 기계에 대해 이야기한다. 이 장기 기계는 누구와 장기를 두든지 언제나 승리하게 되어 있는데, 실은 장기의 명수인, 등이 굽은 난쟁이가 탁자 안에 숨어서 인형의 손을 실로 당겨 조종하기 때문이다. 이 이야기 속에서 승리하게끔 만들어진 자동 인형이란 사적 유물론을 의미한다. 그런데 사적 유물론이 승리하기 위해서는, 뒤에 숨겨진 왜소하고 못생겼으며 밖으로 드러나서는 안 되는 난쟁이의 힘이 필요한데, 이 난쟁이가 상징하는 것이 바로 신학이다. 다시 말해 사적 유물론이 승리하기 위해서는 신학의 도움이 전제되어야 한다는 것이다. 그리

벤야민의 「역사의 개념에 대하여」 중 '장기 기계'

하여 벤야민은 사적 유물론을 자동 기계로 비유함으로써 법칙적이고 기계적인 유물론의 한계를 지적하고, 역사를 실제로 움직일 수 있는 신학, 특히 메시아적 유토피아주의와의 결합을 강조한다.

메시아적 전망은 "지금까지 존재하지 않았던, 지금까지 실현될 수 없었던 유토피아"를 실현하려는 목표를 제시하는데, 유대의 전통은 "구원을 향한 역사의 진보"를 믿지 않았기 때문에 메시아 시대를 앞당겨야 하는 과업은 어디까지나 인간 자신의 몫으로 남게 되었다. 벤야민은 현세의 행복을 추구하는 것이 메시아 왕국의 직접적인 실현은 아니지만, 지상에서 메시아 왕국을 어렴풋하게나마 실현시킬 수 있는 유일한 통로라고 생각했다. 마르크스주의가 자본주의 모순의 극한점에서 이를 극복하기 위한 혁명의 필연성을 강조했던 것처럼, 신학적 메시아주의는 세계의 멸망이 도래했을 때 최후의 심판을 하러 내려온 메시아가

벤야민이 사랑에 빠지게 된 공산주의 영화감독 아샤 라치스(왼쪽), 벤야민이 라치스를 통해 알게 된 극작가 베르톨트 브레히트

새로운 신의 세계를 열어놓는다고 주장한다. 이렇듯 폐허가 된 세상에 메시아가 나타나 구원한다는 유대 신학 사상은 더 이상 아무런 희망도 없는 현재의 시간이 다름 아닌 구원의 시간이며, 역사는 종말론적 파국과 단절을 통해 전화한다는 인식을 담고 있다. 그래서 벤야민은 "미래는 유대인에게 똑같은 종류의 텅 빈 시간의 공간이 아니라, 그 시간의 매초 매초에 메시아가 들어올 작은 문"이라고 했다.

이렇듯 벤야민은 마르크스주의로의 전향이 두드러졌던 후기 사상에서조차 신학적 유토피아주의의 토대를 완전히 벗어나지 않았는데, 이 점이야말로 그의 철학이 가지는 독특성을 잘 보여주는 부분이다. 신비주의적인 메시아 사상에 보다 심취해 있던 청년기의 벤야민이 그의 삶과 사상에 있어서 중대한 전환점을 맞이했던 것은 1924년이었다. 이 시기 이후에 그는 마르크스주의의 영향을 강하게 받으면서 이전의 신학적 경향과 묘한 긴장관계를 드러낸다. 이러한 그의 사상 편력에 중요한 영향을 끼쳤던 두 사람이 바로 아샤 라치스$^{Asya\ Latsis,\ 1891~1979}$와 브레히트였다. 벤야민은 1924년 라트비아 출신의 공산주의 영화감독이었던 라치스를 만나 사랑에 빠지게 되고(벤야민은 1917년에 도라 폴락$^{Dora\ S.\ Pollak,\ 1890~1964}$과 결혼을 했는데, 결국 이 둘의 관계는 오랜 별거 끝에 1930년 기나긴 이혼 소송으로 끝을 맺는다), 라치스를 통해서 마르크스주의 극작가이자 연극이론가였던 브레히트와 교류했다. 이 두 사람과의 관계를 통해서 벤야민은 본격적으로 마르크스주의 사상에 접근하게 되는데, 이러한 전환을 보여주는 대표적인 논문이 바로 「기술복제시대의 예술작품$^{Das\ Kunstwerk\ im\ Zeitalter\ seiner\ technischen\ Reproduzierbarkeit}$」(1936)이다. 벤야민은 호르크하이머에게

::: 「기술복제시대의 예술작품」의 판본

「기술복제시대의 예술작품」은 세 가지 판본이 있다. 이 글을 위한 최초의 노트는 1935년 가을에 작성되어, 그해 말에 논문이 완성되었다. 이 첫 번째 논문을 부분적으로 수정하고 확대한 논문이 두 번째 판본이며, 이는 1936년 2월에 완성되었다. 벤야민은 이 논문을 모스크바에서 발행되던 잡지 《국제문학(International Literature)》의 독일어판이나 《말(Das Wort)》지에 실음으로써 공산주의 사회 속에서 논의 대상이 되기를 원했지만, 공식적인 사회주의 리얼리즘을 표방하는 잡지의 발행인들은 벤야민의 글을 거부해버렸다. 결국 이 논문은 프랑스어로 번역되어 1936년 《사회조사연구지》에서 처음으로 세상의 빛을 보게 되었다. 그러나 이 과정에서 원래의 글은 호르크하이머와 뉴욕 사회조사연구소의 개입으로 상당한 수정이 가해진 채 출간되었다. 특히 이 논문의 정치적 의의를 가늠해주는 서문(序文)이 통째로 삭제되었고 마르크스주의를 지칭하는 언급들도 지워져야 했다. 파시즘이란 표현은 "전체주의 국가들"이란 말로 대체되고, 제국주의 전쟁은 "현대전"으로, 공산주의는 "인류의 건설적인 힘"으로 고쳐졌다. 이에 대해 호르크하이머는 "학문적

이 글이 "유물론적 예술론의 방향으로" 나아가는 것이라고 했는데, 여기에서 아도르노의 문화산업론과는 다른 대중문화에 대한 벤야민의 독특한 시각을 엿볼 수 있다.

기술 복제 시대와 아우라의 붕괴

그렇다면 벤야민이 대중문화의 산물을 보다 긍정적인 각도에서 평가한 까닭은 무엇일까? 그는 무엇보다도 오늘날 기술 매체의 발전, 즉 복제 기술의 발전이 예술에 어떠한 영향을 끼쳤는가에 주목했다. 이러한 그의 시선이 가장 분명하게 드러나는 논문이

기관인 이 잡지가 정치적인 출판물 논쟁에 휘말리지 않도록 하기 위한" 어쩔 수 없는 조치였다고 해명했다. 한편, 이 논문의 독일어 판본은 두 번째 논문을 번역하는 동안 시작되어 1939년에서야 비로소 완성되었다. 현재 이 세 번째 판본이 「기술복제시대의 예술작품」의 최종적인 형태로 규범적인 지위를 인정받고 있다. 이 판본은 이전에는 사용되지 않았던 참고자료를 인용하고 있는데, 여기에는 브레히트의 〈서푼짜리 오페라(Die Dreigroschenoper)〉(1928)에 대한 논의나 발레리(Paul Valéry, 1871~1945), 아르누(Alexandre Arnoux, 1884~1973), 아른하임(Rudolf Arnheim, 1904 2007), 뒤아멜(Georges Duhamel, 1884~1966) 등에 대한 논의를 덧붙이고 있다. 보통 영어로 번역되어 대중적으로 널리 알려진 논문도 바로 이 세 번째 판본에 의거한 것이다. 몇 가지 점에서 이 판본은 브레히트적 요소를 보다 강화한 것이라고 볼 수 있는데, 이는 두 번째 논문의 완성 이후에 벤야민이 아도르노와 나눈 편지에서 아도르노가 브레히트의 영향을 우려하는 목소리를 낸 데 대한 반항이라고 볼 수 있다.

깜짝 퀴즈

••• 벤야민이 라치스에게 헌정한 책인 『일방통행로 Einbahnstraße』(1928)의 '13번지'는 책과 매춘부의 공통점 13가지를 적어놓은 것이다. 다음 보기 중에서 13가지 공통점에 속하지 않는 것은?

① 책과 매춘부는 시간을 헷갈리게 만든다. 밤을 낮처럼, 낮을 밤처럼 지배하는 것이다.
② 책에는 각주가 있고 매춘부에게는 양말 속에 든 지폐가 있다.
③ 책과 매춘부에게는 이들을 갈취하고 괴롭히는 사람들이 달라붙어 있다. 책에는 비평가들이 그들이다.
④ 책과 매춘부는 진열될 때 등을 보이는 것을 좋아한다.
⑤ 책과 매춘부는 후손을 만들지 않는다.

『일방통행로』

☞ 정답은 202쪽에

바로 앞서 말한 「기술복제시대의 예술작품」이다.

「기술복제시대의 예술작품」에서 벤야민이 제일 먼저 주목하는 것은 오늘날 예술 생산 조건에 있어서 기술의 발달이다. 마르크스가 자본주의 생산 양식의 분석에서 출발하여 자본주의의 미래를 예견했듯이, 벤야민도 예술의 생산 방식과 기술 조건의 변화에 대한 분석에서 출발하여 생산 조건의 변화가 예술의 미래에 어떠한 변화를 가져올지 살펴보았다. 벤야민에 따르면, 예술의 생산 방식에서 무엇보다도 중요한 변화는 기술적 복제가 가능해졌다는 점이다. 물론 원칙적으로 예술작품은 언제나 복제가 가능했는데, 이는 그리스인들의 주조^{鑄造}와 각인^{刻印}, 중세인들의 목판화, 목판 인쇄, 동판화, 부식 동판화, 그리고 19세기 초의 석판화 등을 거쳐 발전해왔다. 그런데 예술작품의 기술적 복제는 좀더 새로운 현상으로, 특히 19세기 중반 이후의 사진술과 영화의 탄생은 이제까지 예술이 지녀왔던 성격을 총체적으로 변화시켰다.

그렇다면 사진과 영화와 같은, 기술 복제 시대의 새로운 예술의 등장은 전통적인 예술에 어떠한 영향을 끼쳤는가? 벤야민은 그것을 한마디로 아우라^{Aura}의 상실이라고 설명한다. 아우라란 고대 그리스어의 기원에 따르면 '입김'이나 '공기'를 의미하며, 종교적 의미에서는 '영기^{靈氣}'를 의미한다. 일차적으로 아우라란 어떤 대상이 지니고 있는 그만의 독특하고 신비스러운 분위기이다. 예술작품이 아우라를 지니게 되는 것은 무엇보다도 그 대상의 객관적 속성, 그러니까 그것이 진품$^{Echtheit;\ authenticity}$이라거나 일회적$^{Einmaligkeit;\ uniqueness}$이라거나 원본$^{Originalität;\ originality}$이라는 데서 나오는 것이다.

레오나르도 다빈치가 그린 진품 〈모나리자Mona Lisa〉를 생각해보자. 루브르 박물관에 걸려 있는 〈모나리자〉는 지금 거기에 존재하는 세상에 단 하나밖에 없는 원본이자 진품이기에, 우리는 그 작품을 보면서 그것이 내뿜는 신비로운 분위기, 즉 아우라를 경험한다. 이것은 아무리 진품과 비슷하게 복제된 것이라 하더라도 복제품 모나리자에게서는 느낄 수 없는 것이다. 다시 말해 그것이 이 세상에 유일무이하게 단지 하나만 존재하기 때문에 우리는 그로부터 뭔가 신비스럽고 독특한 기운을 느끼는 것이지, 그와 똑같은 것이 무수히 많이 존재한다면 그 많은 대상들로부터 아우라를 느낄 수는 없을 것이다. 영화 〈매트릭스Matrix〉(1999)에서 스미스 요원이 무한 복제되는 장면을 상상해보라.

19세기 중반 이후 등장한 새로운 복제 기술은 전통적 예술작

::: **벤야민의 〈오디 오믈렛Maulbeer-Omelette〉 이야기**

옛날 옛적에 한 왕이 살았다. 어느 날 왕이 요리사를 불러 명령을 내리기를, 50여 년 전에 자신이 맛보았던 오디 오믈렛을 만들어내라고 했다. 그 오믈렛은 왕이 외세의 침략으로 도망을 치던 와중에, 숲 속에서 길을 잃고 헤매다가 만난 조그만 오두막의 노파가 만들어준 것이었다. 그때 왕은 이 오믈렛을 한입 넣자마자 기적처럼 힘이 되살아나는 것 같았고 새로운 희망이 샘솟는 것을 느낄 수 있었다. 세월이 한참 흐른 뒤 왕은 그 노파를 찾아 온 나라를 뒤졌지만 노파를 다시 만날 수 없었고 오디 오믈렛을 해줄 만한 사람도 찾지 못했다. 그 이후에 왕은 예전의 오믈렛 맛을 한 번 더 맛볼 수 있기를 애타게 소원했다. 그래서 이제 왕은 자신의 마지막 소원을 이루어준다면 요리사를 사위로 삼아 후계자로 만들 것이나, 만약 기대를 충족시키지 못하면 사형에 처할 것이라고 엄포를 놓았다. 그러자 요리사는 다음과 같이 대답했다.

"폐하, 정 그러시다면 교수형 집행관을 당장 불러주십시오. 물론 저는 천하의 진미를 만들 수 있는 요리 방법을 잘 알고 있습니다. 하지만 폐하께서 그때 드셨던 그

품이 갖고 있었던 유일무이한 현존성과 진품성을 무가치하게 만들어버렸다. 사진이나 영화, 또는 음반과 같은 기술 복제 시대의 새로운 예술은 수많은 복제본의 생산을 전제로 한 것이기에, 이러한 예술에서는 애초부터 원본과 복제본을 구분하는 것 자체가 무의미한 일이 되어버렸다. 이처럼 전통적 예술작품이 지니고 있던 아우라의 상실이야말로 오늘날 기술 복제 시대의 예술을 특징짓는 핵심적인 지점이 되었다.

그런데 벤야민은 예술작품의 아우라를 대상이 지니는 객관적 속성과 관련시켜 설명할 뿐만 아니라, 아우라를 경험하는 인간의 지각 작용과 연관시켜 설명하기도 한다. 이 경우 아우라는 대상의 특정한 속성에서 기인하기보다는, 대상에 대한 주체의 주관적 경험에서 기인한다고 볼 수 있다.

오믈렛의 맛을 똑같이 낼 수는 없습니다. 어떻게 제가 그 당시의 그 좋은 재료를 다 준비하오리까? 전쟁의 위험, 도망자의 주의력, 부엌의 따뜻한 온기, 따스하게 반겨주는 온정, 앞을 내다볼 수 없는 현재의 순간들과 암울한 미래, 이 모든 아우라는 제가 도저히 마련하지 못하겠습니다." 왕은 이 말을 묵묵히 듣고는 곧 그에게 선물을 가득 챙겨주고는 파면시켜버렸다.

이와 비슷한 이야기는 우리나라에도 전해 내려온다. 임진왜란 때 선조가 피난을 가던 중 '묵'이라는 이름의 생선을 맛보게 되었다. 피로와 허기에 시달렸던 선조는 그 생선의 맛에 반해 '은어'라는 새로운 이름까지 하사했다. 나중에 전쟁이 끝나고 궁으로 돌아온 선조는 예전 그 생선 맛이 생각나서 은어를 요리하라는 명령을 내렸다. 그러나 막상 맛을 본 임금은 생선의 맛이 신통치 않음에 실망하고는 "도로 묵이라고 하여라"라고 했다. 그래서 이 물고기의 이름이 '도로묵'이 되었다가, 발음하기 좋게 '도루묵'이 되었다는 것이다.

벤야민은 아우라를 "공간과 시간의 특별한 직물"로 표현하면서 "가까이 있어도 먼 곳의 일회적 현상"이라고 설명한다.

"먼 곳의 일회적 현상", 즉 "가까이 있더라도 멀리 있는 듯한 느낌"이라는 의미에서 아우라는 대상에 대해 주체가 느끼는 일종의 주관적 느낌인데, 이는 단적으로 말해 대상에 '가까이 다가갈 수 없음'을 의미한다. 가까이할 수 없음은 주체가 대상과의 관계에서 갖게 되는 '거리'를 만들어내며, 이는 또한 "사물의 권위"라는 말로 표현되는, 대상에 대한 일방적인 몰입과 숭배를 자아낸다. 벤야민은 이러한 아우라의 정의를 공간적이고 시간적인 지각의 범주에서 "숭배 가치의 형식화"라고 규정한다. 이런 의미에서 전통적인 예술작품의 아우라가 가장 잘 나타나는 곳은 예술작품이 종교적인 의식儀式에서 사용되는 경우다. 예컨대 교회당 안에서 종교적 제의를 위해 사용되는 예술작품은 대중들에게 가까이 있어도 멀리 있는 것 같은 느낌, 즉 감히 근접할 수 없는 어떤 거리감을 갖게 한다. 이 거리감은 예술작품에 대한 일종의 숭배를 만들어내는데, 이는 종교적인 숭배를 위한 효과적인 수단이 된다.

벤야민은 『보들레르의 몇 가지 모티브에 대하여 Über einige Motive bei Baudelaire』(1939)라는 글에서 아우라를 "시선을 되돌려줄 수 있는 능력"이라고 했다. 특히 「기술복제시대의 예술작품」이 아우라가 소멸하게 된 객관적 조건에 대해 유물론적으로 충실히 설명하고 있다면, 이 글에서는 주체의 주관적 경험에 근거해 아우라를 설명하는 논의가 좀더 분명해진다. 아우라를 경험하는 데 있어 중요한 것은 대상을 바라보는 주체의 시선과 경험이며, 따라서 아우라는 단지 예술작품뿐만 아니라 자연 사물과 인간, 심지어 아주 사소한 대상으로부터 경험될 수도 있다.

그렇다면 시선을 주고받을 수 있다는 것은 무슨 의미일까? 이에 대한 해답은 아도르노의 사상 속에서 살펴본 미메시스 개념과 연관된다. 벤야민도 미메시스를 '유사성'을 생산하거나 인식하는 능력으로 정의한다. 미메시스는 대상의 단순한 모방을 넘어 대상과의 교감과 도취를 가능하게 하는 능력으로, 주체와 대상 사이의 경계가 해체되고 변형되는 것을 경험할 수 있게 해준다. 예를 들면 별자리를 토대로 인간의 운명을 예언하는 점성술을 생각해보자. 점성술이란 누군가가 태어난 순간의 별자리와 그의 삶이 유사하게 된다는 가정을 바탕으로 한다. 즉 인간의 운명이 감각적으로 확인될 수 없는 '비감각적 유사성'에 의해 별자리의 운행을 미메시스하게 된다는 것이며, 그 속에서 나의 운명과 별자리의 운행은 어느 순간 하나가 되어버린다.

벤야민은 "먼 곳에서 우리를 쳐다보는 별"이야말로 아우라의 원초적 현상이라고 한다. 아우라적 경험이란 별자리를 보는 것처럼 "꿈꾸듯 먼 곳으로 빨려 드는 듯한" 시선이며, 동시에 나와 대상의 경계가 순간적으로 해체되는 경험, 즉 미메시스적 유사성이 성립되는 순간이다. 내가 바라보고 있는 대상이 나에게 시선을 되돌려준다는 것, 즉 그 대상도 나를 바라보고 있는 것처럼 느낀다는 것은 시선의 교환을 통해 서로가 서로에게 다가가고 유사해진다는 것을 의미한다. 이러한 상호 과정 속에서 주체와 대상 모두가 자신의 경계를 허물고 교감을 나누게 되는 순간에 바로 아우라적 경험이 이루어진다. 그러므로 이러한 교감이 가능하게 되는 것은 인간과 인간, 인간과 세계가 서로 소외되지 않은 상태에서 상호 소통이 가능한 순간이다. 「사진의 작은 역사 Kleine Geschichte der Photographie」(1931)의 한 구절을 한번 읽어보자.

> 어느 여름날 한낮에 휴식의 상태에 있는 사람에게 그림자를 던지고 있는 지평선의 산맥이나 나뭇가지를 바라보고 있다가 어느 한순간 이들 현상과 하나가 되는 경험을 하게 될 때 우리는 이 산이나 나뭇가지의 아우라를 숨 쉬는 것이다.
>
> 「사진의 작은 역사」

따라서 아우라란 주체가 대상과의 관계 속에서 얻는 일종의 특별한 주관적 경험이자 교감이다. 아우라를 지닌 예술작품의 수용은 작품에 완전히 몰입하고 침잠함으로써 주체와 대상이 통일되고 교감하는 순간을 통해서 이루어진다. 어린 시절 즐겨 읽었던 『플랜더스의 개 A Dog of Flanders』(1872)라는 동화를 생각해보자. 벨기에의 플랑드르 Flandre 지방의 조그만 마을에서, 부모를 여의고 할아버지 밑에서 외롭게 자라난 넬로 Nello는 어느 날 길에서 맞아 죽어가는 개를 발견하고는 집으로 데려와 정성스럽게 돌봐준다. 넬로는 자신의 보살핌 덕분에 건강을 되찾은 개 파트라슈 Patrasche와 함께 우유를 배달하면서 씩씩하게 살아간다. 넬로의 꿈은 화가가 되는 것이다. 소년은 고달픈 생활 속에서도 틈틈이 그린 그림을 어린이 그림 대회에 출품하지만, 일등은 다른 아이에게 돌아가버리고 만다. 엎친 데 덮친 격으로 할아버지마저 돌아가시고 살 집조차 없어진 넬로는 평소에 꿈에 그리도록 보고 싶어 했던 그림을 보기 위해 안트베르펜Antwerpen의 성당으로 간다. 성당 안에는 아름다운 그림이 있었지만, 성당 안에 들어가려면 금화를 내야 했기 때문에, 가난한 넬로는 지금까지 한 번도 그 그림을 볼 수 없었다. 때마침 크리스마스 이브, 넬로와 파트라슈는 우연히 열려 있는 성당 문을 통해 안으로 들어가서 마침내 그렇게 보고 싶었던 그림을 보게 된다. 넬로가 차가운 성당 바닥에 무릎을 꿇고 그림을 보는 마지막 대목을 읽어보자.

> 넬로는 무릎을 꿇고 일어나 그 그림들을 향해 두 팔을 뻗었다; 열정적인 황홀감에 젖어, 그의 창백한 얼굴 위로 눈물이 아롱져 흘러내렸다. "결국 내가 저 그림들을 보고야 말았어!" 넬로는 큰소리로 외쳤다. "아, 신이시여, 이제 충분해요!"
>
> 『플랜더스의 개』

다음 날 아침, 크리스마스의 해가 떠올랐을 때 사람들은 성당 안에서 한 소년과 늙은 개 한 마리가 서로 부둥켜안은 채 얼어 죽어 있는 것을 발견한다. 이것이 『플랜더스의 개』의 슬픈 결말이다. 이 이야기에 나오는 안트베르펜 성당의 그림, 그러니까 넬로가 그렇게 보고 싶어 했고 결국 죽음에 직면해서야 보게 되었던 그 그림은 바로 바로크 회화의 거장 루벤스Peter Paul Rubens, 1577~1640의 〈십자가에서 내려지는 그리스도The Descent from the Cross〉(1612~1614)였다.

교회에서 종교적 수단으로 예술작품이 사용되는 경우, 작품이 주는 감동의 극대화를 위해 평상시에는 사람들이 볼 수 없는 곳

〈십자가에서 내려지는 그리스도〉
페테르 파울 루벤스

에 작품을 감춰두곤 했다. 그런 작품들은 1년에 몇 번 아주 중요한 교회 의식이 있는 날에만 특별한 제식의 무대 배경이 되도록 사람들에게 공개되었고, 심지어 어떤 것들은 1년 내내 베일 속에 가려져 있기도 했다. 실제로 『플랜더스의 개』에서 넬로가 루벤스의 그림을 보았을 때의 감동과 황홀감은 오늘날처럼 쉴 새 없는 이미지의 홍수 속에서 살아가는 현대인이 인터넷이나 지면을 통해서 혹은 실제의 루벤스 그림을 보았을 때 받게 되는 감동과는 결코 동일하지 않을 것이다. 넬로의 경험은 어쩌면 일생에 단 한 번밖에는 겪을 수 없는, 세상에 단 하나밖에 없는, 그렇기에 오직 단 한 곳에서만 볼 수 있는 미적 체험의 순간을 보여준다. 그래서 넬로는 뜨거운 눈물을 흘릴 정도로 깊은 황홀감을 맛본다. "신이시여, 이제 충분해요"라는 넬로의 말은 마치 자신의 죽음을 예감이라도 한 듯 비장함마저 감도는 영혼의 체험을 토로하고 있다. 이것이야말로 루벤스의 그림이 갖는 아우라에 대한 체험이며, 주체와 대상과의 경계가 허물어지면서 하나가 되는 느낌이다.

만약 이렇게 이해된다면, 예술작품의 아우라는 미적 체험에 있어서 본질적인 요소가 아닐 수 없다. 왜냐하면 자아와 대상, 인간과 자연과의 일체감 혹은 미메시스의 경험이라고 할 수 있는 아우라에 대한 경험은 인류가 다시 회복해야 할 경험이기 때문이다. 그런 점에서 벤야민은 기술 복제 시대의 예술에 있어서 아우라의 상실이 어떤 경우에는 예술의 정치적 기능 전환을 위한 긍정적인 지점으로, 어떤 경우에는 진정한 미적 체험의 가능성이 붕괴해버린 부정적인 지점으로, 대체적으로 찬탄하면서도 때로는 아쉬워하는 이중적인 모습을 드러내는 것처럼 보인다.

사실상 「기술복제시대의 예술작품」에 대한 아도르노와 브레히트의 평가는 각자의 미학적 입장에 근거해서 서로 다른 상반된 판결을 내렸다. 아도르노는 벤야민의 「기술복제시대의 예술작품」이 브레히트적 유물론의 모티브들을 완전히 일소하지 못했다는 비판을 했고, 브레히트는 벤야민의 아우라 논의에 대해서 "모든 것이 신비주의일 따름이다. 유물론이 그런 식으로 소화될 수 있다니 놀랍다"라며 부정적인 반응을 보였다. 그렇다면 이렇듯 대립적인 이념을 가진 두 이론가들로부터 동시적인 비판을 감당해야 했던 「기술복제시대의 예술작품」의 구체적인 주장은 과연 어떠한 것이었을까?

종교적 가치에서 전시 가치로

현대의 복제 기술은 복제품을 대량 생산함으로써 일회적 산물을 대량으로 제조된 산물로 대치했다. 그 결과 대량 생산된 복제품은 수용자들이 그때그때 개별적 상황에서 복제품을 대면할 수 있게 했다. 벤야민은 이를 복제품의 "현재화"라고 지칭한다. 말하자면 기술적 복제는 세상에서 하나밖에 없는 원작이라면 절대 존재할 수 없는 상황 속에 복제품을 가져다놓을 수 있게 했다. 예전에는 미술관 안에서만 볼 수 있던 그림을 내가 원하는 곳 어디든 걸어 놓고 감상할 수 있고, 좋아하는 음악은 내가 가는 곳 어디에서나 들을 수도 있다. 이러한 복제품의 현재화는 수용자와 예술작품 사이의 거리를 놀랄 만큼 단축시켰다. 벤야민은 이를 현대의 대중이 가지고 있는 욕구와 관련시켜 설명한다. 사물을 공간적으로나 인간적으로 자신에게 가까이 끌어오고자 하는 것, 나아가 복제를 통해서 그것을 자신 바로 옆에 두고 소유하고자 하는 간절한 욕망, 즉 사물을 먼 곳에 두고 관조하기보다는 손으로 직접 만져보려는 욕구야말로 오늘날의 대중이 갖고 있는 열렬한 욕구라는 것이다.

복제 기술의 발전과 이에 근거한 새로운 예술의 등장은 예술작품의 수용과 기능에 중요한 변화를 가져왔다. 아우라를 지닌 전통적 예술작품이 종교적 제의에 봉사하기 위해 사용되었다면, 아우라를 잃어버린 기술 복제 시대의 예술작품은 더 이상 제의적 숭배 가치^{Kultwert; the cult value}에 중점을 둘 수 없다. 물론 예술작품이 종교적 제의의 수단으로 사용된 것은 중세시대에 집중된 일이지만, 벤야민은 이처럼 숭배 가치를 강조하는 예술의 전통이 세속적인 아름다움을 숭배하는 형태로 계승되어 르네상스 이래 300년 동안 지속되어왔다고 말한다. 이 점에서 벤야민은 예술의 자율성과 예술지상주의에 이르는 근대의 세속적 예술이 중세의 종교적 권위로부터 해방된 것은 사실이지만, 여전히 아우라를 통한 숭배 가치를 본질로 한다는 점에서 이전의 종교예술과 다르지 않다고 주장한다. 벤야민은 세속적인 아름다움의 숭배가 그 근거를 드러내기 시작한 것은 바로 최초의 혁명적인 복제 수단이라 할 수 있는 사진술이 등장하면서부터라고 말한다. 사진술의 등장으로 인한 위기 상황에 맞서기 위해, 전통적인 예술이 스스로 모색한 대처 방식이 바로 예술지상주의 혹은 예술을 위한 예술론 l'art pour l'art; art for art's sake 이라는 것이다.

예술지상주의 혹은 예술을 위한 예술론은 유미주의의 이념을 주장하는 예술적 모토이다. 즉 예술이란 그 자체로 하나의 목적이므로, 아름다움이라는 고유한 가치 외에 실제 삶과 관련된 다른 목적을 위한 수단으로 간주되어서는 안 된다는 것이다. 이러한 예술의 이념은 앞서 살펴보았던 예술의 자율성 개념과 연관되는데, 이는 특히 유용성과 효율성이 모든 가치 판단의 기준이 되는 근대 사회의 가치관과 삶의 방식에 대한 비판으로 나타났다. 오직 예술만이 유용성과 효율성이라는 자본주의적 잣대에서 벗어나서 순수한 아름다움을 추구하는 것으로 평가받을 수 있기 때문이다. 따라서 예술지상주의는 예술가들이 근대 자본주의 사회를 부정하고 둘 사이의 불화가 격화되면서 예술가들이 현 사회를 개혁하려는 일체의 희망을 포기할 정도로 현실과 단절하게 되었을 때 등장했다. 따라서 그것은 예술 바깥의 모든 것에 대해 철저히 무심한 예술로 나아갔으며, 유일하게 의미 있고 가치 있는 활동으로 여겨진 예술 그 자체 속에서 삶을 정당화하고자 했다. 말하자면 아름다움을 추구하는 예술이란 삶의 환멸에 대해 유일하게 진실한 보상이며, 삶은 예술을 통한 미적 체험 속에서만이 충만한 의미와 가치를 지닐 수 있다는 것이다. 벤야민에 따르면, 예술의 아우라가 위기에 처하면 처할수록 전통적인 예술은 예술지상주의와 유미주의를 통해 순수예술이라는 이념의 형

사진의 탄생

세계 최초의 사진은 1826년 프랑스의 니엡스(Joseph Niépce, 1765~1833)가 태양광선에 무려 8시간의 노출을 해서 완성한 헬리오그라프(heliograph) 방식의 사진이었다. 이후 1839년 다게르(Jacques Daguerre, 1787~1851)는 다게레오타입(Daguerreotype)이라 불린 최초의 실용적인 사진 처리 방법을 고안해냈다. 다게르의 사진은 인간의 눈으로 보기 어려운 세부 디테일까지도 나타낼 수 있는 놀라운 표현 능력으로 초상 사진에 많이 이용되었지만, 역시 노출 시간이 많이 걸리고 원판이 한 장뿐이어서 복제가 불가능했으며 가격도 상당히 비쌌다. 같은 해 영국의 탤벗(William F. Talbot, 1800~1877)에 의해 칼로(Kalo) 타입의 사진이 발명되었는데, 이는 짧은 노출 시간 동안 감광성을 띤 종이에 잠상(潛像)을 맺게 한 뒤 화학 처리 과정을 통해 상(像)을 나타나게 하는 것이었다. 지금의 폴라로이드 방식처럼 은판으로 영상을 정착시키는 은판 기법인 다게레오타입과는 달리, 칼로 타입은 음-양화(negative-positive) 기법을 사용했기 때문에 비로소 사진의 복제가 가능해졌다. 감광지로 만든 종이 음화(陰畵)로 얼마든지 많은 양화를 만들어낼 수 있는 칼로 타입은 모두 순간을 과학의 힘으로 영구히 붙잡아두고자 했던 인간의 욕망을 실현시키는 것이었다. 그러나 1851년 아처(Frederick S. Archer, 1813~1857)가 다게레오타입이 지니는 세부의 섬세한 재현 능력과 칼로 타입이 지니는 복제 기능의 장점을 아우른 콜로디온 습판(Wet Collodion Plate) 방식의 새로운 사진술을 탄생시키면서 과거의 사진 기술은 역사에서 사라지게 되었다.

태로 일종의 예술종교, 예술신학을 내세움으로써 스스로를 지켜내고자 했다. 바로 이와 같은 맥락에서 벤야민은 종교 의식에 근거한 예술의 아우라적 존재 방식이 세속화된 예술에도 여전히 적용될 수 있다고 역설했다.

그런데 예술작품의 기술 복제 가능성은 역사상 처음으로 종교 의식 속에서 살아온 기생적 삶의 방식으로부터 예술을 해방시켰다. 앞서 살펴보았듯이 기술 복제는 대중이 예술작품에 보다 쉽게 접근할 수 있게 만들었고, 이는 결과적으로 작품과 대중의 거리를 가깝게 만들었다. 그리하여 주체와 대상의 거리를 유지하고 대상에 대한 몰입을 강요했던 전통적 예술의 아우라는 점차 몰락되어갔다. 이제 아우라를 상실해버린 기술 복제 시대의 예술은 더 이상 숭배 가치가 아니라 전시 가치^{Ausstellungswert; exhibition value}의 대상으로 등장하게 된다. 따라서 오늘날에는 전시 가치가 절대적 중요성을 띠게 되면서, 예술작품은 이전과는 전혀 다른 기능을 갖게 되었다.

벤야민은 이렇듯 숭배 가치로부터 전시 가치로의 이행을 사진이라는 새로운 예술 형태 속에서 찾아낸다. 물론 사진에서도 숭배 가치는 최후까지 남아서 저항했다. 그 이유는 한편으로는 초기 촬영 기술의 한계 때문에 생긴 미묘한 회화적인 분위기에서 비롯된 것이고 다른 한편으로는 초기 사진의 대상, 즉 인물 사진이라는 그 내용 때문이기도 했다. 즉 예술작품의 숭배 가치는 멀리 있거나 이미 죽고 없는 사람을 추억하는 인물 사진의 의식^{儀式}적인 행위 속에서 마지막 도피처를 찾았던 것이다.

그러나 사진에서조차 사람의 모습이 뒷전으로 물러서자, 비로

〈센 거리 모퉁이〉Un Coin, rue de Seine(1924)
외젠 아제

소 전시 가치가 숭배 가치를 앞지르게 되었다. 벤야민은 이를 20세기 초반 파리의 거리를 범죄 현장 기록하듯 찍어냈던 아제Eugène Atget, 1857~1927의 사진에서 확인한다. 아무런 인물도 등장하지 않는 아제의 사진이야말로 비로소 진정한 아우라의 몰락을 예증하고 있다는 것이다. 벤야민은 아제의 사진이 공허하고 쓸쓸한 도시의 모습 속에서 인간과 세계 사이의 '유익한 소외'를 보여준다고 설명한다.

  보통 소외라는 개념은 부정적인 의미로 곧잘 이해되지만, 여기에서 벤야민이 사용하는 소외Entfremdung; alienation 개념은 브레히트의 '소격Verfremdung'('소외' 혹은 '낯설게 하기'로도 번역된다) 개념에서 차용해 온 것으로, 긍정적이고 유익한 개념으로 이해되고 있다. 그렇다면 브레히트는 어떠한 의미에서 소격 혹은 소외라는 개념을 만들어냈을까? 그는 러시아 형식주의의 '낯설게 하기'

개념에서 착상해 1935년 러시아에서 중국 메이란팡梅蘭芳, 1894~1961의 경극京劇 공연을 본 후에 이 개념을 만들어냈다. 잊을 수 없는 장궈룽張國榮, 1956~2003의 영화 〈패왕별희霸王別姬〉(1993)나 〈왕의 남자〉(2005)의 경극 장면을 연상해보는 것도 좋을 것이다. 브레히트가 보기에 중국 경극은 서양의 전통 연극이 기초하고 있는 고도의 현실주의와 감정 이입의 원리와는 전혀 다른 토대 위에서 만들어진 것이었다. 이른바 '소격시키기' 또는 '소외시키기'라는 것은 무대에서 벌어지는 인물들의 행위와 감정에 관객들을 완전히 몰입시켜서 마치 현실인 것처럼 극을 보게 만드는 것이 아니라 관객의 감정 이입을 철저히 차단함으로써 객관적이고 비판적인 태도로 극을 감상할 수 있게 만드는 연극의 제작 원리를 지칭하는 개념이다. 그래서 소격 효과란 우리가 친숙하고 당연하게 여기는 것을 눈에 띄게 만들고 기이하게 만들어서 그 사물에 대한 호기심과 탐구심을 발동하게 만드는 연극 기법이라고 정의할 수 있다.

20세기 초 중국 경극계의 대표적인 화단(여장남우)이었던 메이란팡

　벤야민이 사용하고 있는 소외 개념도 이와 다르지 않다. 그것은 우리가 그저 당연한 것으로 여겨 그냥 지나칠 수 있는 것들을 낯설게 만들고, 그렇게 함으로써 그것을 다시 주목하고 세부까지 조명할 수 있도록 관심을 불러일으키는, 인간과 대상 사이의 관계를 의미한다. 결국 소외라는 것은 주체와 대상이 자연스럽고 친숙하게 연결되어 있던 관계로부터 단절되어 소원하게 됨으

••• 브레히트는 소격 효과라는 개념을 통해 극의 인물에 대한 감정 이입을 차단하고 극이 현실이 아니라 극이라는 것을 끊임없이 일깨워주어야 한다고 강조한다. 다음 중에서 브레히트가 사용한 소격 효과의 기법이 아닌 것은?

① 막을 내리지 않고 불이 훤하게 켜져 있는 상태에서 무대 장치를 바꾼다.
② 배우는 자신이 하는 역할과 동일시하지 않은 채, 제3자의 시선으로 연기한다.
③ 음악은 극 중 내용과 완전히 독립적인 것으로 존재한다.
④ 연극 무대의 '제4의 벽'을 확고하게 세운다.
⑤ 슬라이드를 이용해서 기록 문서들을 보여줌으로써 등장인물들의 발언 내용을 증명하거나 반박한다.

☞ 정답은 202쪽에

로써 현실에 대한 새로운 인식을 불러일으키는 것을 목적으로 한다. 따라서 이는 지금까지 친숙하고 당연시되던 모든 것들이 낯설어 보이게 되는 장을 열어놓는다. 벤야민은 이러한 장이야말로 정치적으로 훈련된 시각의 가능성을 새롭게 열어젖힌다고 보았다. 같은 맥락에서 벤야민은 아제의 사진이 아우라로부터 해방된 예술, 즉 전시 가치의 대상으로서 감상되기 위해서는 숭배 가치를 지닌 기존의 예술작품과는 전적으로 다른 새로운 수용 태도와 지각 방식이 요구된다고 했다. 그렇다면 사진예술의 등장과 더불어 도래한 예술 지각 방식의 변화는 무엇인가?

관조적 침잠에서 정신 분산적 유희로

벤야민은 대중이 예술을 수용하는 지각 방식의 변화를 '관조적 침잠Versenkung; contemplation'으로부터 '기분을 전환하는 오락Ablenkung; diversion'으로의 변화라고 표현한다. 또한 정신 집중Sammlung; concentration과 정신 분산Zerstreuung; distraction이라는 대립적인 개념 쌍을 사용하기도 한다. 벤야민에 따르면, 아우라를 가진 전통적 예술작품을 수용하는 방식은 어디까지나 개인적으로 이루어진다. 개별적인 개인이 예술작품을 관조하며 그 속에 몰입하고 완전히 침잠함으로써 감상이 이루어진다는 것이다. 옛날 중국의 어떤 화가가 자신이 완성한 그림에 너무나 심취한 나머지 그만 그 속으로 빨려 들어갔다는 고사故事처럼 말이다.

특히 예술작품이 숭배 가치를 지닌 대상으로 경험되기 위해서는 몰입과 침잠이라는 수용 방식이 반드시 요구된다. 예술작품 속에 완전히 빠져들어 가 그것과 한순간 일체가 되는 경험이야 말로 자율적 예술작품의 아우라를 경험하기 위한 본질적인 조건이었다. 따라서 전통적인 예술작품의 수용은 완전한 정신 집중을 요청하므로 몰입을 통한 순간적인 동일화가 일어날수록 대상에 대한 비판과 거리 두기는 불가능해진다.

 이에 반해 전시 가치의 대상으로 등장한 기술 복제 시대의 예술은 아우라를 지닌 예술작품처럼 그 앞에 무릎 꿇고 조아리기

::: 다다 Dada

'다다'라는 예술운동은 1916년 제1차 세계대전을 피해 스위스 취리히에 모인 트리스탕 차라(Tristan Tzara, 1896~1963)와 한스 아르프(Hans Arp, 1887~1966)와 같은 일군의 예술가들이 '예술의 죽음'을 선언하고 기존의 모든 예술 규범과 체계를 부정하는 예술운동을 벌인 데서 탄생했다. 왜 다다라는 이름이 지어졌는지는 명확하지 않다. 우연히 독불사전에서 발견된 전혀 무의미한 단어라는 설도 있고, 루마니아말로 조롱조의 "그래, 그래"라는 뜻에서 왔다거나, 프랑스어로는 흔들목마를 의미하는 단어에서 유래했다고도 한다. 다다는 근대의 합리적·이성이 전쟁과 학살이라는 파국을 가져온 데 대한 절망과 혐오 속에서, 비합리적이고 무정부주의적이며 냉소적이고 허무적인 성향을 지니는 예술운동을 지향했다. 이들은 비논리적이고 무의미한 문장과 아무런 연관이 없는 단어를 시에 병치시키는 '광란시'나 무의미한 음성을 실험하는 '음성시'를 통해 문학의 유기적 구성이나 명확한 주제의 전달과 같은 전통적인 예술 원리를 파괴하고자 했다. 일상적인 소변기에 '샘'이라는 이름을 붙여 전시회에 출품한 뒤샹(Marcel Duchamp, 1887~1968)의 '레디메이드(ready-made)' 작품이나 날카로운 정치 풍자를 선보였던 하트필드(John Heartfield, 1891~1968)의 포토 몽타주(photo montage) 등과 같은 새로운 실험들이 다다를 통해 등장했다. 전후에 이들이 각자의 나라로 돌아감에 따라 다다는 스위스와 프랑스, 독일과 미국 등지로 확산되었고, 이후 초현실주의와 같은 아방가르드 예술운동에 중요한 밑거름이 되었다. 다다의 예술 정신을 잘 보여주는 차라의 〈다다 시 만

위한 것이 아니라, 그저 보고 듣고 즐기기 위한 감각적 대상으로 존재한다. 여기서는 정신을 집중하는 방식이 아니라 정신을 분산시키는 방식, 말하자면 예술을 경건한 마음과 태도로 대하는 것이 아니라 오락적 대상으로 여기는 지각 방식이 보다 적절한 것으로 여겨진다.

 벤야민은 전통적인 회화의 영역에서 관조와 몰입이라는 개인적 수용 방식을 부정하고 이러한 정신 산만한 지각 방식을 실험한 최초의 사례로 다다^{Dada}*의 예술 실험을 거론한다. 다다이스드는 방법(Pour fair une poème dadaïste)》(1920)이라는 시를 한번 읽어보자.

▪▪ 다다 시 만드는 방법

다다 시를 쓰기 위해
신문을 들어라
가위를 들어라
당신의 시에 알맞겠다고 생각되는 분량의 기사를 신문에서 골라라
그 기사를 오려라
그 기사를 이루는 모든 단어들을 하나씩 조심스럽게 잘라 포대 속에 넣어라
조용히 흔들어라
그다음엔 자른 조각을 하나씩 꺼내라
포대에서 나온 순서대로 정성껏 베껴라
그럼 시는 당신과 닮을 것이다
그리하여 당신은 무한히 독창적이며 매혹적인 감수성을 지닌, 그러면서도 무지한 대중에겐 이해되지 않는 작가가 될 것이다

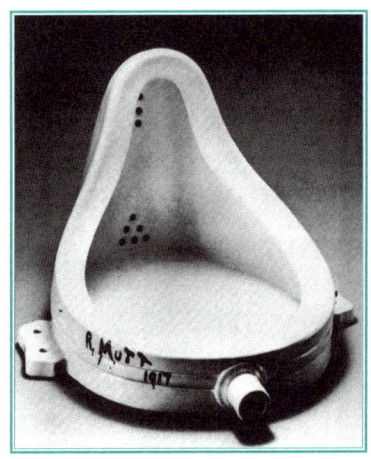

〈샘Fontaine〉(1917) 마르셀 뒤샹

트들은 자신들의 작품이 관조적 침잠의 대상으로서는 얼마나 쓸모없으며 무가치한 것인가를 보여주고자 했다. 벤야민은 다다의 시를 "외설스러운 문구나 말의 온갖 쓰레기를 합쳐놓은 '말의 샐러드'"라고 한다. 다다이스트들은 예술작품의 아우라를 철저히 파괴하려고 했으며, 자신들의 작품이 유희의 대상이 될 수 있는지를 실험하고자 했다. 그럼으로써 그들의 예술작품은 사람의 마음을 사로잡는 시각적 환영이나 청각적 구조이기를 멈추고 "일종의 폭탄"이 되었다. 일반적으로 예술은 일정한 발전 단계에서 훗날 새로운 예술 형식이 이루게 될 효과를 얻기 위해 노력하는데, 벤야민에 따르면 영화가 대두되기 전의 다다의 실험이야말로 이후 영화라는 새로운 매체에서 채플린Charles S. Chaplin, 1889~1977이 했던 것과 동일한 시도로 파악될 수 있다. 또한 그들의 시도는 훗날 영화가 충족시키게 될 새로운 관중의 탄생과 감수성의 변화를 일찌감치 준비하고 예고한다는 것이다. 벤야민은 오늘날

전통적 예술(회화와 조각)	기술 복제 시대의 예술(사진과 영화)
아우라를 지닌 예술 숭배 가치의 대상 관조적 침잠	아우라의 붕괴 전시 가치의 대상 정신 분산적 유희

예술의 기능 전환

예술의 모든 영역에서 오락을 통한 수용 방식이 점점 더 강하게 나타나고 있는바, 영화야말로 이러한 수용 방식에 가장 적합한 매체라고 주장했다. 다음 절에서는 영화에 대한 벤야민의 생각을 보다 자세하게 살펴보기로 하자.

+ 지식 플러스 +

벤야민의 『역사의 개념에 대하여』와 〈새로운 천사〉

　벤야민의 마지막 저작이자 그의 지적 유언장으로 이해되는 글은 「역사의 개념에 대하여」이다. 벤야민은 이 글이 "20년 동안 내 안에 간직해왔던, 아니 차라리 내 자신으로부터 지켜 보호해왔다고 할 수 있는" 사상들을 적어놓았다고 술회한다. 여기에서 벤야민은 자신만의 특유한 신학적 요소와 마르크스주의 사상의 결합을 시도하고 있다. 18개의 테제와 부기로 이루어진 이 글은 히틀러와 스탈린의 협정이 현실로 드러나는 순간, 즉 벤야민의 표현을 빌리자면 "파시즘에 반대하는 사람들이 희망을 걸었던 정치가들이 패배하고 그 정치가들이 자신을 배반함으로써 패배가 더 강화되는 순간", 역사의 의미와 진보의 개념에 대해 다시금 생각해보기 위해 쓴 것이다. 벤야민에 따르면, 이러한 진보의 개념은 자연 지배에서의 진보만을 보려고 할 뿐 사회의 퇴보를 보려고 하지 않으며, 그럼으로써 훗날 파시즘에서 발견되는 면모를 드러내고 있다.

　특히 9번째 테제에서 벤야민은 자신이 소유하고 있던 파울 클레^{Paul Klee, 1879~1940}의 그림 〈새로운 천사^{Angelus Novus}〉(1920)를 언급하고 있다.

　벤야민은 클레의 이 작품에서 역사의 천사에 대한 단상을 읽어낸다. 그 천사는 얼굴을 과거로 돌리고, 그의 발치에는 현재의 사건들에서 끊임없는 파편이 되는 파국이 쌓이고 있다. 그는 그 자리에 머물러 죽은 자들을 깨우고 깨어진 조각을 맞추고 싶어 하지만, 낙원으로부터 불어오는 폭풍이 너무 거세서 천사는 더 이상 날개를 접을 수 없다.

　이 폭풍은 천사를 그가 등을 돌리고 있는 미래로 부단히 몰고 가는 반면, 천사의 눈앞에서 파편 더미는 하늘에 닿을 듯 높이 쌓여간다. 우리

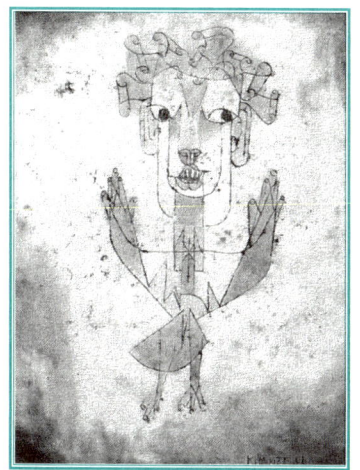

〈새로운 천사〉 파울 클레

가 진보라고 부르는 것이 이 폭풍인 것이다.　　「역사의 개념에 대하여」

벤야민의 비관적인 시선에서 진보란 파괴와 잔해를 더욱더 높이 쌓아 올리는 폭풍이 되고, 이 폭풍의 힘에 밀려 역사의 천사는 어쩔 도리 없이 미래로 떠밀려 가는 것이다. 이러한 관점에서 그는 역사 발전의 낙관론과 진화론적 시간관을 거부하고 종말론적 파국과 단절의 메시아적 유토피아주의를 꿈꾸는 것이다. 1930년대 중반, 벤야민은 이렇게 쓴다.

마르크스는 혁명이 세계사의 기관차라고 말한다. 그러나 아마도 그것은 전혀 달리 봐야 할 것이다. 인간성이 기차를 타고 가면서도 비상 브레이크를 잡는 일이 혁명일지도 모른다.　　「역사의 개념에 대하여」

뷔르거, 벤야민의 예술 발전 단계를 비판하다

페터 뷔르거Peter Bürger, 1936~는 『아방가르드 이론Theorie der Avantgarde』(1974)이라는 고전적인 저작에서 기술 복제 시대 예술의 새로운 전화轉化에 대한 벤야민의 관점을 비판하고 있다. 과연 어떤 점에서 벤야민의 주장이 문제될 수 있는지 간략하게 살펴보기로 하자.

뷔르거가 벤야민을 비판하는 지점은 우선, 예술 발전의 시대 구분과 관련된다. 앞서 살펴본 것처럼 벤야민은 아우라를 지니는 예술과 탈아우라적인 예술이라는 관점에서 시대 구분을 하고 있기 때문에, 중세 예술과 근대의 예술을 한편으로 묶고 새로운 예술 시대의 등장을 복제 기술의 등장과 더불어 시작된 것으로 보고 있다. 이에 대해 뷔르거는 벤야민이 중세 예술과 자율적 예술의 차이를 분명하게 인식하지 못했기 때문에, 이 두 예술 시대를 제대로 구분할 수 없었다고 비판한다. 뷔르거에 따르면, 아우라적 예술이 대상 속에 몰입하고 침잠하는 방식으로서 개인적인 수용 방식과 동일한 의미로 이해된다면, 이러한 개인적 수용은 자율적인 예술작품에만 타당한 것이지, 중세의 예배적 예술에는 적합한 것이 아니다. 요컨대 중세의 성당 조각이나 신비극은 개인으로가 아니라 집단적으로 수용된다. 따라서 뷔르거는 벤야민이 중세 예술과 근대의 자율적 예술을 구분하지 않은 것은 잘못이며, 그럼으로써 근대의 예술이 중세의 예배적 예술로부터 해방되었다는 의미를 제대로 파악할 수 없었다고 비판한다. 여기서의 논점은 결국 중세의 예술과 근대의 자율적 예술이 벤야민의 주장처럼 "아우라를 지니는 전통적 예술"이라는 점에서 동일한 예술 단계에 속하는 것인지, 아니면 뷔르거의 주장처럼 '개인적 수용'이나 '집단적 수용'이냐 하는 예술 수용 방식의 차이에 따라 양자가 시대적으로 구분되어야 하는지와 관련된다. 특히 뷔르거가 해석하는 것처럼, 아우라적 예술이 개인적인 작품 수용 방식과 동일한 의미로 이해될 수 있는지도 문제가 될 수 있을 것이다. 다시 말해 벤야민은 복제 기술을 통한 '생산 방식'이라는 지점에 초점을 맞추고 있다면, 뷔르거는 '생산 방식'과 '수용 방식'을 함께 고려할 것을 요구하고 있다.

뷔르거가 벤야민을 비판하는 두 번째 지점은 벤야민이 복제 기술의 변화로부터 작품의 수용 방식의 변화를 단선적으로 도출했다는 점이다. 뷔르거에 따르면, 아우라의 상실은 복제 기술과 같은 기술적 변화뿐만이 아니라 예술 제작자의 의도에서도 기인하는 것이다. 따라서 아우라로부터 예술이 해방되는 과정은 기술의 발전, 즉 마르크스주의적 용어로 말하자면 단지 생산력의 발전만 아니라 인간의 의지와도 긴밀하게 연관되는 것이다. 특히 뷔르거는 벤야민이 마르크스의 생산력 개념과 사적 유물론의 원리를 예술이라는 분야에 성급하게 전용했다고 비판한다. 요컨대 생산력과 기술의 발전을 통해서 역사 발전을 설명하려는 마르크스의 논리를 예술 영역에 그대로 적용하려는 벤야민의 논리에는 무리가 따른다는 것이다. 자본주의 사회에서 예술 생산과 보급 기술이 발전한 것은 사실이지만, 이는 다른 측면에서 볼 때 작품이 상업적 이해관계에 종속된다거나 작품의 비판적 잠재력이 상실되는 것과 같은 퇴행적인 결과 또한 수반했다. 따라서 기술 수단의 발전 그 자체가 곧바로 예술에 있어서 긍정적인 성격을 갖는 것은 아니라는 것이 뷔르거의 입장이다. 결국 복제 기술에 의해 아우라 예술의 몰락을 설명하는 것은 사이비 유물론의 모델에 지나지 않는다는 것이다.

뷔르거의 이러한 벤야민 이해에는 논란의 여지가 있다. 이는 벤야민의 사상을 기술 결정론적인 관점으로 해석하는 것처럼 보이기 때문이다. 그러나 아우라의 붕괴에 대해서 벤야민이 이중적인 태도를 취했던 것처럼, 복제 기술의 발전이 예술에게 있어서 긍정적인 변화만을 자동적으로 가져오는 것은 아니라는 점 또한 그에게는 분명한 사실이었다. 라디오나 영화처럼 기술 복제 시대에 새롭게 등장한 예술을 적극적인 대중 동원 수단으로 활용한 것은 누구보다도 파시즘이었으며, 벤야민 또한 이 점을 강조하고 있다. 따라서 벤야민의 관심이 기술 복제 시대의 등장으로 초래되는 예술의 본성과 기능의 변화를 이론화하고 새로운 가능성을 정치적으로 진보적인 것으로 이용하려는 데 있다고 한다면, 그의 이론을 일면적인 기술 결정론으로 폄하하는 것은 문제의 소지가 있다.

어찌 되었건 뷔르거의 주장은 ① 기술 발전은 전체 사회 발전에 좌우되는 것이지 절대로 독립 변수가 될 수 없으며, ② 단지 기술 복제 수단만으로 예술 발전에 결정적인 변화가 있었던 것이 아니라는 얘기다. 특히나 뷔르거는 벤야민의 주장처럼 예술을 위한 예술론을 사진의 등장에 대한 반동으로 보는 것은 일면적인 해석이라고 반박한다. 왜냐하면 예술을 위한 예술론은 발달된 부르주아 사회에서 예술작품이 자신의 사회적 기능을 점차 상실해가는 경향, 즉 개별 작품의 정치적 내용이 상실되어가는 경향을 의미하는바, 이는 예술이라는 부분 체계가 사회 속에서 독립적으로 분화되어가는 과정, 다시 말해 자율성을 획득하는 과정과 동일하기 때문이다.

이러한 맥락에서 뷔르거는 예술의 사용 목적, 생산, 수용이라는 세 요소에 의거해 예술 발전 단계를 구분하고자 한다. 요컨대 중세의 예배적 예술, 절대주의 시대의 궁정예술, 그리고 부르주아 시대의 자율적 예술이라는 단계로 예술 발전의 유형을 구분하는 것이다. 여기에서 부르주아 시대의 자율적 예술은 특히 작품에 대한 고독한 침잠이라는 개인적

	예배적 예술 (예: 중세 전성기의 예술)	궁정예술 (예: 루이 14세 때의 궁정예술)	자율적 예술 (예: 예술을 위한 예술)
사용 목적	예배의 대상	위신을 대변하는 대상	부르주아 계급의 자기이해의 표현
생산	수공업적, 집단적	개인적	개인적
수용	집단적(예배적)	집단적(사교적)	개인적

뷔르거의 예술 발전 도식

수용을 특징으로 하며, 이는 예술이 사회 전체 속에서 무효용성을 특징으로 하는 하나의 독립된 제도로 분화되는 과정, 즉 삶의 실제로부터 예술이 분화되는 과정을 보여준다고 한다. 뷔르거에 따르면, 예술을 위한 예술이란 바로 이러한 예술의 자율성이 제도적으로 완성되는 것이다. 이러한 맥락에서 뷔르거는 20세기 초의 역사적 아방가르드 운동이야말로(구체적으로는 대략 1910년대부터 1930년대까지 등장했던 미래주의, 다다, 초현실주의, 러시아 구축주의 등을 포함한다) 사회 제도로 확립된 예술의 자율성을 부정하여 예술을 다시금 삶과 통합시키려는 예술의 자기비판이라고 주장했다.

정답

174쪽 정답은 물론 ⑤번이다. 책과 매춘부는 많은 후손을 만든다. 보기 ②에서 각주는 독일어로는 Fussnote(영어의 footnote)인데, Fuss가 발이라는 뜻이고 note는 지폐라는 뜻이 있으니 이 단어를 양말 속에 든 지폐(Geldscheine im Strumpf)라는 단어로 말장난을 하며 빗댄 것이다.

190쪽 ①번은 소격 효과의 기법으로 브레히트가 강조한 것이다. 전통적인 극은 실제와 같은 환상을 불러일으킴으로써, 관객이 극에 완전히 몰입해서 극 중 인물에 감정을 이입할 것을 요구한다. 반면 브레히트는 반反감정이입극을 내세우는데, 이를 위해 극이 실제 현실인 것처럼 보이게 하는 환영을 차단해야 한다. 따라서 브레히트는 무대 장치를 바꿀 때도 막을 내리지 않은 채 무대의 기계 장치를 드러내고 소품이 교체되는 것을 보여줌으로써, 연극이 현실이 아니라 극이라는 것을 일깨워주어야 한다고 말한다. ②번도 브레히트의 소격 효과 기법이다. 서사극의 배우는 자신이 연기하는 역할에 몰입해서는 안 되며 객관적인 거리를 두고 연기해야 한다. 예를 들어 〈억척어멈과 그 자식들Mutter Courage und ihre Kinder〉(1941) 공연에서 억척어멈을 연기했던 헬레네 바이겔Helene Weigel, 1900~1971이라는 배우는 전쟁 통에 자식들을 잃었음에도 장사를 통해 이익을 보겠다고 전쟁에 매달리는 주인공 억척어멈을 연기하면서 화를 냈다. 이는 억척어멈이 화난 것이 아니라, 배우가 억척어멈이라는 자신의 극 중 인물의 태도와 삶의 방식에 화를 낸 것으로, 관객이 극 중의 인물과 동일시하는 것을 막기 위해 연기자 또한 자신의 역할과 거리를 두는 것이다. ③번은 브레히트 서사극에서 특히 강조된 기법이다. 이제까지 극 중의 음악은 인물의 심리 상태나 생각을 표현하거나 극중의 분위기를 보다 강화시키는 연극의 보조적인 역할을 해왔다. 그러나 브레히트는 극 중에서의 음악이 완전히 독립적으로 사용되어서 극에 대해 이질적인 효과를 불러일으켜야 한다고 주장한다. 예컨대 배우는 극 중에 노래를 부를 경우에 자신의 역과는 전혀 다른 태도를 취하며 역을 중단했다는 인상을 주어야 한다는 것이다. ④번을 살펴보자. 연극 무대는 3개의 벽으로 이루어져 있고 이른바 '제4의 벽', 그러니까 무대와 관객석 사이의 벽은 존재하지 않고 뚫려 있다. 그러나 전통적인 감정이입극은 마치 제4의 벽이 존재한다는 가정 속에서 극이 진행된다. 연극 무대가 일종의 '닫힌' 실제 세계라는 환영을 불러일으키고자 노력하는 것이다. 그러나 브레히트는 연극이란 실제가 아니며 관객에게 보여주기 위해 이러한 제4의 벽이 철폐되어야 한다고 주장한다. ⑤번 또한 브레히트가 말했던 소격 효과의 주요 기법이다. 이 외에도 브레히트는 감각적으로 파악할 수 있는 구체적인 숫자를 제시함으로써 등장인물들의 추상적 대화를 보충하거나 의미가 불분명한 사건들에 숫자와 문장을 이용해 보충 설명을 해줄 것을 요청했다. 따라서 정답은 ④번이다.

만남 8

영화, 대중운동의 정치적 도구가 되다

영화, 정신 분산적 시험관의 태도

벤야민이 말한 기술 복제 시대에 아우라의 몰락은 영화에 의해 완성된다. 기술 복제 시대의 예술로서 사진이 전통적인 회화와 비교되어 설명되었듯이, 영화는 연극과 비교된다. 연극은 관객 앞에서 배우가 직접적인 공연을 함으로써 완성되는 예술이라면, 영화는 카메라라는 매체를 통해 배우의 연기가 매개되는 예술이다. 벤야민은 이 사실이 두 가지 결과를 초래한다고 설명한다.

우선 먼저, 영화 속에서 배우의 연기는 연극처럼 통일적인 전체를 유지하기보다는, 여러 측면에서 촬영된 카메라의 테스트를 거친 후에 스튜디오에서의 편집 과정을 통해 완성된다. 예를 들어 배우들은 영화 속의 한 장면을 위해 카메라 감독의 지시에 따라 여러 장소와 여러 각도에서 다양한 표정과 포즈의 연기를 하고, 이렇게 촬영된 필름들이 편집실에서 기계적 공정을 거쳐 선

택되고 재구성됨으로써 최종 완성된 장면이 탄생되는 것이다. 따라서 배우의 연기는 카메라에 의한 일련의 시각적 테스트를 통해 선택된다. 한편, 영화에서는 배우가 관객의 반응에 맞춰 현장에서 연기를 조정할 수 있는 가능성은 존재하지 않는다. 즉 연극 무대에서는 배우가 직접 관객들과 호흡하므로 그때그때의 객석 상황에 따라 관객이 좀더 극에 몰입할 수 있도록 연기를 변화시킬 수 있지만, 영화에서 이것은 원천적으로 불가능하다. 이로 인해 영화에서 관중은 배우와의 직접적 관계에 의해 영향을 받지 않는 '비평가의 태도'를 취할 수 있게 되었다. 말하자면 카메라의 태도, 즉 시험하는 태도를 취할 수 있게 되었다는 것이다.

오늘날에야 가정이나 비디오방 같은 공간에서 얼마든지 개인적으로 영화를 보는 것이 가능해졌지만, 당시만 하더라도 영화관이라는 대중적 공간을 찾지 않고서는 영화를 보는 것은 불가능했다. 영화는 바이마르 공화국 시대에 이미 대중이 가장 선호하는 오락의 대상이 되었고, 영화관은 대도시 대중의 중요한 놀이 공간으로 자리 잡았다. 무엇보다도 영화는 대도시의 탄생과 더불어 등장한 대중의 존재와 밀접하게 관련되는데, 벤야민은 예술에 참여하는 대중의 수적 증가가 참여 방식의 변화를 가져왔다고 주장한다. 왜냐하면 대도시 영화관에서 영화가 감상되는 방식은 이전에 교회나 미술관에서 회화가 감상되는 방식과는 질적으로 다르기 때문이다. 예컨대 미술관에서 감상자는 오로지 눈과 정신을 가진 존재로서만 입장할 것을 요구받으며, 마치 종교적인 공간에 들어가 신성한 예배를 드리는 사람처럼 경건한 침묵 속에서 작품과 일대일 관계를 맺어야 한다. 그러나 영화관에서 영화를 보는 경험은 이와 다르다. 무엇보다도 영화는 대중에 의해 집단적으로 감상된다. 이것은 다른 사람의 반응이 나의 감상에 직접적으로 영향을 끼친다는 것을 의미한다. 예를 들어 공포 영화를 볼 때 옆 사람이 지르는 비명 소리는 내가 느끼는 공포를 더욱 강화시키는 장치가 되기도 한다. 대중적으로 함께 즐기는 영화는 스크린 위에 벌어지는 화면 속의 이야기뿐만 아니라, 함께 영화를 보는 다른 관객의 느낌과 반응까지도 더불어 지각되는 것이다.

> 영화관에서는 관중의 비판적 태도와 감상적 태도는 일치한다. 영화관에서 중요한 점은 그 어느 곳에서보다도 관객 개개인의 반응이(개별적 반응의 총화가 집단 반응을 이룬다) 처음으로 집단에 의해 직접적으로 영향을 받고 있다는 사실이다. 그리고 이 개별적 반응들은 밖으로 표현됨과 동시에 서로를 견제하기도 한다.
> 「기술복제시대의 예술작품」

벤야민은 영화가 몰입이나 침잠이 아니라 집단적이고 정신 산만한 오락의 대상^{지식플러스 참조}으로 수용된다고 강조한다. 이는 아우라를 가진 전통적 예술작품의 수용 방식인 '정신을 집중하여 몰입하는 태도'와는 상반된다. 그렇다면 영화라는 매체가 '정신 분산적 시험관의 태도'라는 새로운 수용 방식을 가져올 수 있었던 것은 무엇 때문이었을까?

대도시 일상의 새로운 지각 체험

영화가 정신 분산적 지각 방식에 적합한 매체인 이유는 무엇보다도 영화가 고정된 이미지가 아니라 끊임없이 움직이는 이미지들로 구성되어 있기 때문이다. 영화사의 초창기에는 바로 이러한 이유로 영화가 혹독하게 비판받기도 했다. 뒤아멜$^{Georges\ Duhamel,\ 1884~1966}$은 영화를 "노예의 소일거리, 무식하고 비참하고 일과 걱정 속에서 지칠 대로 지친 인간들의 오락, 어떠한 정신 집중도 요하지 않고 어떠한 사고 능력도 전제하지 않는 구경거리"라고 비난했다. 이는 결국 영화가 정신 집중에 적합한 매체가 아니라는 사실을 혐오한 것이다. 요컨대 회화가 고정된 화면 속으로 집중하도록 만든다면, 영화를 보는 동안 우리는 관조의 세계에 자신을 내맡길 수 없다. 영화의 장면은 눈에 들어오자마자 쉴 새 없이 다른 화면으로 바뀌어버리기 때문이다. 그래서 뒤아멜은 "이제 나는 더 이상 내가 생각하는 바를 생각할 수 없게 되었다. 움직이는 영상들이 내 사고의 자리에 대신 들어앉게 되었다"라고 한탄한다.

실제로 벤야민은 영화를 보는 사람의 사고의 흐름은 영상의 변화로 인하여 끊임없이 중단될 수밖에 없다고 한다. 그는 영화 속에서 폭탄처럼 밀려드는 수많은 영상들의 흐름이 관객에게 주는 경험을 "충격 체험"이라고 지칭한다. 충격이란 과도한 자극으로 우리의 심리적 기관

:: 뒤아멜

프랑스의 소설가·비평가. 영화를 "일과 걱정 속에서 지칠 대로 지친 인간들의 오락"으로 묘사하여 벤야민이 "영화를 몹시 싫어한" 사람으로 표현한 바 있듯이, 현대 문명의 비인간성과 그로 인한 개인 소외를 날카롭게 비판하는 휴머니즘적 작품 세계를 보였다. 소설 『문명(Civilisation)』(1918)으로 공쿠르 상(prix Goncourt)을 수상했다.

의 평형이 깨질 때 일어나는 현상인데, 이러한 충격 체험이야말로 오늘날 대도시에서 살아가는 사람들의 일상 경험에 상응한다. 예를 들어, 산업화된 도시 환경 속에서 19세기 중반 가스등의 발명은 별과의 교감을 차단하기 시작했다. 즉 '충격적인 도시 환경'의 시작이었다. 그에 이어 나타나기 시작한 전기등은 전체 도시를 일거에 전기적 빛 아래 드러나게 함으로써 당시 사람들에게 일종의 '야만적 충격'으로 이해되었고 그 빛은 살해자나 범죄자들에게만 비추어져야 한다고 생각될 정도였다.

특히 이러한 충격 체험을 가장 명확하게 보여주었던 것은 대도시의 발전에 따른 교통수단의 발전, 무엇보다도 기차 여행의 경험이었다. 빠른 속도로 움직이는 기차를 통해 창밖을 내다보는 경험은 현대 생활의 일시성과 속도감을 분명하게 드러내주었으며, 빠르게 스쳐 지나가는 창밖의 모습을 통해 사람들은 시간과 공간이 증발되는 충격적인 체험을 할 수 있었다. 기차 여행의 경험을 통해 발전된 이러한 새로운 지각 방식을 '파노라마적 시선'이라고 한다. 기차가 등장하기 전, 걸어 다니거나 마차를 타고 가면서 얻는 시각 체험은 몸과 근경近景을 상호 침투적인 관계에 놓이게 했다. 여행자는 자신의 몸과 가까운 풍경을 통해 자신이 여행하고 있는 공간과 관계했다. 그런데 기차 여행은 이전의 여행과는 본질적으로 다른 시각 체험을 가져다주었다. 기차 여행이 주는 빠른 속도감은 마치 가까운 풍경이 스쳐 날아가는 것처럼 보임으로써, 전통적 지각의 규정적 요소였던 '깊이'라는 차원을 사라지게 만들었다. 이제 여행자와 전경 사이의 연계는 해체되고 자신의 몸과는 완전히 떨어져 있는 원경遠景만이 마치 스

⟨생라자르 기차역La Gare Saint-Lazare⟩(1877)
클로드 모네|Claude Monet

크린 영상처럼 아스라이 펼쳐지게 된다. 이것이 바로 풍경의 파노라마적 지각이다.

이러한 현대 대도시의 새로운 지각 체험은 본격적인 의미에서 현대 회화의 탄생이라고 평가되는 인상주의impressionism의 새로운 시각 방식을 특징짓는다. 인상주의 그림에서 유독 대도시 기차역의 모습이 자주 등장하는 것도 우연이 아니리라. 인상주의와 더불어 이제 현대 회화는 3차원의 공간을 재현하려는 전통적인 원근법을 탈피하고 화면 안의 깊이감을 제거함으로써 2차원적인 평면성을 지향하게 된다. 인상주의 회화 속에서 대상의 입체적인 형상은 아른거리는 평면적 영상으로 대체되고, 화면은 시시각각 변화하는 빛의 움직임을 그려내기 위해 '지금 여기의 순간'을 포착하고자 한다.

이렇듯 현대적 시각 경험은 순간성과 불연속성, 그리고 파편성으로 특징지을 수 있다. 그 본질은 충격적 성격에 있는데 벤야민은 이러한 충격 체험을 대도시 교통에서 겪는 시각 체험 속에서도 설명한다. 대도시의 교통 속에서 움직인다는 것은 개개인으로 하여금 일련의 충격과 충돌을 체험하도록 한다. 오늘날의 현대인들은 교통 신호를 보고 움직여야 하기 때문에 시선을 사방으로 던지지 않으면 안 된다. 벤야민의 표현을 그대로 빌리자면, "위험한 교차로에서는 신경의 자극들이 마치 건전지에서 나오는 에너지처럼 잇달아 그의 몸속을 관통"한다. 이러한 체험은 교통량이 많은 교차로에서 길을 건너본 사람이라면 누구나가 한 번쯤은 느껴보았음 직한 것이다. 우리의 눈은 쉴 새 없이 사방을 둘러보아야 한다. 교통 신호의 불빛에 주목하고, 달려오는 차들이 있나 없나를 살펴야 하며, 또한 너무 느리거나 너무 빠르게 걸어서 다른 사람들과 부딪치지 않도록 시선을 사방팔방으로 던지지 않으면 안 된다.

벤야민은 이처럼 대도시의 새롭고 절박한 자극에 부응해 영화라는 새로운 매체의 예술이 등장하게 되었다고 설명한다. 따라서 영화의 충격 효과는 현대 대도시 삶의 경험을 미메시스하는 것으로 여겨질 수 있다. "컨베이어 벨트에서 생산의 리듬을 결정하는 것이 영화에서 수용의 리듬을 결정하는 근거가 되고 있다"는 것이다. 따라서 영화에서는 충격의 형식을 띤 지각이 일종의 형식 원리로 자리잡는다.

> 영화는 오늘날 사람들이 직면하고 있는 증대하는 삶의 위험에 상응하는 예술 형식이다. 충격 효과에 자신을 드러내고자 하는 사람들의 욕구는 그들을 위협하는 위험들에 적응하고자 하는 시도이다. 영화는 지각 체계$^{Apperzeption; apparatus}$의 심층적 변화들

에 상응하는데, 이러한 변화들은 개인의 차원에서는 대도시 교통 속에서 모든 행인이 체험하는 것이고 역사의 차원에서는 오늘날의 시민 모두가 체험하는 것이다. 「기술복제시대의 예술작품」

영화, 충격 체험의 훈련장

다시 말해 오늘날의 대도시 환경이 주는 경험 세계에서는 충격적 인상이 우세하기 때문에, 영화는 이러한 충격 효과를 통해서 현대의 변화된 지각 방식에 부합하는 예술 형식이 될 수 있다. 그런데 이렇듯 충격적으로 밀려오는 영상은 마치 관객의 눈 표면에 직접 부딪치는 것 같은 효과를 내기 때문에 충격 체험에 익숙해진 눈은 촉감과도 같은 느낌을 받는다. 벤야민은 이를 "시각적 촉각성"이라고 한다. 즉 이러한 충격적인 영상들은 전통적 예술작품처럼 유기적이고 총체적인 이미지로서가 아니라 단편적이고 불연속적인 이미지의 찰나적인 연속으로 이루어져 있어서, 마치 폭탄처럼 관객의 눈을 습격한다. 따라서 관객은 이러한 충격 체험에 대해 더 이상 집중과 침잠이라는 관조적 태도를 취할 수 없다. 관객이 스쳐 지나가는 순간의 영상을 포착하는 것은 주의력에 의해서가 아니라, 익숙함에 의해서 혹은 우연히 대상에 주목함으로써 가능해진다. 따라서 벤야민은 시각적 촉각성의 경험을 익숙함에 의한 지각이라고 설명한다. 예컨대 우리가 일상 속에서 건축물을 지각하는 방식이 주의력의 집중이 아니라 익숙함을 통해서 이루어지듯이, 촉각적 수용이란 충격적 이미지를 재빠르게 정복하는 익숙함과 습관, 그리고 자발성을 요청한다.

그런데 충격 체험은 우연성, 순간성, 파편성, 불연속성을 지닌다는 점에서 의미 있는 경험이 되기 어렵다. 따라서 일상에서 늘 충격에 노출되어 있는 현대인은 경험의 빈곤을 겪을 수밖에 없다. 더욱이 충격에 대해 심리적 방어 기제가 작동되고 이를 통해 의식이 충격을 기록하는 데 익숙해질수록 사건은 아무 흥미 없는 무미건조한 사실이 되어버린다.

그러나 다른 한편으로는 충격 체험이 인식의 주요한 계기로 작동하기도 한다. 이는 연속성보다는 불연속성, 흐름보다는 정지의 계기를 강조하는 벤야민의 '정지 상태의 변증법' 속에서도 잘 드러난다. 정지 상태의 변증법이란 사고의 흐름이 갑자기 중단되는 순간의 인식을 가리키는 용어이다. 즉 과정이 정지되는 순간 섬광처럼 떠오르는 상의 인식을 목표로 하는 것이 바로 정지 상태의 변증법이다. 이는 현실의 이중적 구조, 즉 현대와 선사史, 현재와 신화, 꿈과 현실의 대립적 가치들이 절대적인 이분법을 이루는 것이 아니라 동일한 현실에 내재한 양면성을 구성한다는 인식에 근거하고 있다. 그래서 정지 상태의 변증법은 끊임없이 변화하는 것처럼 보이는 역사의 배후에 언제나 반복적으로 나타나는 정태적인 것을 포착하려 한다. 결국 이러한 현실의 이중적 구조가 포착되는 순간은 역사의 연속성이 중단되는 순간이자 긴장으로 가득 찬 구도 안에서 정지하는 순간이다. 이처럼 연속성보다는 불연속성, 운동보다는 정지에 중점을 두는 벤야민의 사고 속에서 중단과 충격은 인식에 도달하는 중요한 계기로 작용한다.

벤야민이 충격을 인식의 주된 계기로 보는 것은 브레히트의 서사극$^{\text{Episches Theater; epic theater}}$ 이론을 연구하면서 얻어진 것이기도 하다. 브레히트는 '서사적^{epic}'이라는 개념을 되블린$^{\text{Alfred Döblin, 1878~1957}}$의 소설 기법에서 차용했는데, 이는 "가위로 각각의 부분들을 잘라내 이 부분들이 철저하게 생명력을 갖추게 되는 것"이다. 브레히트는 연극의 흐름이 독립적인 부분들로 단절되어 전체적인 줄거리의 흐름이 시시각각 중단되고 그 틈을 이용해 관객들이 판단을 내리면서 사건들 사이로 끼어들 수 있도록 하는 것을 서사극의 기본 원리로 강조했다. 다시 말해 서사극에서 관객들은 중단된 극의 연결관계를 재구성하기 위해 스스로 능동적인 의식을 일깨우고, 나아가 극과 실제 현실을 대조해볼 수 있는 비판적 의식을 발전시킨다. 벤야민은 이러한 브레히트의 이론을 연구하면서 사건 흐름의 중단과 이질적인 장면의 결합을 서사극의 가장 중요한 구성 원리로 생각했다.

> 서사극은 상황을 다시 재현하는 것이 아니라 오히려 상황을 발견한다고 할 수 있다. 상황의 발견은 줄거리 진행 과정의 중단을 통해 이루어진다. …… 중단은 사건 진행 과정을 정지 상태에 이르게 하고 이를 통해 청중에게는 사건 진행에 대해, 배우에게는 자신의 역할에 대하여 어떤 입장을 취하도록 강요한다.
>
> 「생산자로서의 작가Der Autor als Produzent」(1934)

서사극 속에서 사건이 중단되고 일상적이고 친숙한 것들이 낯설고 눈에 띄게 되는 것, 이른바 소격 효과가 나타나면서 관객은 감정 이입 대신에 놀람과 충격을 맛보게 된다. 요컨대 서사극은 영화 필름의 상들처럼 단속적인 움직임 속에서 진행되며 그것의 기본 형태는 충격이다. 벤야민은 채플린 영화의 성공도 이러한 맥락에서 파악한다. 채플린이 보여준 제스처의 새로운 점은 인간의 표현 동작을 일련의 작은 신경 감응^{Innervation}들로 쪼갠다는 점이다. 그가 보여주는 각각의 동작은 일련의 잘게 부순 동작들의 파편으로 이루어지는데, 걷는 모습이건 아니면 모자를 벗었다 쓰는 모습이건 간에, 그것은 지극히 미세한 충격적 동작들의 연속이다.

몽타주, 충격 체험의 극대화

벤야민은 영화가 충격 체험을 일으키는 데 보다 효과적인 수단으로 사용될 수 있는 근거를 몽타주 기법에서 찾았다. 몽타주란 프랑스어로 '부분들을 조립하여 완성품을 만드는 것'을 뜻하는데, 애초에는 건축 용어로 사용되었다가 영화적인 구성을 가리키는 말로 정착되었다. 영화의 최소 단위는 숏^{shot}이라고 하며, 이는 '카메라가 한 번 동작함으로써 필름에 기록되는 영상'이나 '일련의 절단되지 않은 영상의 움직임'을 말한다. 영화는 이러한 숏들을 연결하는 작업을 통해 완성되고, 이것이 바로 몽타주이며 편집이다.

영화에서 보이는 환상적인 성격은 이차적인 성격을 지니고 있

다. 그것은 몽타주의 결과로 생겨난 것이다. 다시 말해 영화 제작소의 기계적 장치라는 이물질에서 벗어나게 될 현실의 순수한 모습은 하나의 특수한 처리 과정, 즉 카메라의 독특한 조작을 통한 촬영이나 똑같은 촬영을 조립한 결과로서 생기는 것이다.

「기술복제시대의 예술작품」

특히 벤야민은 숏과 숏의 충돌을 강조하는 예이젠시테인Sergei Eizenshtein, 1898~1948의 충돌 몽타주지식 플러스 참조에서 충격 체험의 극대화를 보았다. 예이젠시테인은 몽타주의 근본 토대를 "충돌에 의해 상충되는 두 조각의 대립"이라고 규정한다. 벤야민이 예이젠시테인을 주목한 것도 이러한 대립적인 몽타주가 일으키는 관객의

:: 〈전함 포템킨〉
〈전함 포템킨〉은 1905년 제정 러시아 오데사(Odessa) 항(현재는 우크라이나)에서 발생했던 전함 포톰킨(Potyomkin) 호의 반란 20주년을 기념하기 위하여 레닌의 지시로 만들어진 무성영화다. 당시 27살이었던 예이젠시테인이 공동 각본, 연출, 편집을 맡아서 제작한 영화로, 충돌과 파토스 효과를 강조하는 소비에트 몽타주 원리를 분명하게 보여주고 있다. 영화는 다섯 개의 에피소드들(1장 사람들과 구더기, 2장 뒤쪽 갑판 위의 드라마, 3장 죽은 자는 호소한다, 4장 오데사 계단, 5장 함대와의 만남)로 구성되어 있는데, 실제 포톰킨 호의 반란이 실패로 끝난 것과는 달리 영화 속에서는 다른 함대가 반란에 동참함으로써 해피엔딩으로 막을 내리고 있다.

충격 효과 때문이다. 너무나 자연스럽게 연결되어 편집을 눈치 챌 수 없는 몽타주 방식이나 아예 편집 자체가 극단적으로 배제된 영화와는 달리, 비약적이고 충돌적인 장면이나 요소들이 대립적으로 연결되어 있는 몽타주가 관객을 깜짝 놀라게 만드는 것은 당연하다. 그리고 깜짝 놀람을 통해서 관객은 비약적으로 연결된 장면의 의미를 스스로 구성하고자 노력하게 된다. 나아가 관객은 이와 같은 의미의 구성을 통해 새로운 인식에 도달하게 되고, 이런 인식이 그의 삶에 성공적으로 영향을 끼칠 경우 그는 이전과는 다른 모습이 될 것이다. 같은 맥락에서 벤야민은 예이젠시테인의 〈전함 포템킨Bronenosets Potyomkin*〉(1925)과 같은 영화를 충격을 통해 각성을 일으킬 수 있는 대표적인 예술의 사례

특히 오데사 계단의 시퀀스는 영화사에 길이 남을 불후의 명장면이 되었는데, 유모차가 계단에서 굴러 떨어지는 장면은 다른 영화에서 오마주(hommage; 원래 '존경'이란 뜻의 프랑스어에서 나온 말로, 특정 작품의 장면 등을 차용함으로써 해당 작가에 대한 존경을 표시하는 행위를 뜻한다)되기도 했다.
〈전함 포템킨〉의 아래 장면은 대리석 사자상의 세 숏을 시간적인 순서에 따라 몽타주한 것인데, 이는 잠자고 있는 사자가 깨어나서 분노에 차 포효하는 모습으로 읽힘으로써 지배 체제에 항거하여 일어선 민중의 봉기를 의미하는 것으로 해석된다. 이는 시각적 메타포를 위해 이미지들을 병치하는 것으로 이루어진 지적(知的) 몽타주의 사례이다.

••• 브레히트는 『오페라 '마하고니 시(市)의 흥망성쇠'에 대한 주석 Anmerkungen zur Oper Aufstieg und Fall der Stadt Mahagonny』(1930)에서 서사극의 기본 원리를 전통적인 감정이입극과 대조하여 설명하고 있다. 다음 중 설명이 잘못된 것은 몇 번일까?

극적(희곡적) 연극		서사적 연극
관객을 사건 속으로 몰아넣는다	①	관객을 관찰자로 만든다
관객의 능동성을 소모시킨다	②	관객의 능동성을 일깨운다
관객에게 체험을 중개	③	관객에게 인식을 중개
극적 환상이 주요 도구	④	논증이 주요 도구
인간은 변화 불가능한 존재	⑤	인간은 가변적이고 변화시키는 존재
변화되어야 할 세계	⑥	현존하는 세계
인간 행위의 필연성	⑦	인간이 해야 할 일

☞ 정답은 233쪽에

로 평가했다. 벤야민에 따르면, 충돌 몽타주는 아름다운 가상에서 벗어날 수 있는 기법이며 아름다움을 추구하지 않고 충격을 통해 각성을 일으킬 수 있다.

예술의 기능 전환과 생산자로서의 작가

지금까지 살펴본 것처럼, 벤야민은 대중문화의 산물이 대중을 기만하고 불구로 만든다고 비판한 아도르노와는 달리, 기술 복제 시대의 예술로서 영화가 몽타주라는 형식 원리를 통해 대중의 충격과 각성을 불러일으킴으로써 대중을 집단적 주체로 형성시키는 데 기여할 것이라고 보았다. 한마디로 말해 아우라의 붕괴를 특징으로 하는 기술 복제 시대에는 예술의 사회적 기능이 전환될 수 있다는 것이다.

벤야민은 '예술의 기능 전환'이라는 개념을 브레히트와 그의 서사극 개념에서 탄생된 것으로 설명한다. 그에 따르면, 브레히트는 생산수단의 해방에 관심을 가지고 계급 투쟁에 봉사하는 진보적 지식인이라는 의미에서 생산의 제 형식과 수단들을 변화시키기 위해서 예술의 기능 전환이라는 개념을 만들어냈다. 이러한 예술의 새로운 사회적 기능을 강조하는 글이 「생산자로서의 작가」다. 이 글에서 그는 무엇보다도 오늘날 지식인이 처한 위치에 대한 새로운 인식과 각성을 촉구한다. 전통적으로 부르주아 계급은 지식인에게 교양이라는 형태로 예술이라는 생산수단을 부여해왔기 때문에, 지식인은 교양이라는 특권에 의해서 부르주아 계급과 연대의식을 갖도록 되어 있었다. 그러나 이제 지식인은 이를 프롤레타리아 계급과의 연대관계로 돌려놓아야 한다는 것이다. 이러한 관점에서 벤야민은 오늘날의 생산관계에 직접 뛰어드는 적극적인 의미의 정신적 생산자로서의 작가, 즉 현대의 예술적 기술을 실천적 목적을 위해 적극적으로 활용할 수 있는 기술 실천적 작가를 요청한다. 그러고는 러시아 혁명 작가 트레티야코프$^{\text{Sergei M. Tret'yakov, 1892~1939}}$를 이러한 작가의 전형적인 사례로 보았다. 트레티야코프는 소비에트 러시아에서 농업의 전면적 집단화가 이루어지던 시절에 집단농장으로 가서 대중집회의 소집, 콜호스^{kolkhoz} 가입을 위한 설득, 대자보의 창안, 콜호스 신문 제작 등등, 민중들의 의식 개혁과 집단농장의 발전에 상당한 영향을 끼쳤다. 특히 벤야민은 대자보나 팸플릿과 같은 새로운 예술 기술과 형식에 주목하면서, 신문, 사진이나 영화를 적극 활용할 것과 기존의 예술 형식의 경계를 허물 것을 주장했다. 이러한 의미에서 예술가는 생산 기구를 프롤레타리아의 혁명의 목적에 적응시키는 것을 과업으로 삼는 엔지니어가 될 수 있다. 예를 들면, 사진은 표제를 붙임으로써 유행적 소비품에서 벗어나 혁명적 사용 가치를 부여받을 수 있다. 벤야민은 작가가 정치적인 진보성을 드러낼 수 있는 것은 기본적으로 기술의 진보에 근거한다고 생각했다. 예컨대 그는 브레히트의 서사극과 아이슬러$^{\text{Hanns Eisler, 1898~1962}}$의 음악이 만나 이루어진 〈조처$^{\text{Die Maßnahme}}$〉(1930)와 같은 교훈극에서 "음악회를 정치적 집회로 변혁시킬 수 있는", 음악적 기술과 문학적 기술의 최고의 만남을 확인했다. 무엇보다도 전통적 예술이 지니고 있었던 종교적 기능 대신에 정치에 근거한 새로운 기능이 등장하게 되는 것도 복제 기술의 발전으로 인한 아우라의 붕괴가 낳은 결과이다.

> 예술작품에서 진품성을 판가름하는 척도가 그 효력을 잃게 되는 바로 그 순간, 예술의 모든 사회적 기능 또한 변혁을 겪게 된다. 종교 의식적인 것에 근거를 두고 있던 예술의 사회적 기능의 자리에 또 하나의 사회적 실천, 즉 정치에 근거를 두고 있는 예술의 다른 사회적 기능이 대신 들어서고 있는 것이다.
> 「기술복제시대의 예술작품」

다시 말해 기술 복제 시대의 예술은 전시 가치에 절대적인 중점을 둠으로써 전혀 새로운 사회적 기능을 갖게 되는데, 그것이 바로 정치에 근거한 예술의 사회적 기능이다. 여기에서 벤야민은 예술의 기능 변화가 갖는 의미를 '제1기술first Technik'과 '제2기술second Technik'이라는 개념에 대비시켜 설명한다. 제1기술은 인간을 가능한 한 중점적으로 투입하는 것으로, 자연 지배를 목표로 하는 것이고, 제2기술은 인간을 가능한 한 적게 투입하는 것(예를 들면 인간이 필요 없는 원격 조종 비행체와 같은 기술)으로 "자연과 인류의 어울림"을 지향하는 것이다. 다시 말해 제2기술은 그 기원이 유희에 있기 때문에, 인간을 노동의 고역으로부터 해방시키는 쪽으로 나아가게 하여 개인의 유희 공간을 엄청나게 확장할 수 있다.

또한 제1기술과 제2기술의 대비는 진지함과 유희, 엄격함과 비구속성 등과 같은 개념과 각각 연관되기도 한다. 모든 예술은 유희 속에서 수용된다는 점에서 제2기술과 연관되지만, 또한 진지하게 수용된다는 점에서 제1기술과도 관련된다. 그럼에도 벤야민은 오늘날 예술이 갖는 사회적으로 결정적인 기능은 제2기술로서의 기능, 즉 자연과 인간의 어울림을 훈련시키는 일이라고 강조한다. 오늘날의 예술에서 아우라의 붕괴 및 가상의 위축과 함께 일어난 일은 유희 공간의 엄청난 확장이다. 여기에서 유희가 갖는 정치적 의미는 새로운 생산력에 대하여 인간의 사회적 관계가 점차적으로 적응해가는 관계 속에서 드러나게 된다. 그럼으로써 혁명의 목표는 제2기술에 대한 인간의 적응을 가속화하는 것이다. 물론 유희 공간의 확장에 있어서 무엇보다도 중요한 기능을 영화가 떠맡고 있음은 두말할 나위 없다. "우리 시대의 거대한 기술적 기구를 인간의 신경 감응의 대상으로 만드는 것", 이것이야말로 영화가 그 본질적 의미를 갖는 역사적 과제인 것이다. 신경 감응이라는 말은 프로이트$^{\text{Sigmund Freud, 1856~1939}}$가 신경 경로를 따라 에너지가 전달되는 생리학적 과정을 지칭하기 위해 사용했다. 이러한 에너지의 전이는 정신적인 에너지를 신경 에너지로 전환시킴으로써 생산되는 것이다. 벤야민은 이 개념이 이미지를 물리적이고 집단적인 현실로 전화시키는 과정으로서의 역사적 변혁을 개념화하는 데 유용하다고 생각했다. 벤야민에 따르면, 혁명이란 "집단의 기술적 기관의 신경 감응"인 것이다.

정치의 심미화와 예술의 정치화

벤야민은 기술 복제 시대의 예술이 지니는 이러한 새로운 기능을 "예술의 정치화"라고 지칭한다. 그는 기술의 발전이 진보적인 해방의 가능성과 퇴행적인 억압의 가능성을 동시에 지니고 있음을 간파하고, 새로운 기술적 수단이 예술을 통해서 해방적으로 이용될 수 있기를 기대한다. 다시 말해 공격적이고 파멸적인 기술의 폭력성으로부터 현대의 기술 속에 잠재적으로 내포된 유토피아적 가능성을 구제하고자 하는 것이다. 이러한 맥락에서 예술의 정치화란 단지 예술이 특정한 정치적 경향성을 드러내야 한다거나 정치적인 이데올로기의 수단이 될 것을 강요하는 것이 아니다. 그것은 새로운 기술에 잠재된 혁명적 에너지를 해방시키는 것이다. 오직 프롤레타리아 혁명만이 기술을 "타락의 숭배가 아닌, 행복에의 열쇠"로 사용하도록 유도한다는 것이 벤야민의 생각이었다.

그럼에도 불구하고 앞서 말했듯이 벤야민은 오늘날 기술이 잘못 사용될 수 있는 가능성을 결코 간과하지 않았다. 여기에서 등장하는 개념이 "예술의 정치화"에 대비되는 "정치의 심미화"이다. 간단히 말해서 정치의 심미화란, 파시즘의 대중 전략에서 단적으로 드러나듯이 정치적 이데올로기를 일방적으로 선전하고 이를 권위주의적으로 주입하기 위해 다양한 미적 수단과 효과를 사용하는 것을 말한다. 벤야민은 「기술복제시대의 예술작품」의 후기에서 다음과 같이 말한다.

> 파시즘은 대중으로 하여금 결코 그들의 권리를 찾게 함으로써가 아니라 그들 자신을 표현하게 함으로써 구원책을 찾고자 한

다. 대중은 소유관계의 변화를 요구할 권리가 있지만, 파시즘은 소유관계를 그대로 보존한 채 그들에게 표현을 제공하려 한다. 파시즘이 정치의 심미화로 치닫게 되는 것은 역사적으로 당연한 귀결이다. 「기술복제시대의 예술작품」

다시 말해 파시즘은 오늘날 새로이 등장한 대중을 조직하고 동원하려 하지만, 대중의 실제적인 권리, 대중의 경제적인 소유관계는 조금도 변화시키려 들지 않는다. 파시스트 정치학은 대중을 동원하지만, 대중을 침묵시킬 따름이다. 마치 아우라를 지닌 예술작품이 그러한 것처럼 일방적인 수용과 무기력한 복종만을 허용할 뿐이다. 다시 말해 파시즘은 대중의 현실적인 사회적 이해관계는 뒷전으로 한 채, 자신들의 정치적 야심을 충족시키기 위해서만 대중을 이용한다. 나치스 시절에 이루어졌던 축제행렬이나 대중적인 스포츠 행사, 대규모 집회, 주간 영화 그리고 이런 모든 것들의 최종 귀결이자 완성이라고 할 수 있는 전쟁 속에서 대중은 집단적 움직임 속에 있는 자기 자신을 마주 대하게 된다. 대량 복제술과 촬영 기술로 대변되는 기술의 발전은 이것을 가능하게 했고, 그 속에서 대중은 스스로가 역사 발전과 정치 실천의 주체인 듯한 환상과 매혹에 빠진다. 파시즘의 이러한 대중 기만과 현혹의 정치학은 미적인 수단을 통해 보다 효과적으로 입증된다. 이것이 바로 정치의 심미화이다.

파시즘은 "세상은 무너져도 예술은 살리라"라고 말하면서 기술에 의해 변화된 지각의 예술적 만족을 (마리네티$^{\text{Filippo Marinetti,}}$

1876~1944가 고백하고 있는 것처럼) 전쟁에서 기대하고 있다. 이것은 분명 예술을 위한 예술의 마지막 완성이다.

「기술복제시대의 예술작품」

"세상은 무너져도 예술은 살리라"라는 말은 16세기 신성로마제국 황제였던 페르디난트 1세$^{Ferdinand\ I,\ 재위\ 1556~1564}$가 한 말 "세상은 무너져도 정의는 행하라"를 패러디한 것이다. 벤야민은 파시즘이 벌이는 전쟁이야말로 예술을 위한 예술의 합법적인 상속자라고 강조한다. 사회적 현실과는 무관하게 담을 쌓으면서 자신만의 미적 세계에 안주했던 예술지상주의는 결국에는 전쟁 속에서 인간 자신의 소외와 파괴, 학살을 최고의 미적 쾌락으로 체험하는 단계에 이르렀다는 것이다. 그것들은 모두 상호 주체적인 의사소통을 거부하고 완전한 동화와 몰입을 강조함으로써 능동적이고 비판적인 반성을 차단하기 때문이다.

예를 들어 히틀러의 이데올로기에 대한 영웅적 찬미를 보여주고 있는 리펜슈탈$^{Leni\ Riefenstahl,\ 1902~2003}$의 다큐멘터리 필름 〈의지의 승리$^{Triumph\ des\ Willens}$〉(1935)는 정치의 심미화의 대표적인 사례라 할 수 있다. 정치의 심미화 속에서 대중은 지도자 숭배라는 또 다른 제의^{祭儀}의 희생양이 되어 자율적이고 비판적인 어떠한 사고도 할 수 없는 존재가 되어버린다. 마치 전통적인 예술작품을 수용하는 것처럼, 지도자의 아우라가 끊임없이 강조되면서 대중에게는 일방적인 몰입과 복종만이 요구되는 것이다. 이에 대해 벤야민은 "공산주의는 예술의 정치화로써 파시즘에 맞서고 있다"라는 단 한 줄의 결론으로 끝을 맺는다. 분명 벤야민이 예술의 정치화의 사례로서 에이젠시테인의 〈전함 포템킨〉과 같은 영화를 떠올렸음은 두말할 나위 없다. 그럼에도 불구하고 오늘날에는 예술의 정치화와 정치의 심미화라는 대립 구도가 과연 어떠한 의미에서 명확하게 구분될 수 있을지에 대해 의문의 여지가 있다. 오늘날의 관점에서는, 소비에트 몽타주의 영화도 파시즘의 선전영화 못지않게 '정치의 심미화'의 사례로서 읽힐 수도 있기 때문이다. 만약 예술의 정치화와 정치의 심미화라는 개념이 단순히 좋은 공산주의 이념 대 사악한 파시즘이라는 이데올로기적 차별성을 의미하는 것이 아니라면, 벤야민의 대립 구도는 기술과 예술작품, 그리고 수용자와의 관계라는 지점에서 파

〈의지의 승리〉

〈의지의 승리〉는 베를린 태생의 영화배우였던 리펜슈탈이 히틀러의 지시에 따라 1934년 뉘렘베르크에서 개최된 나치스 전당대회를 찍은 다큐멘터리 영화다. 이 영화는 기술 스텝 10명, 카메라맨 36명, 항공 사진사 9명, 조명 기사 17명 등을 포함, 172명에 달하는 제작진의 참여 속에서 나치스의 전폭적인 지지를 받으며 완성되었다. 또한 이 작품은 탁월한 예술적 완성도를 인정받아, 1935년 베니스 비엔날레에서 금메달을, 1937년 파리 세계박람회에서 그랑프리를 수상하기도 했다. 그럼에도 불구하고 이 영화가 드러내는 히틀러와 나치스에 대한 선전과 미화는 이 작품의 예술적 평가에 대한 많은 논란을 불러일으켰다. 급기야 종전 후에 리펜슈탈은 영화에 대한 책임으로 전범재판에 회부되기도 했다. 재판 과정에서 리펜슈탈은 자신은 나치스 당원이 아니고 히틀러의 이념에 동조하지도 않았으며 다만 예술적으로 뛰어난 영화를 만들려고 했을 뿐이라고 항변했다. 리펜슈탈의 또 다른 기록영화인 〈올림피아(Olympia)〉(1938)는 1936년 베를린 올림픽을 기록한 2부작 필름인데, 여기에는 손기정 선수가 마라톤 우승으로 월계관을 쓰는 순간이 담겨 있기도 하다.

악될 수 있을지 모른다. 즉 예술의 정치화는 새로운 기술에 의해 가능해진 예술의 지각과 수용 속에서 자율적으로 사고하고 반성할 수 있는 집단적 주체를 형성하는 것으로 이해될 수 있을 것이다. 이런 관점에서, 영화는 오늘날 능동적이고 비판적인 성격을 지닌 집단적 수용자들에게 기술이 열어놓는 새로운 유희와 해방의 공간을 훈련시키는 대중운동의 도구가 될 수 있는 것이다.

+ 지식 플러스 +

크라카우어의 '정신 분산' 개념

벤야민의 '정신 분산Zerstreuung; Distraction'이라는 개념은 동시대 영화이론가였던 크라카우어의 영향을 받은 것이다. 크라카우어는 「정신 분산의 숭배Kult der Zerstreuung」(1926)에서 예술의 수용 방식과 연관해 이 개념을 처음으로 사용했다. 여기에서 크라카우어는 1920년대 중반 새롭게 등장한 베를린의 대형 영화관을 기존의 변두리 극장과 비교해 "영화궁전Lichtspielhäuser"이라고 칭한다. 호텔 로비와도 같이 화려한 외관을 지닌 새로운 대형 영화관이야말로 '정신 분산의 궁전'이 되고 있다는 것이다.

베를린 '영화궁전' 내부

'영화궁전'의 내부 디자인뿐만 아니라 프로그램의 성격이 관람자의 주의를 주변적인 것으로 돌리게 함으로써 심연으로 침잠하지 못하게 만든다.   「정신 분산의 숭배」

그럼에도 불구하고 그는 정신 분산적 방식으로 드러나는 현실의 해부가 다른 한편으로 '도덕적 중요성'을 지닐 수 있음을 간과한다. 왜냐하면 눈부신 감각 인상들의 파편적인 연속 속에서 관객은 실제의 파편화된 현실을 만날 수 있기 때문이다. 크라카우어에 따르면, 영화는 자본주의의 현실 경험이 지닌 추상성과 파편성을 가장 적나라하게 드러낼 수 있는 매체다. 다시 말해 영화가 주는 혼잡함의 퍼레이드 속에서, 사회의 부조화에 대한 순간적인 감각이 전달될 수 있다는 것이다.

> 순수한 피상성 속에서, 관객은 스스로와 조우한다. 그 자신의 현실이 찬란한 감각 인상들의 파편화된 연속 속에서 폭로되는 것이다. 이러한 현실이 관람자들에게 숨겨진 채 남아 있다면, 그들은 그것을 공격할 수도 변화시킬 수도 없을 것이다. 「정신 분산의 숭배」

그러나 실상 대부분의 예술에서는 잡다함과 파편성을 그대로 드러내기보다는, 예술적 조화와 통일성을 꾸며내 보여주는 것이 일반적이다. 따라서 크라카우어는 파편성의 진리로부터 도피하는 것이야말로 영화가 지닐 수 있는 잠재력을 잃어버리는 것이라고 생각했다. 말하자면, 부르주아 연극의 낡은 관습에 영화의 혁명적 잠재성이 종속됨으로써, 은폐된 현실의 파편들을 드러내고 일상적 존재의 예기치 않은 거처를 보여줄 수 있는 영화의 능력이 사라져버릴 수도 있다는 것이다. 따라서 그는 이러한 부조화와 단편성을 숨기는 대신에, 그것을 드러낼 수 있는 일종의 '정신 분산'을 요청했다.

요컨대 정신 분산이란 "통제되지 않은 우리 세계의 무질서를 반영"한다. 따라서 자본주의 현실의 의미 없는 표면을 기록하는 영화는 그 표면의 모습이 단지 '임시적'이며 바람직한 모습이 아니라는 것을 보여주고 언제나 '다른 구성'이 가능하다는 것을 드러냄으로써 "역사적 기억을 벗어난 순간들의 새로운 배열"을 제공할 수 있다. 이러한 맥락에서 크라카우어는 영화를 "메두사^{Medûsa}의 머리를 비출 수 있는 아테나 여신의 방패"에 비유한다.

> 오직 영화만이 분명한 의미에서 자연에 거울을 비출 수 있으며, 만약 실제 삶에서 직접 마주 대한다면 우리를 돌로 굳어버리게 만들 그러한 사건들도 영화를 통해 반영할 수 있다. 영사막이 아테나 여신의 방패인 것이다.
> 『영화 이론Theory of Film: The Redemption of Physical Reality』(1960)

물론 크라카우어도 영화가 주는 정신 분산이 대중에게 부정적인 효과를 끼칠 가능성을 간과하지는 않았다. 정신 분산은 그 정당함에도 불구하고 사람들을 수동적으로 만들 수도 있기 때문이다. 영화는 "정신 분산에 중독된 동질적인 대도시 대중"을 생산한다. 왜냐하면 영화 속에서는 감각의 자극이 너무나 신속하게 교체되어버리므로, 그 자극들 사이에서 대중이 관조할 수 있는 여지가 남아 있지 않기 때문이다. 그는 영상이란 이면이 없는 표면 위의 움직임, 즉 순간적으로 사라져버리는 움직임의 연속일 뿐이며, 영상을 바라보는 주관의 의식은 일종의 유아적 과대망상 상태로 퇴행하여 꿈과 현실 사이에서 부유하고 있다고 진단하기도 했다. 특히 영화가 정신 분산적 지각 방식에 호소함으로써 관객을 무의식적으로 최면 상태에 빠지게 하고 그럼으로써 파시스트들의 정치적 목적에 악용될 가능성이 있음을 우려했다. 어두운 극장의 환경이 적절한 판단과 정신 활동을 위해 필요한 환경적 자료들을 자동적으로 빼앗아버린다는 것이다. 바로 이러한 사실 때문에 영화의 옹호자와 비판자가 모두 영화라는 매체를 일종의 마약에 비유했던 것이다.

소비에트 몽타주 이론과 예이젠시테인의 충돌 몽타주 개념

　영화에서 몽타주 기법이 본격적으로 연구된 것은 혁명 후의 소비에트 러시아에서였다. 특히 레프 쿨레쇼프Lev Kuleshov, 1899~1970는 '쿨레쇼프 공방'이라는 연구 집단을 결성하고 '쿨레쇼프 효과Kuleshov effect'라 불리는 몽타주 실험을 했는데, 그중 가장 널리 알려진 것이 '이반 모주힌 실험'이었다. 이 실험은 당시 인기 배우였던 모주힌Ivan Mozzhukhin, 1889~1939의 무표정한 얼굴을 클로즈업한 장면 뒤에 서로 다른 세 영상을 연결시킨 후, 이에 대한 관객의 반응을 실험하는 것이었다. 첫째 장면은 테이블 위에 스프 접시가 있는 장면을, 둘째는 관 속에 죽은 여인이 누워 있는 모습을, 마지막에는 장난감을 가지고 노는 어린 소녀의 모습을 각각 연결시켰다. 이 세 영상을 본 관객들은 동일한 모주힌의 얼굴 속에서, 뒤에 연

▪▪ 사회적 인기 배우였던 모주힌의 무표정한 얼굴을 클로즈업한 장면 뒤에 서로 다른 세 영상을 연결시킨 후 이에 대한 관객의 반응을 조사했는데, 관객들은 뒤에 연결되는 장면에 따라 동일한 모주힌의 얼굴에서 각기 다른 감정과 분위기를 읽어냈다.

결되는 장면에 따라 각기 다른 감정과 분위기를 읽어냈다. 첫 몽타주에서 관객들은 모주힌의 얼굴에서 빈 스프 접시를 보고 허탈해하는 눈빛을, 둘째 몽타주에서는 깊은 슬픔에 잠겨 있는 모습을, 마지막 몽타주에서는 아이를 바라보는 밝은 표정을 읽어냈다. 결국 이러한 실험을 통해서 쿨레쇼프는 "배우의 연기는 몽타주를 통해 완성된다"는 것을 입증해내고 영화를 몽타주의 예술로 부각시켰다. 이러한 초창기 몽타주 실험은 이후 프세볼로트 푸돕킨(Vsevolod Pudovkin, 1893~1953)과 예이젠시테인에 의해 보다 완성된 영화이론으로 체계화되었다.

푸돕킨은 마치 벽돌을 쌓는 것과 같은 누적적인 '연결' 몽타주를 강조하는데, 이는 사건의 특징적인 요소들을 선택해서 이를 하나의 전체로 구성하는 과정을 말한다. 다시 말해 그의 이론은 현실을 보다 분명하고 인상적으로 표현하기 위해서 숏들의 자연스러운 연결과 유기적 구성을 강조하는 몽타주 기법을 강조한다. 이에 반해 예이젠시테인은 자연스러운 연결이 아니라 숏과 숏의 충돌에 의한 '충돌' 몽타주를 강조하는데, 이러한 충돌 효과는 관객의 파토스를 불러일으킨다. 그리하여 관객은 충돌된 장면들의 의미를 재구성할 수 있는 지적인 연상과 새로운 인식으로 나아가게 된다는 것이다. 예이젠시테인은 충돌 몽타주 개념을 표의(表意) 문자의 원리로 설명했다. 예를 들어 개를 의미하는 '견(犬)'과 입을 나타내는 '구(口)'를 합하면 '폐(吠)'가 되는 것처럼, 충돌 몽타주는 개와 입이라는 서로 다른 의미가 한데 합쳐져 충돌을 일으킴으로써 '짖는다'라는 완전히 새로운 의미로 질적인 도약을 하는 것과 같은 원리이다. 두 개의 상형 문자의 결합은 둘의 합이 아니라 둘의 곱으로 생각해야 한다는 것이다. 예이젠시테인의 영화 〈파업(Stachka)〉(1924)에서는 군인들이 노동자들을 학살하는 장면과 도살장에서 소의 목이 잘리는 장면이 서로 연결되는데, 이러한 이질적인 숏들의 몽타주는 관객에게 일종의 충격 체험을 주고 이를 통해 관객은 "군인들이 소를 도살하듯이 잔인하게 노동자들을 학살했구나"라는 새로운 의미를 스스로 구성하게 된다. 특히 〈전함 포템킨〉은 이러한 충돌 몽타주의 원리를 분명하게 보여준 고전 중의 고전이다. 결국 예이젠시테인의 몽타주 이론은 영화의 파괴적인 중단과 비약적인 구성을 통하여 관객이 의미 구성에 능동적으로 참여할 수 있도록 만드는 지적인 영화를 강조한 것이다.

특히 예이젠시테인은 연결 몽타주와 대비되는 이러한 충돌 몽타주의 원리를 소비에트 몽타주와 미국식 몽타주를 대비시킴으로써 설명한다. 요컨대 미국식 몽타주가 양적인 누적에 기반한 것이라면, 소비에트 몽타주는 질적인 비약을 추구한다는 것이다. 즉 미국식 몽타주가 관련되는 내용들을 하나하나 누적적으로 연결하는 것이라면, 이에 반해 소비에트 몽타주는 서로 충돌할 수 있는 내용들을 결합함으로써 새로운 의미를 비약적으로 발생시키는 것을 중점으로 한다. 따라서 충돌 몽타주는 관객의 파토스를 불러일으키는 구성 방식과도 연관된다. 예이젠시테인은 파토스라는 개념을 한마디로 말해서 "관객을 자기 자신으로부터 벗어나게 했을 때 생기는 효과"라고 규정한다. 이전의 자신의 상태로부터 벗어나서 질적으로 다른, 지금까지와는 정반대되는 감정으로의 전환, 이것이 이른바 파토스 효과이며 엑스터시^{ecstasy}의 상태이다. 따라서 영화의 파토스 구조는 끊임없는 엑스터시의 상태이자, 예술작품의 개별적 요소가 질적으로 비약하는 것이다. 예를 들어 예이젠시테인은 〈전함 포템킨〉의 오데사 계단의 시퀀스를 이러한 파토스 구조의 사례로 들고 있다.

클로즈업은 롱숏으로 도약

군중의 혼란스러운 움직임은 군인들의 율동적인 움직임으로 도약

군중의 움직이는 속도가 굴러 떨어지는 유모차의 속도로 도약

아래로 향하는 움직임은 위로 향하는 움직임으로 도약

소총들의 일제 사격은 전함의 대포 한 방으로 도약

『영화 형식Film Form: Essays in Film Theory』(1949)

 이렇듯 오데사 계단의 장면들은 서로 대비되는 장면들이 비약적으로 연결됨으로써 이루어진다. 군인들의 총격에 놀라 도망가는 군중의 어수선한 움직임은 일사불란하게 한발 한발 계단을 내려오는 군인들의 율동적인 움직임으로 대비되고, 그들이 아래로 향하는 움직임은 총에 사살된 아이의 시신을 걸머쥐고 계단을 오르는 어머니의 움직임으로 도약되어 연결된다. 이렇듯 〈전함 포템킨〉은 대립적이고 충돌적인 몽타주로 이루어진 파토스 구조를 통해 관객의 엑스터시를 불러일으키는데, 이는 사회주의 혁명의 폭발이라는 주제뿐만 아니라 혁명을 통한 사회의 비약적 발전이라는 이념을 드러내는 영화의 형식 원리가 된다. 그럼으로써 파토스적 구성에 입각한 영화는 양질 전환과 질적 비약이라는 변증법적 원리에 기반하여 관객에게 변증법적으로 사고하는 법을 가르친다. 결국 예이젠시테인은 충돌 몽타주나 파토스 구조와 같은 영화의 새로운 형식 원리를 주장함으로써 관객의 정신적 각성과 의식의 고양을 주장하는 것이다.

브레히트의 서사극 개념은 아리스토텔레스가 『시학』에서 논의한 바 있는, 극 drama과 서사 epic와의 대조를 염두에 둔 것이다. 브레히트는 아리스토텔레스의 규정에 입각한 전통적인 극 개념이 주인공에 대한 관객의 감정 이입을 전제로 한다고 설명한다. 이러한 의미에서 브레히트는 감정 이입을 촉발하는 극을 모두 '아리스토텔레스적'이라고 부른다. 전통적인 감정이입극에서 관객의 시야는 감정 이입의 대상인 주인공의 시야에 갇혀 있을 수밖에 없다. 관객의 지각과 감정, 인식 등은 무대 위의 인물과 획일적으로 같아지게 된다. 예를 들어 딸들에 대한 리어왕의 분노는 관객에게 당연한 것으로 그대로 전염될 뿐이지, 리어왕의 분노가 과연 정당한지, 그것이 어떤 결과를 가져올지 하는 것은 전혀 검토될 수 없다. 그럼으로써 모든 사회 현상들은 이처럼 지당하고 영원하며, 자연스러운 것으로 받아들여지게 된다. 이에 반해서 브레히트는 서사극을 반反아리스토텔레스적인 극이라고 규정한다. 서사극은 감정 이입에 반대하는데, 관객이 감정 이입의 최면에서 깨어났을 때만이 분별력을 가지고 현실 세계로 들어설 수 있기 때문이다. 이것이 바로 우리가 앞서 보았던 소격 효과의 목적이고 브레히트가 주장하는 서사극의 기본 원리이다. 『오페라 '마하고니 시의 흥망성쇠'에 대한 주석』에서 브레히트는 서사극 개념을 보다 명료히 하기 위해 이를 전통적인 감정이입극의 개념들과 이분법적으로 대비시키는데, 퀴즈의 정답은 ⑥번이다. 순서가 바뀌어야 한다. 브레히트는 극적 연극의 관객과 서사극의 관객의 반응을 다음과 같이 대비시키기도 한다.

　A 맞아, 나도 그렇게 느꼈어. 나도 그런 생각이야. 그게 자연스러운 거지. 언제나 그럴 거야. 저 사람이 지닌 고뇌는 내게는 적잖은 충격이야. 달리 어떻게 선택할 길이 없거든. 이거야말로 참 훌륭한 예술작품이군. 모든 것이 너무 자명해. 나는 저 배우들과 함께 울고 함께 웃어.

　B 나는 그렇게 생각하지 않았는데. 그걸 그렇게 해서는 안 되지. 거의 믿을 수 없어. 당장 집어치울 것이지, 정말 답답하네. 저 사람의 고뇌는 충격적이야. 얼마든지 다른 길을 선택할 수도 있었을 텐데 말이야. 이거야말로 참 훌륭한 예술작품이군. 자명한 것이라고는 하나도 없어. 나는 눈물을 질질 짜는 배우들을 보면 웃음이 터져 나오고 웃고 있는 배우들을 보면 눈물이 나지.

　A와 B 중에서 누가 극적 연극의 관객일까? A는 아리스토텔레스적인 감정이입극의 관객, B는 브레히트적 서사극 관객의 반응이다.

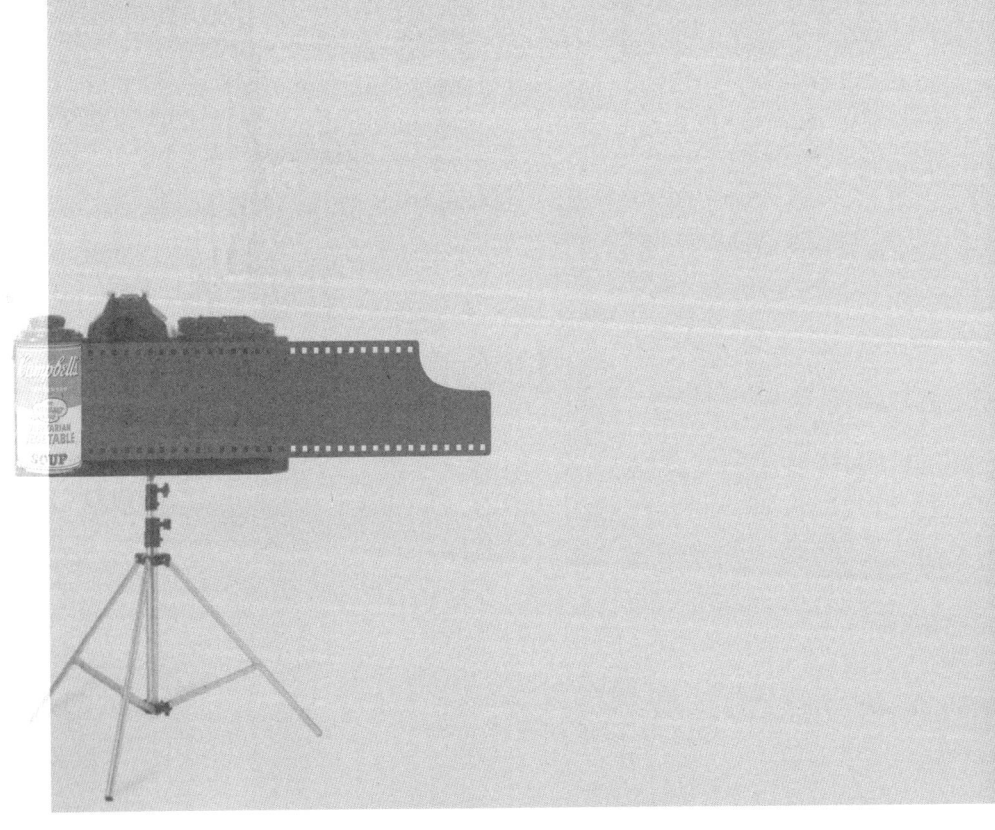

Walter Benjamin

Chapter 3

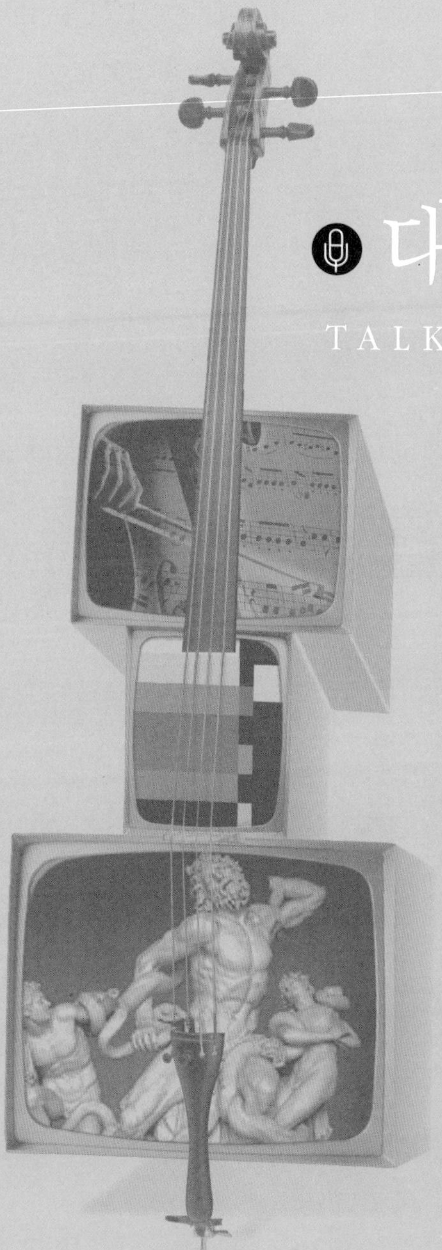

대화
TALKING

Theodor W. Adorno

문화산업론의 현재적 의미

아도르노의 문화산업론에 대해 네 명의 패널들이 토론을 벌이고 있다. 주제는 '오늘날의 문화 상황에서 문화산업론은 우리에게 무엇을 알려줄 수 있는가'이다. 문화산업론의 의미를 여전히 강조하고자 하는 토론자 두 명과 그 한계를 지적하고자 하는 토론자 두 명이 나와서 논의하고 있다.

|사회자| 지금부터 아도르노의 문화산업론에 대한 토론을 시작하겠습니다. 먼저 준 교수께서 자유롭게 모두 발언을 시작해주시면 좋겠군요.

|준 교수| 비판이론의 출발점은 속류 마르크스주의가 보여주었던 문화에 대한 이해를 극복하려는 것이었죠. 흔히들 경제 결정론이라고 부르는, 그러니까 경제적 토대가 상부구조를 일방적으로 결정한다고 보는 관점 말입니다. 다시 말해 비판이론은 문화의 상대적 자율성을 강조하고 현대 사회 속에서 문화가 갖는 역할

과 중요성을 인정하겠다는 것인데요. 그러나 과연 문화산업론이 이러한 문제의식을 충분히 달성했는지는 의심스럽군요. 결국 문화산업론의 주장은 현대 자본주의 사회에서 대중문화가 지배 계급의 이데올로기를 일방적으로 전달하는 지배와 통제의 도구가 되어버렸다는 것 아닙니까? 그러나 구체적인 현실 속에서 대중문화가 나타나는 양상을 검토해보면, 이론보다는 훨씬 모순적이고 다양한 방식으로 대중문화가 생산되고 유통되는 것인데, 아도르노는 이 점을 간과하고 있어요.

|서현| 이론보다는 훨씬 모순적인 현실이라니요? 어떤 말씀이신지 좀더 구체적으로 말씀해주시지요.

|준 교수| 더글러스 켈너$^{\text{Douglas Kellner, 1943~}}$라는 이론가의 말을 인용해보지요. 이분은 현재 제3세대 비판이론가라고 일컬어지는 분이죠. 켈너는 아도르노의 대중음악론으로는 저항적인 하위문화와 연관되어 있는 블루스, 재즈, 로큰롤, 레게, 펑크와 같은 다양한 형태의 대중음악의 발생과 인기를 적절하게 설명할 수 없다고 해요. 다른 어떤 예술보다도 가장 비재현적 매체인 음악은 인간의 고통과 분노, 열망과 저항을 표현할 수 있고 그러한 인간 경험은 때로는 저항적이고 진보적인 효과를 불러일으킬 수 있다는 거죠. 역사적으로 보자면, 어떤 대중음악 장르는 흑인이나 라틴 아메리카인들, 또는 백인 노동자 계급이나 주변적인 청년 집단과 같은 억압받는 사회 계층에 의해 형성되었죠. 사실 많은 대중음악이 아도르노가 비판했던 표준화나 순응성에 대항해서 저

항을 드러내잖아요. 그러므로 실제 대중문화의 산물은 아도르노가 말했던 것보다는 훨씬 더 복잡하고 다층적인 양상을 지닌다고 할 수 있어요. 다시 말해 대중문화는 기존 상태에 대한 이데올로기적 찬양뿐만 아니라 기존 현실을 넘어서려는 유토피아적 계기, 대립과 저항의 순간을 포함하는 갈등적이고 투쟁적인 영역이라는 겁니다.

|민 교수| 저항적인 대중문화에 대해 말씀하셨는데, 아도르노가 그런 점을 인식하지 못했던 것은 아니지요. 일찍이 그는 "어느 누구를 위해서도 무엇인가가 마련되어 있지만, 그것은 어느 누구도 그것으로부터 빠져나가지 못하게 하기 위해서"라고 했어요. 이를 위해 차이는 오히려 강조되고 선전되지요. 말하자면, 자본의 이익을 최우선의 목표로 하는 문화산업은 바로 그 때문에 어찌 보면 자본주의 자체에 대해 가장 날카로운 비판을 하는 산물 또한 만들어낼 수도 있는 것입니다. 정치적으로 삐딱한 사람들에게도 팔아야 할 것들이 있어야 하니까요. 그러나 큰 틀에서 보면, 그것도 역시 아무도 문화산업의 틀에서 빠져나가지 못하게 하려는 지배 권력의 책략이라는 거죠. 예를 들면 어떤 사람은 자본주의에 비판적인 대중음악으로 레이지 어젠스트 더 머신 Rage Against the Machine 의 록 음악이나 밥 말리 Bob Marley, 1945~1981 의 레게 음악을 들곤 하는데, 이런 음악의 상업적 성공은 오히려 역설적으로 그들이 비판하는 자본주의 체제의 이득과 공고화를 가져오지 않습니까? 그런 색깔의 음악이 만들어진다는 것 자체가 이 체제에 비판적인 무리들에게 숨구멍을 틔워줌으로써 역설적으

로 이 체제가 무리 없이 존속되게 이바지하는 효자손이 된다고 할 수 있지요.

|민기| 하나만 보시고 둘은 보시지 못한다는 느낌이군요. 지금 민 교수님께서 말씀하신 비판적 대중문화의 산물이 자본주의 체제 내에서 그들의 장삿속을 위해 만들어지긴 하지만, 그보다 중요한 것은 그것이 결과적으로 대중의 의식을 각성시키고 잘못된 체제에 대한 저항을 가능하게 했다는 점이지요. 우리나라의 예만 봐도 그렇지 않나요? 〈모래시계〉(1995)와 같은 드라마가 상업 방송국을 통해 전파를 탔지만, 그럼에도 그 드라마의 성공과 폭발적인 인기가 이후에 5·18 광주민주화운동에 대한 사회적 인식과 여론을 변화시키는 데 충분히 기여했다고 할 수 있으니까요.

|준 교수| 저도 방금 말씀하신 의견에 동의합니다. 제가 볼 때 아도르노의 가장 큰 실책은 대중의 자발성과 의식 수준을 너무 과소평가했다는 겁니다. 오늘날의 대중은 대중문화를 통해 일방적으로 전달되는 지배 이데올로기를 아무 생각 없이 받아들이는 수동적이고 무기력한 바보가 아니에요. 얼마든지 자신의 이해관계를 인식할 수 있고 이에 따라 자신의 호불호를 분명하게 드러낼 수 있지요. 요즘에 만들어지는 대중문화의 산물이 얼마나 많습니까! 그럼에도 그중에서 정작 대중의 사랑을 받고 오래 기억되는 것은 몇 안 되잖아요? 어떠한 대중문화의 산물이 대중의 인기를 얻고 성공할지의 여부는 문화산업 생산자들의 의지와는

무관할뿐더러, 인기 있는 대중문화의 산물에는 뭔가 이유가 있기 마련이지요. 모든 대중문화 속에는 대중의 선택이라는 기제가 늘 작동하고 있고요. 아도르노는 이 점을 간과하고 있어요.

|민 교수| 아도르노가 주장하는 것은 대중의 자발적인 선택이라는 관념 자체가 문화산업이 만들어낸 이데올로기라는 것입니다. 제가 볼 때는 대중의 욕구 또한 거대 문화산업의 손에 의해 끊임없이 조작되고 만들어지는 것이 사실인 듯합니다. 『미니마 모랄리아 Minima Moralia. Reflexionen aus dem beschädigten Leben』(1950)에서 아도르노는 이렇게 말하지요. 대중사회는 고객을 위해 쓰레기를 생산하는 것이 아니라 고객들을 먼저 생산한다고요. 그리고 이런 고객들이 이제 영화, 라디오, 잡지들에 굶주리게 되는 것이라고요.

|민기| 자꾸 아도르노의 원문을 말씀하시는데, 제가 한번 실제적인 연구 결과를 가지고 반박을 해보지요. 이것은 문화 연구의 대표자인 홀 Stuart Hall, 1932~과 제퍼슨 Tony Jefferson이 영국 청년 문화를 가지고 연구한 결과인데요. 이들의 주장은 한마디로 말해서 청년 문화의 스타일이 문화산업의 상품 생산 기도의 일부였다는 사실을 거부하는 것입니다. 그러니까 스킨헤드나 펑크와 같은 청년 문화 스타일은 이윤을 추구하기 위한 문화산업의 상품으로서 창조된 것이 아니라 계급적 상황에 대한 진정한 반응으로서 발전된 것이라는 얘기지요. 그러나 이러한 스타일이 형식적으로 완성되고 정형화되면, 문화산업의 기도가 들어가서 대중에게 팔리기 위해 그것을 "완화시키고 defusing 확산시키게 diffusing" 된다는 것

입니다. 예를 들어보죠. 비틀스The Beatles 다들 좋아하시죠? 팝 그룹으로서의 비틀스는 영국 계급 구조에서 기원한 청년 문화 스타일의 전 영역을 드러내고 있다고 할 수 있어요. 초기 함부르크 시절은 가죽 재킷 이미지로 대변되는 하층 노동 계급 로커의 거친 이미지를 표현했다면, 세계적인 유명세를 얻은 후에는 중간층 노동 계급 '모드mod' 문화의 세심하게 완화된 이미지를 나타내고요. 그리고 그 이후에는 중산층 히피 문화를 대변하지요. 여기에서 문화산업은 그러한 발전을 상품화하기는 하지만, 그것들을 직접 창조하지는 않는다는 것입니다.

|서현| 제가 보기에 그 말씀은 문화산업론을 반박하는 것이라고 할 수 없을 것 같군요. 문화산업론의 관점은 후기 자본주의 사회에서 문화가 자본의 이익에 따라 상품화된다는 것 아닙니까? 애초에 그것이 어떻게 만들어졌든 간에, 자본주의 시장경제 속에서 하나의 상품으로서 재가공되는 한, 그 산물은 애초에 그것이 가졌을 수도 있는 비판정신을 상실하게 되지요. 제가 보기엔 아도르노가 들었던 재즈의 예도 이러한 맥락에서 이해해야 합니다. 재즈가 문화산업의 산물로 상품화되는 한, 흑인들의 저항 정신의 표현이라는 원래의 함의는 사라지고 그저 상품 판매를 위한 이데올로기적 선전으로 이용될 뿐이지요. 말하자면 상품의 선전을 위해 "흑인의 저항 음악"이라는 상표가 과대 포장된다고 할까요. 방금 예를 들어 설명하신 비틀스의 경우도 애초에는 계급적 상황에 대한 반응으로서 만들어진 청년 문화였을지 모르지만, 그것이 자본의 이익에 따라 상업적으로 대중화되었을 때에

는 애초의 비판성과 저항성은 상당히 완화되어버린 상품이 되는 것이죠.

|준 교수| 그렇다면 아도르노의 관점은 대중문화의 생산자에만 너무 초점을 맞춘 이론 아닌가요? 대중문화를 전혀 다른 관점에서 보는 존 피스크$^{John\ Fiske,\ 1939~}$의 이론을 한번 얘기해보지요. 피스크는 대중문화란 무엇보다도 대중의 실천 행위, 즉 대중이 일상에서 그것을 소비하고 이용하는 과정 속에서 정의되어야 한다고 봅니다. 물론 대중문화의 산물은 오늘날 대부분 이윤을 추구하는 문화산업에 의해 만들어지지만, 이는 대중문화를 위한 하나의 자원 혹은 원천에 불과한 것이고, 대중이 특정한 삶의 맥락에서 자신들의 상황에 맞게 새로운 의미를 만들어내고 그 속에서 즐거움을 느끼게 되는 바로 그러한 소비 행위 속에서 진정한 대중문화의 창조가 이루어진다는 겁니다. 이런 관점에서 보자면, 대중 스스로가 진정한 대중문화의 창조자인 셈이지요. 그래서 피스크는 "대중적인 지배 문화란 존재하지 않는다"라고 선언합니다. 피스크가 예로 들고 있는 마돈나$^{Madonna,\ 1958~}$의 뮤직 비디오가 대표적 사례지요. 마돈나는 일부 페미니스트들에게는 가부장적 가치를 다시금 각인시키는 것으로서, 몇몇 남성에게는 관음증적인 쾌락의 대상으로서 유통될 수 있겠지만, 수많은 소녀 팬들 사이에서는 권력을 지닌 자유의 행위자로서 유통될 수 있겠지요. 만약 수많은 마돈나 워너비^{wannabe}(다른 사람을 흉내내거나 따라하는 사람)들이 마돈나의 〈아빠, 설교하지 마세요$^{Papa\ Don't\ Preach}$〉(1986) 같은 뮤직 비디오를 보면서, 이를 가부장적 아버지

의 권위에 맞서 자신의 태아를 지키고자 하는 미혼모의 이야기로 읽어낸다면 어떻게 될까요? 만약 이들이 이 뮤직 비디오를 통해 당당하게 자신의 삶을 살아가는 여성으로 마돈나의 의미를 해석하고 즐거움을 얻었다면, 그것이야말로 모범적인 대중문화의 사례라고 할 수 있는 것입니다.

|민 교수| 그런 이론이야말로 대중이 좋아하는 것이면 무조건 좋다는 식의 무비판적 대중주의populism로 가는 지름길이지요. 실제로 그러한 대중주의는 어떤 텍스트건, 어떤 실천 행위건 간에, 대중이 그 속에서 새로운 의미와 쾌락을 만들어내는 것은 무조건 좋다는 식 아닙니까? 제가 보기에 마돈나의 뮤직 비디오는 아름다운 여성의 매혹적인 육체를 관음증적으로 전시함으로써 성의 상품화를 통해 돈벌이를 추구한다는 비난을 면할 수 없다고 봐요. 그러니까 피스크의 이론은 문화 산물에 대한 수용자의 이용과 쾌락에만 치중하기 때문에, 그것의 생산에 대한 정치경제학적 관점이나 텍스트의 구조 분석과 같은 측면은 전혀 도외시해 버립니다. 반면, 아도르노의 문화산업론은 이러한 모든 측면을 아우르는 훨씬 다층적이고 정교한 이론이라고 할 수 있지요.

|준 교수| 그건 아니죠. 제가 보기에 현재의 상황에 보다 걸맞은 이론은 아도르노보다는 피스크의 이론입니다. 무엇보다도 제가 맘에 드는 것은 피스크는 아도르노가 보는 것처럼 대중을 그저 자본의 이익에 따라 놀아나는 바보들로 보지 않는다는 점이죠.

피스크가 말하는 대중은 자신의 이해관계를 인식할 수 있고 상황에 따라 자신의 이해관계에 맞게 사회 체제 속에서 동맹관계를 변화시킬 수 있는 아주 유동적인 존재니까요.

|서현| 글쎄 그게 희망 사항이긴 하지만, 현실에서도 정말 그럴까요? 제가 보기엔, 오늘날의 대중이 그렇게 자각적인 존재는 아닌 것 같은데요? 이미 대중문화에 의해 오염될 대로 오염되어 자신의 실제적 이해와 사회적 문제를 비판적으로 사유할 수 없게 되어버린걸요.

|사회자| 잠깐만요. 제가 개입해야 할 시점이 온 것 같군요. 여러분의 말씀을 들으니 아도르노의 문화산업론을 평가하는 데는 오늘날의 대중을 어떻게 평가하는가와도 중요하게 관련되는 것 같군요. 이쯤 하고 여기서 잠시 다른 이야기를 나누어보도록 하지요. 벤야민과의 관계에서 아도르노의 입장은 어떻게 정리될 수 있을까요? 다들 잘 아시는 것처럼 벤야민은 기술 복제라는 새로운 테크놀로지가 예술의 본질과 기능에 있어서도 혁명적인 변화를 가져올 것이라고 믿었는데요.

|민 교수| 물론 아도르노도 기술 복제가 예술의 개념과 기능에 심오한 변화를 일으킬 것이라는 데는 동의했다고 봐야 합니다. 그러나 이러한 변화가 일으키는 세부적인 결과에 대해서는 두 사람의 의견이 불일치했는데요. 아도르노의 관점에서, 진정한 예술은 항상 저항과 부정의 요소, 즉 '다른' 사회에 대한 비전을 포

함해야 했지요. 그러나 기계적으로 재생산된 예술작품은 그러한 진정성과 자율성뿐만 아니라 부정할 수 있는 힘도 잃어버린다고 생각했어요. 아도르노가 벤야민에게 쓴 편지에서는, 벤야민이 "마술적 아우라 개념을 '자율적 예술작품'에 전화시키고 자율적 예술작품에다 반혁명적 기능을 할당하는 것이 걱정스럽다"라고 한 바 있지요.

|서현| 아도르노는 그것을 벤야민한테 남아 있는 브레히트의 잔재라고 보았지요. 심지어 자신의 과제가 "브레히트라는 태양이 이국적 바다로 다시 가라앉을 때까지 벤야민의 팔을 굳게 붙들고 있는 것"이라고까지 했고요. 그것도 벤야민의 면전에 대고 말이죠. 사실 벤야민이 자기보다 열한 살이나 많았음에도 이런 말을 했다는 것을 보면, 그가 상당히 걱정스럽긴 했나 봅니다. 그런데 아도르노의 이러한 지적은 자율적 예술작품에 들어 있는 변증법적 요소를 벤야민이 제대로 보지 못했다는 점과 관련됩니다. 말하자면 자율적 예술작품에는 그 자체 속에 마술적 요소와 자유의 기록이 병치되어 있는데, 벤야민은 이 점을 충분히 인식하지 못했다는 것이지요.

|사회자| 흥미롭군요. 지금 말씀하신 것은 아도르노가 늘 강조했던 자율적 예술의 이중성과도 연관이 될 텐데요. 한마디로 벤야민은 자율적 예술이 지닐 수 있는 긍정적 의미를 충분히 파악하지 못했다고 이해해도 될까요?

|서현| 그렇습니다. 벤야민은 기술 복제 시대의 예술작품의 가장 중요한 특징을 아우라의 붕괴라고 하고 이것을 상당히 긍정적인 관점에서 파악합니다. 최소한 「기술복제시대의 예술작품」 논문에서는요. 이 점에 대해서 아도르노가 공격하는 것은 한마디로 벤야민이 자율적 예술의 기술성을 과소평가하고 의존적 예술의 기술성은 과대평가한다는 것입니다. 즉 기술 복제 시대의 예술작품에 대해서는 그 테크놀로지의 가능성을 과도하게 낙관적으로 평가하는 데 반해, 자율적 예술작품에서 자율적 형식 법칙이 낳을 수 있는 효과에 대해서는 제대로 평가하지 못한다는 것이지요. 이러한 비판은 곧바로 벤야민이 가상과 유희를 이분법적으로 대비시켰던 데로 이어집니다. 기억하시겠지만, 벤야민은 기술 복제 시대의 예술에서는 가상의 위축과 아우라의 상실이 엄청난 유희 공간을 얻게 된다고 강조한 바 있지요. 아도르노는 벤야민이 가상과 유희를 이렇게 이분법적으로 대비시키는 데 대해 문제를 제기합니다. "나는 왜 유희가 변증법적이어야만 하는지, 가상은 그렇지 않은지 모르겠다"라고 노골적으로 불만을 토로하니까요. 아도르노의 관점에서는 가상의 이중적 계기를 분명히 인식하고 가상을 구제하는 것이 자율적 예술에서 무엇보다 요청되는 것이었지요.

|준 교수| 벤야민이 가상과 유희를 이분법적으로 대비시킨다는 것은 아도르노의 오해인 듯싶군요. 벤야민은 「기술복제시대의 예술작품」의 노트에서 이렇게 말하고 있거든요. 가상과 유희는 예술의 양극을 이루는데, 예술을 정의할 때 이 양극성이 고려되지 않

으면 안 된다고요. 그러면서 이렇게 말하지요. "예술은 자연에 대한 개선 제안이다. 그것은 '따라 하기Nachmachen'이기는 하지만, 이 행위의 가장 내밀한 본질은 '먼저 하기Vormachen'이다. 달리 말해 예술은 완성시키는 미메시스다. 미메시스 속에는 가상과 유희라는 예술의 두 측면이 떡잎처럼 밀착되어 포개진 채 잠재해 있다."

|민 교수| 아도르노의 비판은 무엇보다도 예술을 새로운 테크놀로지의 발전에 의한 기술 복제 시대의 예술과 아우라를 지닌 전통적 예술로 구분한 벤야민의 이분법적인 도식에 주목하는 것입니다. 물론 벤야민이 이러한 이분법을 가상과 유희라는 개념과 일대일 대응시켜 설명하는 부분도 분명 존재하고요. 어찌 되었건 벤야민의 논문이 다소 경직된 이분법적 개념 대립에 근거한 것으로 읽힐 소지는 틀림없이 존재하잖아요. 그래서 아도르노는 벤야민이 아우라적 예술작품과 대량 생산된 작품을 단순하게 대비시키면서 이 두 유형 사이의 변증법을 소홀히 하고 있다고 비판합니다. 심지어 아도르노는 벤야민의 이러한 예술관을 "야만적"이라고까지 하죠. 이러한 극단적인 두 범주로는 탈이데올로기적인 예술과, 대중을 착취하고 지배하기 위해 미적 합리성을 악용하는 일 사이의 차이점을 구분할 수 없다는 것이지요.

|서현| 그래서 아도르노는 벤야민의 논문이 무정부주의적인 낭만주의의 혐의를 갖고 있다고 비판합니다. 영화와 위대한 예술작품 가운데 어느 하나를 다른 하나를 위해 희생시키는 것은 낭만주의적인데, 여기에는 개성을 그에 속하는 모든 마법적 속성과

함께 보존하려는 부르주아적 낭만주의와 역사적 과정에서 프롤레타리아의 힘에 대한 맹목적 신뢰를 보내는 무정부주의적 낭만주의가 존재한다고 하면서요. 그런데 아도르노가 보기에 프롤레타리아는 그 자체가 부르주아적으로 생산된 프롤레타리아일 뿐입니다. 심지어 프롤레타리아는 부르주아적 성격의 온갖 비틀린 흔적을 지니고 있을 뿐이라고까지 말합니다.

| 사회자 | 그러면 아도르노는 벤야민이 기술 복제 시대의 새로운 예술로서 낙관적으로 평가한 영화에 대해서 어떻게 보았나요? 문화산업론의 기본 관점에서 보자면, 역시나 상당히 노골적인 비판을 퍼부었을 거라고 짐작되는데요.

| 서현 | 잘 보셨습니다. 아도르노에게 있어서 영화의 본질은 무엇보다도 이미 존재하는 것을 복사하고 강화시키는 것일 뿐이었죠. 『계몽의 변증법』에서 이에 대한 자세한 설명이 여러 번 등장하는데요. 유성영화가 도입된 이후 기술적 복제는 영화의 세상이 현실의 정확한 연장이라는 환상을 강화시키기 위한 목적에 이용되었다고 주장합니다.

| 준 교수 | 말하자면 영화의 리얼리즘적 성격을 염두에 두고 있는 거로군요. 그런데 그것이 뭐 어쨌다는 건가요? 전통적으로 리얼리즘적 예술은 현실에 대한 인식을 목적으로 하는 것이고 이는 결국 잘못된 현실을 변혁시키기 위한 토대가 되는 것 아닙니까?

|서현| 그렇게 단순하지가 않아요. 유성영화는 실제 생활과 점점 구별할 수 없게 제작되고 있습니다. 관객이 이런저런 상상과 반성을 할 수 있는 여지를 남겨두지 않아요. 영화 자체가 일상 세계를 엄밀히 재현하기 위해 존재하고 관객의 오랜 경험이 영화 제작의 기본 지침이 되기 때문에, 관객은 영화 감상을 위해 특별한 정신적 긴장과 사고를 필요로 하지 않는다는 겁니다. 영화 속의 세계는 우리가 늘 보아왔던 바깥 세계의 모습 그대로니까요. 따라서 이러한 영화가 관객에게 미치는 영향은 한편으로는 상상력과 같은 관객의 사고 능력을 마비시키는 것이고 다른 한편으로는 기존의 현실을 영원히 반복되는 것, 즉 변화 불가능한 것으로 받아들이게 한다는 것이죠. 아도르노의 표현대로 하자면, 영화 속에서 나타나는 사실에 대한 숭배는 가능한 한 자세한 묘사를 통해 잘못된 세계를 사실의 세계로 승격시키는 데 만족할 뿐입니다. 결국 존재한다는 것 자체가 의미와 권리를 대신하는 대용물이 되는 거죠. '존재하는 것이라면 무엇이든 자연스럽고 당연하다'라는 믿음이 뿌리를 내린다고 할까요.

|사회자| 그렇다면 아도르노는 영화라는 매체가 가질 수 있는 진보적 가능성은 완전히 배제했다고 할 수 있을까요? 벤야민은 숭배 가치의 대상이 아닌 전시 가치의 대상으로서 영화가 대중의 지각 방식을 변화시키고 기능 전환을 하게 됨으로써, 정치적인 대중운동의 수단이 될 수 있다고 보지 않았습니까! 이러한 점에 대해서 아도르노는 어떻게 생각하고 있었나요?

|민기| 아도르노가 보기에, 벤야민은 자신이 영화에 요구했던 범주들, 그러니까 전시 가치나 시험과 같은 범주들이 그가 반대하는 상품성의 범주와 얼마나 깊게 결탁해 있는가를 깊이 숙고하지 못했다고 해요. 오늘날 "어떠한 미적 리얼리즘의 보수적 본질도 이러한 상품성으로부터 분리될 수 없다"라는 것이 아도르노의 입장이니까요. 리얼리즘은 사회의 현상적 표면을 긍정적인 것으로 강화시키면서 그 표면을 뚫고 들어가는 것을 평가절하해 버린다는 것입니다.

|준 교수| 글쎄요. 저는 아도르노의 입장이 다소 지나치다는 생각입니다. 리얼리즘적인 영화에 대한 그의 비판이 과연 타당한가도 문제 삼아야 하겠지만, 더욱 심각한 문제는 리얼리즘적이지 않은 다른 형태의 영화도 존재한다는 사실을 도외시했다는 데 있지요. 이제까지 영화의 발전을 되짚어보면, 아도르노의 얘기처럼 영화가 현실의 복제에만 치중해온 것은 아니잖아요? 다시 말해 영화란 지극히 추상적인 것에서부터 모방적인 것에 이르기까지 다양한 스펙트럼에 걸쳐 있는 것인데, 아도르노의 시선은 오로지 후자의 측면에만 치우쳐 있다고 할 수 있어요. 그러니까 '환영주의' 미학이라는 단지 하나의 재현 양식을 영화 일반과 동일시하는 오류를 범했다고 생각합니다.

|민기| 정말 맞는 말씀입니다. 사실상 벤야민이 영화를 정치적 대중운동의 도구로 평가한 것도 이러한 리얼리즘적 영화를 염두에 둔 것은 아니잖아요? 그는 몽타주를 통해 충격 효과를 일으킬

수 있는 영화를 보다 강조했지요. 예이젠시테인이나 푸돕킨이 만들어낸 소비에트 몽타주 영화 말입니다. 그렇다면 아도르노가 현실을 있는 그대로 복제하는 영화를 비판한 것은 벤야민의 논점에 대한 효과적인 반론이 아닌 것 같은데요. 왠지 곁다리 긁고 있다는 느낌이 드네요.

|민 교수| 아니죠. 아도르노를 잘 모르고 하시는 말씀이에요. 아도르노도 영화의 몽타주 효과에 대해서 분명히 언급하고 있고 몽타주가 갖는 긍정적 의미에 대해 인정하고 있긴 해요. 몽타주는 현실의 요소들을 자유로이 처리하여 그로부터 어떤 변화된 경향을 만들어내기도 하며, 극히 성공적인 경우에는 그러한 요소들의 잠재적 언어를 일깨워주기도 한다고 분명히 지적했습니다. 그러나 아도르노가 강조하는 것은 이러한 몽타주가 그 요소들 자체를 해체시키지 않는 한 무력한 것이 되고 만다는 것입니다. 즉 아도르노가 몽타주를 긍정적으로 평가하는 부분은 몽타주를 이용한 작품이 전통적인 예술처럼 화해의 가상을 만들어내지 않을 때이지요. 그런데 아도르노가 보기에 벤야민의 희망과는 달리 오늘날에는 현실적으로 몽타주와 같은 진보적인 기술이 아주 적게만 사용되고 있다는 거예요. 애초에 초현실주의에서 몽타주가 등장했을 때는 진보적인 효과가 있었지만, 영화를 통해서 급속도로 온건한 것이 되었다는 것이죠. 더욱이 영화의 실상은 모든 것에서 유치한 환영주의가 판을 친다는 얘깁니다. 그리고 앞서 말씀드렸듯이 이러한 환영주의에 대해서는, "기존 상태를 확립된 형태로 자동적으로 자기복제하는 것은 그 자체 지배의 표

현"이라고 비판하는 것이고요.

| 준 교수 | 벤야민은 영화가 주는 충격 체험이 지각의 무반성적인 양식으로부터 벗어나도록 만든다고 보았거든요. 물론 이는 몽타주를 통해서 얻어질 수 있는 효과죠. 만약 아도르노가 리얼리즘적 영화를 관객의 반성적 사유 능력을 마비시킨다는 점에서 비판했다면, 이와 반대로 몽타주를 통해 충격 체험을 주는 영화에 대해서는 당연히 옹호해야 되는 것 아닌가요? 관객의 인식 능력을 향상시키고 각성시키는 것인데 말이죠. 저는 도무지 이해할 수 없군요.

| 서현 | 그건 제가 말씀드리죠. 아도르노는 벤야민의 충격 개념에 대해서 반대하고 있어요. 그러한 지각의 현대적 변형이 개인성의 침식, 즉 물화된 세계 속에서의 개인의 질적 차이와 진정한 경험을 붕괴시키는 것이라고 보지요. 같은 맥락에서 아도르노는 정신 분산이라는 개념 또한 자본주의하에서 대중매체가 개인을 대량 소비의 주체로 재생산하는 방식이라고 이해합니다. 아도르노는 이를 "전도된 정신분석"이라고 묘사하는데, 영화 관객이 자신이 조작되기를 피학적으로 욕망하는 데 이르기까지 조작된다는 것을 함의합니다. 정신분석이 무의식을 해부함으로써 인간의 욕망을 이해하고자 했다면, 대중문화는 인간의 무의식에 이르기까지 인간의 욕망을 주조해낸다고 할까요. 『미니마 모랄리아』에서 아도르노는 이렇게 말하지요. "모든 영화의 톤은 아이들에게 마법을 걸어 한입에 집어삼키기 위해 '좋은 수프야. 수프가 맛있

지? 네 맘에 들 거야'라고 소름 끼치게 중얼거리면서 음식을 건네주는 마녀의 목소리다"라고요.

| 민기 | 여기서 한 가지 지적하고 넘어갈 점이 있는데요. 아도르노의 후기 논문에서는 영화에 대한 자신의 입장을 수정한 것처럼 보이는 대목이 확인된다는 점이에요. 무엇보다도 그는 수용의 맥락에서 영화를 검토할 경우, 전통적인 내용 분석이 가지는 한계를 지적해요. 내용 분석이란 필연적으로 영화가 의도하는 것에서 출발하는 것이고 그러한 의도와 영화의 실제적 효과 사이에 있을 법한 차이를 무시한다는 것이지요. 여기서 아도르노는 영화의 의도와 실제적 효과 사이의 격차란 근본적으로 매체에서 비롯된 것이라고 강조합니다. 다시 말해 영화에 다양한 층위의 행동 반응 패턴들이 수용될 수 있다면, 이는 문화산업에 의해 제공된 이데올로기, 즉 공식적으로 의도된 이데올로기가 관객이 실제로 영향을 받은 이데올로기와 결코 자동적으로 일치할 수 없다는 얘기가 되지요. 그래서 아도르노는 "대중을 조작하려는 시도 속에서 문화산업의 이데올로기 자체는 내적으로 적대적인 것이 된다"라고 합니다. 여기에서 "문화산업의 이데올로기는 그 자신의 거짓말에 대한 해독제를 포함한다"라는 유명한 말도 하고요. 나아가 해방된 영화가 있다고 한다면, 그것은 자신의 선험적인 집단성을 무의식적이고 비합리적인 영향관계에서 떼어내 계몽적인 의도에 봉사하도록 만들어야 한다고 하지요. 말하자면 영화가 집단적 행동 방식의 도식을 제공한다는 사실이 영화의 가장 깊숙한 요소들 속에 내재하고 있다는 점이 인정되는 겁니다.

|심 교수| 영화가 본래적으로 가지고 있는 집단성을 계몽적 의도에 봉사하도록 만들어야 된다라…… 그렇다면 이 말은 결국 어떤 유형의 영화는 계몽적 의도를 가질 수 있다는 것, 말하자면 사회적으로 비판적 잠재성을 지닐 수 있다는 것을 인정한다고 볼 수 있겠네요. 제가 듣기에 이 말은 상당히 벤야민스럽게 들리는데요. 벤야민도 이에 당연히 동의할 것이라 짐작되고요.

|서현| 그렇다고 해서 영화에 대한 아도르노의 입장이 벤야민과 완전히 동일하게 변화했다고 한다면 과대평가라고 생각합니다. 앞서 지적되었던 것처럼, 벤야민이 충격 효과나 정신 분산의 개념을 집단적 경험의 해방적 형태와 연관시켰던 것과는 달리, 아도르노는 이를 상당히 비판적인 점에서 보고 있었으니까요.

|사회자| 이제 토론을 정리해야 할 시점이 온 것 같은데요. 마지막으로 아도르노의 문화산업론에 대한 전반적인 평가를 마무리해주실까요.

|서현| 모든 이론은 그것이 나온 역사적 상황과 맥락을 떼어놓고 살펴볼 수는 없겠죠. 아도르노가 활동했던 당시만 해도 대중문화와 매스 커뮤니케이션에 대한 연구는 대체로 두 가지 방법론으로 양분되어 있었어요. 그러니까 사회과학적 방법론에 기반한 경험적 연구가 하나의 흐름이었고 다른 한편으로는 텍스트에 초점을 맞추는 인문학적인 문화 연구의 흐름이 있었지요. 이런 상황에서 보자면, 대중문화의 생산과 정치경제학, 텍스트와 독자

수용에도 시선을 놓치지 않았던 아도르노의 비판적 연구야말로 당시의 여타 연구들과 비교해볼 때 상당히 통합적이고 다층적인 모델을 제공한다고 볼 수 있어요.

|민 교수| 맞습니다. 그것이 바로 대중문화 연구에 있어서 비판적 관점의 접근 방식이 갖는 장점이라고 할 수 있겠죠. 특히 비판이론의 시각에서 보자면, 당시의 대중문화 및 매스 커뮤니케이션 연구는 결과적으로는 거대 미디어 산업의 이해에 봉사하고 기존의 권력 상태를 그대로 지속시키기 위한 역할을 했다고 할 수 있겠는데요. 아도르노의 동료 연구자였던 라자스펠드[Paul Lazarsfeld, 1901~1976]는 이를 가리켜 "행정적[administrative]" 흐름의 대중문화 연구라고 했지요. 그러니까 당대의 연구가 이러한 '행정적' 흐름이거나, 그렇지 않으면 당시의 실증주의 과학의 모델에 충실한 '경험적' 흐름이 지배적이었다는 점을 감안해보면, 아도르노가 보여준 비판이론의 대중문화 연구는 상당히 새롭고 의미 있는 것이라고 생각합니다.

|준 교수| 물론 두 분이 말씀하신 대로 아도르노의 이론을 당시의 시대적 상황 내에서 읽어야 한다는 데는 전적으로 동의합니다. 그러나 저는 그의 이론에 대한 평가 면에서는 생각을 달리하는데요. 무슨 뜻이냐 하면, 아도르노 이론이 처한 시대적 한계야말로 문화산업론이 갖고 있는 이론적 결함을 낳은 장본인이라고 보니까요. 다시 말하면 당대의 상황에서는 유의미하고 적실할 수 있었을지 모르지만, 지금의 상황에서는 더 이상 해당 상황이

없는 이론이라는 게 제 입장입니다.

|사회자| 허허, 그런 과격한 말씀을 하시다니……. 좀더 구체적으로 말씀해주시지요.

|준 교수| 아도르노의 「문화산업론」이 쓰여진 것은 1940년대 중반입니다. 바로 그 당시의 대중문화에 관한 이론이라는 것이지요. 특히나 유대인으로서 생사의 갈림길에서 조국을 떠나 망명길에 오를 수밖에 없었던 불안한 상황, 또한 머나먼 이국땅에서 느꼈을 낯선 문화의 충격이 그의 이론에 가져다준 영향을 무시할 수 없겠지요.

|서현| 그래서요? 뭐 그러한 부분에 대해서는 우리 모두 동의할 수 있을 것 같은데요?

|준 교수| 기억하시는 분이 계실지 모르지만, 아도르노는 「문화산업론」에서 이렇게 말합니다. 좀 길긴 한데, 제가 적어왔으니 한번 천천히 읽어보지요. "중앙 통제로부터 벗어나려는 욕구는 개인들의 의식 내부에서 이루어지는 통제에 의해 사전에 봉쇄된다. 전화로부터 라디오로 나아가는 발걸음은 역할의 문제에서 분명한 분기점을 이룬다."

|사회자| 좀더 찬찬히 설명해주시죠. "전화로부터 라디오로 나아가는 발걸음"이라는 말은 무슨 의미인가요?

|준 교수| 아도르노는 전화와 라디오를 비교하면서, 전화에서는 그나마 대중이 주체로서 참여하는 것이 가능하다면, 엇비슷한 방송 프로그램에 청취자들을 권위적으로 복종시키는 라디오는 대중을 수동적인 객체로 만든다고 합니다. 이런 맥락에서 그는 전화에서 라디오로의 발전이 대중의 의식 상태에 있어서 오히려 퇴보적인 영향력을 끼칠 수 있음을 주장하지요. 왜냐하면 전화라는 매체는 수신과 발신이 동시에 가능했다면, 라디오는 오로지 수신만이 가능한 일방향 매체니까요. 그래서 그는 "파시즘 시대의 라디오는 세계를 향한 총통의 입"이라는 유명한 말을 했죠. 또한 "수신자가 자신의 의사를 말할 수 있는 응답 장치는 아직 발명되지 않았다"라고도 했습니다. 물론 당시의 역사적 상황 속에서는 그러했다고 할 수 있을 겁니다. 그러나 오늘날에는 어떻습니까? 단적으로 인터넷을 통해 대중이 자유로이 자신의 의견을 개진하고 공론화시킬 수 있는 장치가 마련되어 있지 않습니까!

|민기| 저랑 생각이 비슷하신 것 같아 참 반갑네요. 아도르노는 「문화산업론」에서 이런 말도 했지요. 공적인 방송의 틀 안에서 자발적인 청중의 흔적은 작은 것이라도 흡수당하고 조종당한다고요. 그러나 과연 그럴까요? 이런 언급은 우리 시대의 상황과는 너무나 다른 진단 아닙니까? 단적인 예로, 오늘날에는 시청자 게시판 등의 다양한 참여 통로를 통해 시청자들의 의견이 즉각적으로 대중문화 산물에 영향을 끼치기도 하죠. TV 드라마 작가들이 홈페이지 게시판에 올라온 시청자들의 의견을 고려하여 드라마의 흐름을 바꾸는 경우도 다반사고요. 결국 아도르노의

문화산업론은 당대에는 나름대로의 이론적 의미와 가치를 가지고 있었을지 모르지만, 세기가 바뀌어버린 오늘날의 문화 상황에는 더 이상 걸맞지 않은 이론이라고 생각됩니다.

|민 교수| 천만의 말씀입니다. 사태를 너무 단순하게 보시는군요. 인터넷이라는 것이 분명 쌍방향 소통을 가능하게 해준 매체이고 그런 점에서 과거에는 상상할 수 없었던 것을 현실화시켰다는 점에 대해서는 누구나 동의할 겁니다. 그러나 그렇게 일면적으로 현재의 상황을 낙관적으로 볼 수 있을까요? 오히려 인터넷 세상에서는 권력의 여하에 따라 정보의 독식과 편재, 심지어 진실의 조작이 얼마든지 가능하지 않습니까? 그야말로 예전에는 상상할 수 없었던 대중에 대한 총체적인 감시와 통제가 현실화되었다고 할 수 있겠죠. 예전에 샌드라 불럭^{Sandra Bullock, 1964~}이 주연한 〈네트^{The Net}〉(1995)라는 영화에서처럼 말이지요.

|서현| 전적으로 동의합니다. 저는요, 인터넷 세상이 그렇게 의식적으로 각성되고 반성적 사유 능력을 가진 주체를 만들어내느냐에 대해서는 사뭇 회의적입니다. 우리나라에서도 예외는 아니라고 보고요. 몇 해 전에 그야말로 인터넷을 달구었던 이른바 "아햏햏족"을 기억하시나요? 애초에 DC Inside라는 사이트에 디지털 카메라로 합성한 이미지를 자주 올렸던 사람들이 무의미한 단어를 나열하거나 새로운 조어를 이용해서 끊임없는 댓글을 달았던 데서 비롯된 네티즌 집단의 명칭이었지요. 그런데 이들은 집단적으로 다수의 사이버 '테러'를 벌인 것으로 인터넷을 떠

들썩하게 만들었는데요. 한번은 이화여대 총학생회가 양심적 병역 거부 운동에 대해 지지 의사를 밝힌 데 분개하여 집단적으로 이화여대 총학생회 사이트에 폭주하여 사이트를 완전 마비시켜 버렸죠. 이들이 이를 "대첩"이라고 하거나 사이트 접속을 "파병"이라고 표현하는 데서도 드러나듯이, 익명을 이용한 집단의 폭력성과 악의적인 공격이 여과 없이 드러나고 있어요. 물론 오늘날에는 양상이 반드시 동일하다고는 할 수 없겠지만, 그럼에도 불구하고 인터넷이라는 매체가 갖는 익명성과 집단적인 군중 심리에 따른 폭력성은 여전하다고 할 수 있을 겁니다. 인터넷 매체를 이용한 오늘날의 대중문화의 산물들은 본질적으로 아도르노가 지적한 "대중 기만의 도구"에서 크게 다르지 않으며 그 속에서 "무질서와 야만"은 더욱더 증가하기 마련입니다.

|준 교수| 말씀하신 의견에 어느 정도 동의합니다만, 여전히 그렇게 부정적인 지점만을 극대화해서는 안 될 것 같군요. 인터넷을 통해 대중 스스로 만들어낸 정보의 생산과 유통이 가능해졌기 때문에 이제는 더 이상 예전처럼 편향되거나 조작된 정보가 일방적으로 주입되기 어려워진 세상이 되었으니까요. 저는 이러한 점을 보다 강조해야 한다고 생각해요. 특히 인터넷 세상은 다수의 대중 스스로가 자신들의 문화를 직접 만들어내고 유통시킬 수 있도록 해주었지요. 예전처럼 거대 자본의 손에서 생산되는 상업적이고 획일적인 대중문화가 아니라, 다양한 소수자의 문화가 생겨나게 되었다는 것이에요. 이것이야말로 아도르노가 처한 시대적 상황에서는 전혀 찾아볼 수 없는 국면이지요.

|사회자| 여러분의 말씀을 들으니 아도르노의 문화산업론이 인터넷 세상과 같은 오늘날의 대중매체의 발전을 충분히 예견하지 못했다는 것은 사실이지만, 그러나 그 이론이 오늘날에도 여전히 유의미한지 아니면 이제는 폐기 처분되어야 할지에 대해서는 여전히 논란의 여지가 있는 것 같군요. 진지한 말씀 감사합니다. 아쉽지만 여기서 논의를 마치도록 하겠습니다.

Walter Benjamin

Chapter 4

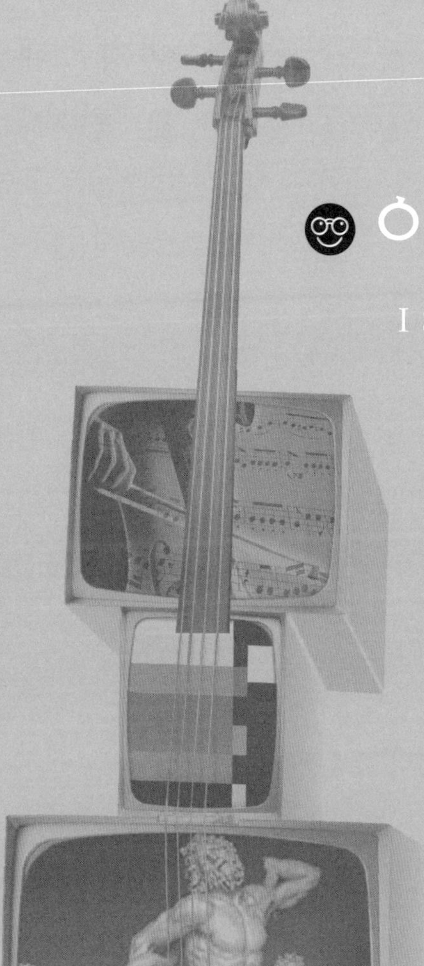

◉ 이슈
ISSUE

Theodor W. Adorno

이슈 1

영화의 프레임은 이미지로 채워지는 공간인가, 세계를 향한 창문인가?
구성주의와 리얼리즘의 논쟁

1895년 12월 28일 뤼미에르 형제$^{\text{Auguste et Louis Lumière}}$는 프랑스 파리 카퓌신^{Capucines} 가^{街} 그랑 카페$^{\text{Grand Café}}$ 지하의 인디언 살롱에서 자신들이 직접 발명한 시네마토그래프^{cinématographe}로 찍은 영화 〈공장에서 퇴근하는 노동자들$^{\text{La Sortie de l'usine Lumière à Lyon}}$〉(1895)과 〈열차의 도착$^{\text{L'Arrivée d'un train en gare de La Ciotat}}$〉(1895)을 입장료 1프랑을 주고 들어온 33명의 관객 앞에서 상영했다. 이것이 바로 영화의 탄생이다. 시네마토그래프의 영상에는 색채는 물론, 음악 반주도 없었고, 상영 시간은 한편에 고작 1분 정도에 불과했으며 1초당 약 16프레임이 투사되었다. 뤼미에르 형제의 영화들은 오늘날 관객의 눈에서 보자면 별로 주목되지 못했을 법한 우연한 작은 사건들, 예를 들면 아침을 먹는 아기의 모습 뒤로 나뭇가지가 가볍게 너울거리는 모습 같은 것을 보여주었다. 그런데 그 가운데는 그들의 다른 영화와는 달리 스토리가 있는 것도 있었는데, 바로 〈물에 젖은 물 뿌리는 사람$^{\text{L'Arroseur arrosé}}$〉(1895)이라는 영화였다. 사실 스토리라는 것도 아주 간단한 에피소드에 불과한 이 영화의 내용은 다음과 같다. 잔디에 물을 뿌리는 정원사가 등장하고 한 소년이 물이 나오지 않도록 호스를 밟는다. 정원사는 이상하다는 듯이 호스의 입구를 들여다보는데, 이때 소년이 발을 치우자 호스의 물이 정원사에게 뿜어진다. 정원사는 소년을 쫓아가 잡아서 때린다. 그런데 이 영화에서 흥미로운 점은 소년이 도망가고 정원사가 쫓아가는 대목에서 화면의 프레임이 2초간 비는 순간이 존재한다는 점이다. 다른 영화라면 카메라가 등장인물을 따라 쫓아가거나 장면이 바뀌어 인물이 포착되었겠지만, 뤼미에르 형제는 스토리의 인과성보다는 카메라 앞의 사건의 공간을 보존하고자 했던 것이다.

이처럼 뤼미에르 형제가 있는 그대로의 현실의 단편들을 기록하는 데 관심이 있었다면, 초기 영화사에서 이와는 대조적인 실험을 선보였던 인물이 바로 멜리에스$^{\text{Georges Méliès, 1861~1938}}$였다. 마술사의 제자였던 멜리에스는 영화란 "변신의 기술"이라고 생각해서, 영화 속에서 실제 세계에서는 일어날 수 없는 환상적 사건들을 보여주는 데 몰두했다. 1896년 그는 파리의 오페라 광장 맞은편에서 달려오는 합승 마차를 촬영하던 중, 필름이 걸려서 크랭크(초기 영화 카메라의 핸들)를 잠시 정지시켜야 했다. 잠시 후 다시 크랭크를 돌리기 시작했을 때는 합승 마차는 이미 사라지고 그 대신 장의차가 지나가는 중이었다. 멜리에스가 집에 돌아와 이 필름을 현상해보니, 화면 중앙의 마차가 갑자기 장의차로 둔갑해버리는 마술 같은 장면이 만들어져 있었다. 이 우연적인 사건을 통해서 그는 스톱 크랭크에 의한 치환 트릭을 알아낸 것이다. 이 외에도 그는 한 숏 위에 다른 숏을 겹치거나 필름을 잘라 이어 붙이는 방법 등을 통해, 영화 속에서 다양한 이미지의 조작과 특수 효과를 창조해냈다.

이를 두고 영화이론가들은 뤼미에르가 사실적 사건을, 멜리에스가 연출된 사건을 촬영하는 데 주된 관심을 보였다는 점에서 영화를 보는 두 가지 시선의 차이를 확인해낸다. 이후 영화의 역사는 외부 세계의 사실적인 '재현'과 새로운 이미지의 창조적 '구성'이라는 두 축 사이에서 어디에 강조점을 두느냐에 따라 서로 다른 방향으로 발전해왔다. 달리 표현하자면, 이는 '영화의 프레임은 세계를 향해 열린 창문인가' 아니면 '이미지로 채워지는 공간인가'라는 물음으로 이해될 수 있다. 또 다른 이론가는 이를 '현실을 믿는 감독'과 '이미지를 믿는 감독' 사이의 구분으로 파악하기도 한다. 한마디로 말해서 이는 리얼리즘과 구성주의(형식주의) 간의 논쟁이라는 표제로 압축될 수 있다. 영화의 본질적 의미를 현실의 사실적 재현에 두는가 아니면 이미지의 예술적 구성에서 찾는가에 대한 강조점의 차이인 것이다.

이런 대립 구도에서 보자면, 벤야민과 예이젠시테인은 후자의 시각을 보다 강조한 이론가라고 볼 수 있다. 이들이 보기에 영화란 현실의 단순한 기계적 재생산을 넘어서서 사진적 이미지를 영화적 매체의 독특한 특성으로 조작했을 때에야 예술로서 자리매김될 수 있었다. 특히 양자는 모두 영화라는 새로운 매체가 주는 지각 체험을 통해 관객이 능동적인 의식적 존재로 거듭날 수 있는 가능성을 모색하고자 했다. 이러한 관점에서 그들은 연속보다는 불연속, 연결보다는 대립과 충돌, 인과적 진행보다는 급속한 단절과 비약을 강조하는 몽타주를 선호했다. 앞에서 살펴보았듯이, 벤야민이 옹호한 예이젠시테인의 몽타주 이론은 관객의 지각-정서-인식이라는 세 과정을 통해 이루어지는 파토스 체험과 지적 각성을 목표로 하는 것이었다. 이러한 예이젠시테인의 관점은, 지가 베르토프^{Dziga Vertov, 1896~1954}가 "영화-눈^{kino-eye}"을 통해 인간 시지각의 좁은 시계가 영화 기계의 눈에 의해 확장될 수 있음을 강조했던 것에 대해서, "우리에게 필요한 것은 관조하는 것이 아니라 행동하는 것"이며 "영화 눈이 아니라 '영화-주먹^{kino-fist}'이 필요하다"라는 생각으로 나아간다. 이를 위해 영화는 "노동자들에게 변증법적으로 사고하는 방법을 가르치는" 새로운 임무를 떠맡아야 한다는 것이다.

벤야민과 예이젠시테인이 몽타주를 통해 관객의 각성을 불러일으키는 영화적 구성을 강조했다면, 이와는 다른 편에 서서 "세계를 향해 열려진 창"으로서 영화를 바라보는 입장을 대표하는 주자가 40세의 나이에 요절한 영화이론가 바쟁^{André Bazin, 1918~1958}*이다. 앞서 "현실을 믿는 감독"과 "이미지를 믿는 감독"이라는 구분은 바쟁이 들여온 개념인데, 전자에 속하는 감독으로는 슈트로하임^{Erich von Stroheim, 1885~1957}, 무르나우^{Friedrich W. Murnau, 1889~1931}, 플라어티^{Robert J. Flaherty, 1884~1951}, 와일러^{William Wyler, 1902~1981}, 데시카^{Vittorio De Sica, 1901~1974}, 로셀리니^{Roberto Rossellini, 1906~1977} 등이 거론되며, 후자에 속하는 감독으로는 표현주의 영화의 거장이었던 비네^{Robert Wiene, 1873~1938}와 몽타주의 대가 푸돕킨과 예이젠시테인이 손꼽힌다. 여기에서 바쟁은 지난날의 영화미학이 몽타주와 이미지의 표현주의에 독점되어왔음을 지적하고 이제 영화는 '리얼리티에

:: **바쟁**

20세기에 가장 큰 영향력을 끼친 영화평론가. 세계적으로 권위를 인정받고 있는 영화잡지 《카이에 뒤 시네마(Les Cahiers du cinéma)》의 공동 설립자이며, 마흔에 요절하는 순간까지 잡지의 편집을 맡았다. 리얼리즘 및 작가주의 영화이론을 펼쳤으며, 자신의 이론에 부합했던 이탈리아 네오리얼리즘(neorealism) 영화인 로셀리니의 〈무방비 도시(Roma città aperta)〉(1945), 데시카의 〈자전거 도둑(Ladri di biciclette)〉(1948) 등을 지지했다.

덧붙인 이미지'보다는 '리얼리티 그 자체를 드러내는 이미지'를 보여주어야 한다고 주장한다. 이를 위해 바쟁이 제안하는 리얼리즘 영화의 표현 방식은 디프 포커스$^{deep\ focus}$와 미장센$^{mise\ en\ scène}$, 시퀀스 숏$^{sequence\ shot}$, 롱 테이크$^{long\ take}$ 같은 것이다.

바쟁의 논의를 좀더 자세히 살펴보자. 바쟁은 "이미지를 신봉하는 경향"을 지적하면서, 한편으로는 무대 장치와 분장, 연기 양식, 그리고 세트와 조명을 사용해 이미지 자체의 변형과 함의를 강조했던 독일 표현주의 영화와 다른 한편으로는 푸돕킨과 예이젠시테인과 같은 소비에트 몽타주 영화를 관련시킨다. 여기에서 바쟁은 독일 표현주의 영화를 심미주의라고 비판하는 반면, 〈전함 포템킨〉에 대해서는 비교적 우호적인 입장을 보인다. 왜냐하면 〈전함 포템킨〉을 할리우드의 스타 숭배나 독일 심미주의에 반기를 든 소련 영화가들의 리얼리즘을 향한 의지의 소산이라고 파악하기 때문이다. 그럼에도 불구하고 바쟁은 몽타주라는 형식 원리에 대해서는 날카롭게 비판했다. 왜냐하면 영화 언어의 발전에 끼친 몽타주의 기여에도 불구하고 그러한 진보는 영화적인 다른 가치들, 예를 들면 공간의 현실감을 보존하는 스타일 등을 희생한 대가로 이루어진 것이라고 보았기 때문이다. 바쟁에 따르면, 몽타주란 이미지들이 객관적으로 내포한 것이 아닌, 즉 이미지들 간의 병치와 상호관계로부터 생겨날 수 있는 의미를 창조하는 것인데, 이를 영화예술의 본질로 보는 것은 무리가 있다는 것이다. 더욱이 바쟁은 몽타주가 관객의 능동성을 일깨운다는 주장에 대해 격렬하게 반대한다. 그와 정반대로, 몽타주는 감독이 원하는 방향과 의미대로 관객을 몰아갈 수 있는 의식의 조작 수단이 될 수 있다. 몽타주를 강조하는 이론가들은 "현실 세계의 무한한 가변성과 복잡성을 무시하고 몽타주를 통해서 관객에게 일방적이고 자기중심적인 이데올로기를 강요하는 경향이 있다"라는 것이다.

따라서 바쟁은 이러한 몽타주에 대한 대안으로, 편집이 최대한 절제되어 중단이 없는 촬영 방식인 롱 테이크와, 쇼트 하나가 시퀀스를 이룰 정도로 긴 숏인 시퀀스 숏을 제안한다. 특히 롱 테이크는 카메라의 움직임과 더불어 깊이를 지닌 디프 포커스, 그러니까 화면의 전경과 중경, 원경이 모두 선명하게 초점이 맞추어질 수 있는 촬영 기술이 등장함으로써 현실화되었다. 예컨대 바쟁은 오선 웰스^{Orson Welles, 1915~1985}의 〈시민 케인^{Citizen Kane}〉(1941)을 고전적인 예로 드는데, 여기에서 수전^{Susan}의 자살 장면은 장면이 중단되지 않은 채 전경(수면제를 담은 컵), 중경(침대에서 신음하는 수전), 그리고 원경(잠긴 문 뒤에서 문을 두드리는 케인)을 한 화면에 담음으로써 표현되었다. 이렇게 되면, 각각의 화면을 연결시킴으로써 의미를 구성하는 몽타주가 아니라 한 화면 속의 다양한 세부에 사물을 배치함으로써 의미를 만들어내는 것이 보다 중요하게 된다. 이것이 바로 미장센이다. 미장센이란 원래 연극 용어로서 '무대 위에 배치한다'라는 뜻인데, 무대라는 공간 속에 연극에 필요한 모든 시각적 요소를 배치하는 것을 말한다. 바쟁은 영화에 있어서도 미장센을 통해 보다 다층적인 의미를 전달하는 것이 현실을 있는 그대로 전달하는 바람직한 리얼리즘 영화라고 생각했다. 이렇듯 몽타주가 최대한 절제된 영화는 디프 포커스를 통한 화면의 구성과 화면 안팎으로의 배우들의 움직임, 그리고 이동하는 카메라를 통한 공간의 연속성과 시간의 지속성을 추구한다. 이는 현실을 보다 잘 보기 위하여 현실 그 자체에 초점을 맞춘, 다시 말해 현실을 객관적으로 재현할 수 있는 영화를 창조하는 것이다. 바로 여기에서 영화라는 매체가 세계를 투명하게 드러낼 수 있는 예술이라는 점에서 영화의 투명성transparency이라는 개념이 등장한다.

결국 바쟁은 디프 포커스에 의한 미장센과 롱 테이크를 이용한 영화야말로 현실의 모호성을 그대로 드러낼 수 있는 진정한 리얼리즘을 성취하고 관객의 의식을 각성시킬 수 있는 영화라고 생각했다. 즉 한 화면 속에 복잡하게 구성되고 배치되어 있는 세부의 대상들 가운데 무엇을 선택해서 주목하는가는 온전히 관객의 몫으로 남게 되기 때문에, 이러한 관객의 주목과 의미 부여에 따라 영화의 의미는 완전히 달라질 수 있다. 말하자면 영화의 중요한 단서가 되는 요소가 전체 화면 속에 한 부분으로 들어가 있다면, 관객은 이를 '발견'하기 위해 화면 구석구석과 인물의 움직임 전부에 세심하게 주목하지 않을 수 없다. 영화의 의미는 감독에 의해 일방적으로 규정되는 것이 아니라 현실이 그러한 것처럼 모호하고 애매한 것으로 남아 있게 될 것이다. 이러한 영화야말로 관객의 의식을 각성시키는 데 기여할 것이라는 것이 바쟁의 생각이었다. 바쟁의 말을 직접 들어보자.

> 관객의 역할에 있어 디프 포커스는 보다 능동적인 태도와 진행 중인 행위에 대한 보다 적극적인 기여, 양자를 함축한다. 분석적 몽타주는 관객으로 하여금 오직 안내에 따라올 것을, 관객의 주의력이 감독의 주의력에 부드럽게 함께 따르도록 할 것을 요구할 뿐이다. 감독은 관객이 보아야 할 것을 선택할 것이다. 이에 반해 디프 포커스에서 관객은 최소한의 개인적 선택을 활용할 것을 요구받는다. 이미지의 의미는 일정 정도 관객의 주의력과 의지로부터 파생된다. 「영화란 무엇인가?Qu'est-ce que le cinéma?」(1958~1963)

이렇듯 몽타주를 비판하는 이론가들은 몽타주 기법이란 결국은 감독이 의도한 관점에 따라서만 영화의 의미를 유추해내도록 유도하는 것이기 때문에 유순하고 수동적인 관객을 만들어낸다고 주장한다. 반면 디프 포커스나 롱 테이크 기법은 현실의 애매성을 충실히 보존할 수 있기 때문에, 이 애매성 속에 담긴 여러 가능성을 선택하는 것은 온전히 관객의 몫이다. 즉 영화가 어떤 의미를 갖는지는 관객이 자신의 관심과 주의를 어디에다 두느냐를 스스로 선택함으로써 비로소 가능해지는 것이다. 이런 점에서 디프 포커스나 롱 테이크에 의한 리얼리즘 영화야말로 관객의 능동성을 일깨우는 영화 기법이라고 평가된다.

그런데 리얼리즘 영화가 기반하고 있는 영화의 투명성이라는 명제는 1968년 이후 정치적으로 선향한 《카이에 뒤 시네마Les Cahiers du cinéma》라는 잡지를 중심으로 활동했던 프랑스의 영화이론가들에 의해 날카로운 비판의 대상이 되었다. 이들에 따르면, 영화는 '투명한 창'이 아니라 카메라의 눈과 일련의 기계적 장치를 통해서 특정한 방식으로 선택되고 조작된 현실을 보여주는 수단이다. 그럼에도 불구하고 리얼리즘 영화는 그것이 마치 투명한 창인 것처럼 스스로를 내보임으로써, 영화의 이데올로기적 작용을 숨기려 한다. 한마디로 말해서 영화는 카메라의 눈에 의해 특정한 방식으로 비친 현실임에도 불구하고, 관객은 마치 실제 현실을 내다보듯 영화를 봄으로써 카메라의 이데올로기적 작용에 의해 무의식적인 영향을 받는 것이다. 예를 들어 〈의지의 승리〉와 같은 영화는 히틀러를 화면에 잡을 때 아주 세심하게 카메라 각도를 이용하는데(대부분 로 앵글$^{low\ angle}$로 잡아서 히틀러의 위대함을 부각시키거나 그의 등 뒤에서 환호하는 대중의 얼굴에 초점을 맞추어 관객과 지도자의 시선을 동일화시키는 방식이다), 이는 히틀러에 대한 우상화와 대중과의 일체감을 부각시키는 데 중요한 작용을 하고 있다.

이러한 맥락에서 《카이에 뒤 시네마》의 영화이론가들은 "영화에 의한, 영화를 위한 혁명적 운동이 필요할 때다. 지금까지 혁명적 운동이 좌절된 원인은 영화 자체가 표상하는 허위의식 때문"이라고 주장했다. 그런데 여기에서 이들의 생각에 중요한 이론적 토대가 되었던 것이 바로 브레히트의 이론이었다. 특히 브레히트의 이론을 영화에 적용시키고자 한 가장 분명한 사례는 고다르에게서 찾아볼 수 있는데, 고다르가 지가 베르토프 집단을 결성하고 고랭$^{Jean\text{-}Pierre\ Gorin,\ 1943\sim}$과 함께 만들었던 영화 〈만사형통$^{Tout\ va\ bien}$〉(1972)은 브레히트적 원리의 영화적 결정판으로 읽힐 수 있다. 이 영화는 브레히트가 추구했던 의도, 즉 "관객을 현실로, 즉 영화가 만들어져 나온 바로 그 현실로 되돌아가게" 하려는 의도에 입각해서 만들어진 가장 "정치적인 영화"였다. 이 영화에는 주인공 자크^{Jacques}의 입을 통해서 브레히트의 『오페라 '마하고니 시의 흥망성쇠'에 대한 주석』에 대한 직접적인 언급이 나오기도 하는데, 고다르는 브레히트의 소격 효과를 영화 속에서 구체적으로 이용함으로써 "정치적인 영화는 정치적인 주제를 다루는 데 그쳐서는 안 되며 영화 자체가 '정치적으로' 만들어져야 한다"라는 이념을 실천했다. 예를 들면, 〈만사형통〉은 첫머리에서 영화를 만드는 제작 과정에 대한 논의("영화를 만들려면 돈이 필요해"라는 대사 자막으로 시작해 영화가 성공하려면 잘나가는 스타를 써야 하니까 "이브 몽탕$^{Yves\ Montand,\ 1921~1991}$과 제인 폰다$^{Jane\ Fonda,\ 1937~}$가 좋겠다"라고 말하는 배우 캐스팅에 이르는 논의)를 영화 속에 그대로 담음으로써 영화가 만들어진 것이라는 사실을 부각시키고, 영화라는 매체와 제작 과정 자체에 대한 자기반영성$^{self-reflexivity}$을 보여준다. 또한 이 영화는 카메라를 보고 직접 말을 건네는 인물들의 숏을 자주 등장시킴으로써 카메라의 존재를 각인시키고 관객이 극 중의 이야기 속에 자연스럽게 몰입하는 것을 방해한다. 특히 〈만사형통〉에서 고다르가 사용한 중요한 촬영 기법은 수평 트래킹 숏$^{lateral\ tracking\ shot}$이다. 살라미(이탈리아식 소시지) 공장의 파업 장면과 마지막 슈퍼마켓 장면에서 고다르는 카메라를 수평으로 천천히 움직이는 수평 트래킹 숏을 반복적으로 이용함으로써 주인공이나 내러티브의 전개에 관객을 집중하게 만들고 몰입시키는 것이 아니라 냉정하게 거리를 두게 함으로써 브레히트적인 소격 효과를 추구했다.

월른Peter Wollen, 1938~은 전통적인 할리우드 영화와 고다르의 대항영화counter cinema를 7가지 개념 쌍에 의해서 비교한 바 있다. 이제 월른의 설명을 간략히 살펴보도록 하자.

첫째, 내러티브의 타동성 대 내러티브의 자동성, 다시 말하자면 "다른 것을 뒤따르는 어떤 것" 대 "틈과 중단, 일시적이고 에피소드적인 구조, 탈선digression"이다. 내러티브의 타동성이란 이야기가 인과관계의 사슬에 따라 각 단위가 그것에 선행하는 것에 뒤따르는 사건들의 시퀀스로 이루어져 있음을 의미한다. 보통 영화의 전개는 기본적인 극적 상황을 자연스럽게 드러내는 설정으로 시작해서 이러한 상황이 일련의 사건과 갈등의 전개 과정에 따라 발전되고 해소되는 것으로 나아간다. 반면 고다르는 내러티브의 단절 효과를 강조한다. 이는 문학에서 얻은 두 가지 힌트, 즉 독립적으로 분리된 장chapter과 자전적인 고백 형식의 피카레스크picaresque 소설에서 착상을 얻은 것이다. 다시 말해 내러티브의 자동성이란 어떠한 인과관계나 배후관계 없이 이야기가 전개되고 단속적인 에피소드들이 임의적으로 배열되는 것을 말한다. 결국 내러티브의 타동성을 파괴시킨다는 것은 관객이 영화 속의 이야기에 감정적으로 몰입하는 것을 방해하고 그들의 주의를 계속해서 환기시킬 것을 요청하는 것이다.

둘째, 투명성 대 전경화foregrounding. 이는 영화의 메커니즘이 투명한 창처럼 여겨지게 해서 영화의 존재가 간과되도록 만드는가 아니면 그것을 드러냄으로써 영화가 실제 현실이 아니라 카메라에 의해 구성된 현실인가를 부각시키는가에 달려 있다. 우리가 창밖의 풍경을 내다본다고 가정해보자. 유리창이 투명하면 할수록, 우리는 창의 존재를 잊어버리고 실제 풍경을 바라본다고 착각하게 될 것이다. 그럼으로써 우리는 영화를 통해 우리에게 무의식적으로 강요되는 특정한 시각 방식과 이데올로기를 자연스러운 것으로 받아들이게 된다. 근대 이후 서구의 회화가 2차원의 평면이 아니라 3차원의 실제인 것처럼 보이기 위한 다양한 기술적 방법을 개발해왔던 것처럼, 영화도 실제 현실인 것과 같은 인상을 주기 위해 부단히 노력해왔다. 고다르의 대항영화는 바로 이러한 현실인 것과 같은 착각을 깨부수고 영화가 카메라에 의해 만들어진 것이라는 사실을 끊임없이 일깨우고자 한다. 따라서 고다르는 영화에서의 제작 과정 그 자체에 주목하게 하기 위해 다양한 방법을 도입했다. 예를 들어, 시퀀스를 네거티브로 인화하거나, 극단적으로는 필름 위에 직접적으로 스크래치를 내거나 기록을 하는 것과 같은 방법으로 영화에서 필름 자체를 전면에 드러내는 것이다.

셋째, 동일화 대 소격 효과. 이는 더 말할 필요도 없이 브레히트의 기법을 다시금 표현한 것이다. 동일시가 등장인물에 대한 감정 이입을 강조하는 것이라면, 고다르는 이러한 동일시를 파괴하기 위해 등장인물에 목소리를 맞추지 않는다거나 허구에 실제 인물을 도입한다든지, 등장인물이 청중에게 직접 말을 걸거나 하는 방법을 사용했다. 특히 〈동풍Le Vent d'est〉(1969)이라는 영화에서는 다른 등장인물에 같은 목소리를 사용하고 같은 등장인물에 다른 목소리를 사용하는 방법을 이용하기도 했다. 인물들 자체가 다분히 모순적이고 분열되어 있기 때문에, 이러한 인물에 관객이 감정을 이입하는 것은 무척이나 힘들어지는 것이다.

넷째, 단일한 디에게시스diegesis 대 다중적인 디에게시스. 디에게시스란 영화 속 인물들이 경험하고 만나게 되는 이야기에 의해 창조된 내적 세계를 말한다. 이것은 내레이션과 내러티브의 내용, 스토리의 내부에서 묘사된 허구의 세계를 가리킨다. 일반적으로 전통적인 영화 속에서의 디에게시스는 극적인 통일성을 엄격히 지킨다. 여기서 극적 통일성이란 영화에서 재현된 세계는 정합적이어야 하며 시간과 공간은 일관된 질서에 따라 형성되어야 한다는 식의 원칙을 말한다. 이에 반해 고다르의 대항영화는 단일한 디에게시스와 결별하면서 다중적인 디에게시스를 선호한다. 단일한 내러티브 세계가 아니라 다수의 세계가 서로 맞물리고 얽혀 드는 것이다. 특히 두드러지는 것은 사운드 트랙과 이미지 사이의 균열이다. 이러한 균열은 다른 코드와 다른 의미론적 체계를 사용하는, 두 나라 말이 뒤섞인 중세 시 구조와 같은 혼성적이고 모순적인 구조를 산출한다.

다섯째, 이는 결국 폐쇄 대 틈이라는 대립적인 개념, 즉 "자신의 영역 내에서 조화를 이루는 독립적인 대상" 대 "암시와 인용, 패러디parady로 흘러넘치는 상호텍스트성을 통한 열린 결말"이라는 대비로 드러난다. 고다르의 영화의 중요한 특징의 하나는 다른 영화나 회화, 문학 등에서부터 인용을 해 온다는 점인데, 이를 상호텍스트성이라고 한다. 쉽게 말해 텍스트와 텍스트가 서로 겹치고 중복된다는 것으로, 예컨대 패러디란 기존의 다른 텍스트를 새롭게 변형시켜 이를 풍자하거나 조롱하는 것이다. 이렇듯 혼성적인 인용들과 패러디 속에서 고다르 자신의 목소리는 떠내려가고 지워질 수밖에 없다. 내러티브 세계의 다중성은 말하는 주체의 음성이 갖는 다중성과 곧바로 연관되기 때문이다. 결국 영화는 서로 다른 담론들과 목소리들이 서로 마주쳐서 더 큰 목소리를 내기 위해 싸우는 만남의 장으로 이해될 수 있을 뿐이다.

여섯째, 즐거움 대 불쾌. 이는 영화가 "관객을 만족시키려는 목적을 가진 오락"이냐 아니면 "관객을 만족시키지 않고, 따라서 관객을 변화시키려는 목적을 가진 선동"이냐 하는 점과 연관된다. 그러나 월른의 이러한 이분법은 엄밀히 보자면 논란의 여지가 있다. 특히 브레히트는 서사극이 즐거움의 대상이 되어야 한다는 사실을 항상 강조했기 때문이다. 그래서 그는 연극과 스포츠를 비교하며 연극 또한 스포츠처럼 재미와 즐거움을 주어야 한다고 주장했다. 그러나 그가 말하는 즐거움이란 어디까지나 "인식을 통한 즐거움", 즉 자신과 세계에 대한 진정한 앎을 통해 얻는 쾌감이다. 이런 점에서 보자면 브레히트의 관점은 본질적으로 아리스토텔레스의 관점과 상당히 일치한다. 아리스토텔레스 역시 예술의 목적이 인식을 통한 즐거움이라 생각했고 이러한 즐거움이 넓은 의미에서 인간의 존재 목적인 행복에 기여할 것이라고 믿었다. 다만 브레히트가 "반^反아리스토텔레스적인 극"이라는 표현을 쓴 이유는 아리스토텔레스의 『시학』 이래 서양의 전통 연극이 감정 이입을 목표로 하는 고도의 사실주의적인 극으로 치달아온 것에 대한 비판이며, 이는 실상은 아리스토텔레스를 내세우는 동시대 연극 경향에 대한 비판인 것이다. 이러한 맥락에서 볼 때, 월른이 즐거움 대 불쾌라는 대립 구도를

전통적인 할리우드 영화	고다르의 대항영화
내러티브의 타동성(transitivity)	내러티브의 자동성(intransitivity)
투명성(transparency)	전경화(foregrounding)
동일화(identification)	소격(estrangement)
단일한 디에게시스(diegesis)	다중적 디에게시스
폐쇄(closure)	구멍, 틈, 렌즈의 구경(aperture)
즐거움(pleasure)	불쾌(unpleasure)
픽션, 허구(fiction)	실재(reality)

설정하고 후자에 고다르의 대항영화를 넣은 것은 스포츠 못지않은 즐거움을 강조했던 브레히트의 관점과 일치한다고 보기 어렵다. 브레히트가 보기에 진정한 의미의 즐거움이란 현실에 안주하고 만족하는 데서 오는 것이 아니라 현실의 문제점을 깨닫고 스스로를 변화시키는 데서 오는 것이기 때문이다.

  마지막으로 픽션 대 실재. 이는 분장을 하고 이야기를 연기하는 배우 대 실재 삶, 재현의 몰락, 진실이라는 개념의 대립과 연관된다. 고다르에게 있어서 픽션에 대한 공격은 정치적인 이유(픽션=신비화=부르주아 이데올로기)를 지니는데, 1968년 이후의 고다르 영화 속에서는 픽션=연기=거짓말하기=기만=재현=환영=신비화=이데올로기인 것처럼 보인다. 물론 이 개념들은 아주 다른 범주이기 때문에, 이들을 각각 규정할 경우 진리로부터 떠나왔다는 점에서만 공통점을 발견할 수 있다. 고다르에 따르면, 영화는 진리를 보여주거나 그것을 드러낼 수 없다. 왜냐하면 진리는 사진 찍히기를 기다리며 실제 세계 바깥에 존재하는 것이 아니기 때문이다. 영화가 할 수 있는 것은 의미를 생산하는 것이며, 의미란 추상적인 진리의 기준이 아니라 다른 의미와의 관계 속에서 구성될 수 있을 뿐이다. 따라서 대항영화의 기능이란 그에 대립되는 판타지, 이데올로기, 미적 장치들을 가지고 있는 영화에 대항하여 투쟁하는 것이다.

이슈 2

대중문화는 지배 이데올로기의 매체인가, 저항과 투쟁의 장인가?

문화산업론에 대한 문화연구의 비판적 관점

아도르노의 문화산업론은 1930~1950년대의 서구 사회의 진전, 즉 소비적인 대중사회의 부상과 대중매체와 대중문화의 증대, 라디오와 영화의 인기 및 정치권력에 의한 대중매체의 이용(예를 들면 루스벨트^{Franklin D. Roosevelt, 재임 1933~1945} 대통령의 라디오 정치 유세) 등에 주목하면서 만들어진 것이다. 이미 문화산업론의 내용에 대해서는 앞에서 살펴보았으므로, 여기서는 문화산업론에 대한 비판적 관점을 보여주는 문화연구의 논의를 살펴보기로 하자.

오늘날 대중문화가 본격적인 학문적 연구 대상으로 자리잡게 된 것은 '문화연구^{the Cultural Studies}'를 통해서였다. 문화연구란 1964년 영국 버밍엄 대학의 현대문화연구소^{Centre for Contemporary Cultural Studies, CCCS}를 중심으로 인문·사회과학 분야의 중요한 학제간 연구로 등장했다. 문화연구의 출현은 두 가지 주요한 변화를 반영한다. 우선 먼저, 문화연구는 지금까지 공공연하게 혹은 암묵적으로 지탱되어온 학문적 위계를 전략적으로 무너뜨리고자 한다. 즉 그것은 고급 문화와 대중문화 사이의 경계와 위계를 허물고 그러한 문화적 실천 모두가 진지하게 연구될 가치가 있음을 주장한다. 따라서 문화연구는 엘리트 문화를 선호하고 대중문화를 폄하해왔던 학계 분과 체제의 고립주의를 공격하고 애초부터 근본적으로 학제간 연구를 지향했다. 둘째, 이러한 맥락에서 문화연구는 연구되어야 할 대상의 규정 또한 변화시켰다. 문화연구는 출발점에서부터 스스로를 미학에 대한 하나의 비판으로서 간주하고자 했다. 근대의 미학이론이 미적인 것이라는 개념하에 사회적인 것과 스스로를 분리하고 그로부터 '도피'하는 주요한 수단이 되었다면, 문화연구는 이러한 미적인 것의 고립성을 거부하면서 제한된 문화와 예술 개념을 넘어서고자 했다. 따라서 "문화는 평범한 것"이라는 레이먼드 윌리엄스의 명제에서 드러나는 것처럼, 문화연구의 시각에서는 문화란 "일종의 생활 방식 전체"를 의미하는 것으로 이해되었다. 이에 따라 문화연구는 예술과 삶 사이의 구분, 즉 사회 실천의 다른 형태들로부터 예술과 문화를 분리시키는 것에 저항하고 대중의 평범한 일상적 삶의 과정에 새롭게 주목할 것을 촉구했다. 특히 문화연구는 권력을 재현하는 담론 체제의 일부로서 문화를 간주했다. 이런 맥락에서 그것은 억압과 지배로부터의 해방을 위한 정치 투쟁과 결부되기 위해 문화 속에서 드러나는 지배와 저항의 힘들을 분석하고 해명하고자 했다.

 초기 문화연구의 고전적인 시기는 현실 변혁을 목표로 하는 마르크스주의 전통에 기반하면서도, '정통' 마르크스주의의 경제 결정론으로부터 문화의 상대적 자율성과 가치를 구제하기 위한 시도로 읽힐 수 있다. 이 점에서 문화연구는 비판이론의 고전적 입장과 어느 정도 유사하다. 비판이론과 마찬가지로, 문화연구는 오늘날 노동 계급의 혁명적 의식이 점점 더 쇠퇴해가고 있다는 것을 목도하고 대중문화가 자본주의 헤게모니의 새로운 양식을 형성한다고 주장했다. 또한 비판이론과 문화연구 모두 문화와 이데올로기가 교차하는 지점에 초점을 맞추고 문화를 이데올로기의 재생산 양식으로 파악하고자 했다. 그러나 비판이론이 문화산업론에서 보여지는 것처럼 대중문화에 대한 비판에 몰두했던 반면에, 문화연구는 대중문화 내에서 드러나는 대중의 저항적 계기에 주목하고자 했다. 다시 말해 문화연구는 대중이 대중문화 산물을 이용하고 해석하는 데 있어서 원래 생산자의 의도와는 다르게 이를 창조적으로 전복시킬 수 있는 힘을 보다 중요하게 평가하고자 했다. 예컨대 영국의 문화연구는 대립적인 하위문화subculture들에 초점을 맞추면서, 노동 계급 문화와 청년 문화의 잠재적인 힘을 강조한다. 하위문화란 "보다 광범위한 문화 내에 위치하면서 사회·역사적 구조 내에서 특정한 사회 집단이 직면한 특정한 입장과 특수한 갈등에 부합되는 문화 형태"라고 정의될 수 있다. 이러한 하위문화에 대한 연구를 통해서, 문화란 결코 단일하고 통일적인 실체가 아니라 단절적이고 이질적인 수많은 요소를 지니고 있다는 사실이 확인되었다. 그리하여 문화연구는 하위문화 집단이 어떻게 자신의 스타일과 정체성들을 생산하면서 지배적 형태의 문화와 정체성에 저항하는가에 초점을 맞추었다. 다시 말해 어떻게 문화가 한 개인의 정체성과 집단 구성원의 독특한 스타일을 구성하는지를 입증하고 다양한 청년 하위문화의 저항적 가능성을 찬양하고자 했다. 이러한 하위문화 연구는 문화산업론이 전제하고 있었던 생각들, 즉 하나의 일반적인 대중문화가 존재하며 이는 단일한 이데올로기로 사회를 통합시키는 수단이 된다고 보는 입장에 대한 결정적인 반증으로 이해되었다.

특히 문화산업론의 또 다른 테제, 즉 대중문화는 허위적인 욕구를 "위로부터 아래로" 일방적으로 선전하고 주입시킨다는 주장에 대해서도 문화연구는 거세게 반발한다. 문화연구의 이론가들은 문화산업론이 이론적 차원보다는 훨씬 더 역동적이고 다양하며 갈등적인 현실 내 요소들을 간과하고 있다고 비판한다. 예컨대 1960년대부터 현대에 이르기까지 사회적 투쟁은 훨씬 모순적이고 복잡하고 논쟁적이 된 대중매체를 통해서 전개되었다. 실제로 1960년대는 대중문화를 통해 사회화된 전 세대가 중산계층의 사회에 반항을 일으켰던 시기였다. 제3세대 비판이론가라고 불리는 켈너는 "반항적 형식의 대중음악, 제임스 딘$^{James\ Dean,\ 1931~1955}$, 말런 브랜도와 같은 영화배우나 기타 반역적인 영화 주인공들, 비트족과 보헤미아족에 대한 영상, 또한 성, 마약, 학생운동에 대한 선전" 등이 문화산업을 통해 확산되거나 비판됨으로써 1960년대의 반항을 부분적으로 조장했다고 보았다. 대중매체는 어떤 식으로건 사회 현실을 반영하고 표현하며 대중의 인기를 얻기 위해서는 이처럼 모순적이고 좌충우돌하는 현실에 의존하지 않을 수 없다. 자본의 이해관계에 입각해서 만들어지는 문화산업의 산물들은 더 많은 수익을 내기 위해서 대중의 욕구와 관심을 외면할 수 없기 때문에, 때로는 스스로 원하든 원하지 않든 사회 비판적이고 전복적인 이데올로기를 전달하는 매체가 되기도 한다는 것이다. 특히 오늘날 등장하는 새로운 대중매체의 발전(케이블TV나 가정의 동영상 제작 환경, 또한 인터넷을 통한 쌍방향 의사소통 매체의 발전 등등)은 더 이상 대중문화를 이데올로기적 순응과 문화 동질화의 수단으로 볼 게 아니라 사회 갈등과 문화적 다원성을 보여주는 장으로서 간주해야 함을 여실히 보여준다. 이런 관점에서, 문화연구의 기본적 입장은 "동질적이고 통합적인 지배 이데올로기를 전달해주는" 그러한 대중문화의 산물들은 존재하지 않는다고 주장한다.

나아가 문화연구는 문화산업론이 대중문화에 대한 세심한 분석과 구체적인 고려를 무시한 채 일방적인 비난과 거부로 대체해버린다고 비판한다. 이에 따르면, 아무리 보수적인 영화라고 하더라도 때로는 지배 이데올로기에 대한 통찰을 가능하게 하고 때로는 부지불식간에 사회 갈등의 모습을 드러내 보여주기도 한다. 바로 여기에서 문화연구는 대중문화의 산물을 자신의 상황에 맞게 해석하고 구체적인 일상에서 제 뜻대로 사용하는 대중의 저항적 힘을 강력하게 찬양한다. 문화산업론이 대중문화에 대해 그토록 비관적이고 일방적인 비난으로 갈 수밖에 없었던 이유도 사실상 대중의 자발성에 대한 그들의 폄하와 매도 때문이었다. 다시 말해 대중을 기만의 희생자로서만 보고 비판적인 주체적 능력을 부정하기 때문에, 어쩔 수 없이 "체념과 절망의 정치학"으로 귀결될 수밖에 없었다는 것이다. 이에 반해서 문화연구는 1980년대 이래 재발굴된 이탈리아 공산주의 혁명가 그람시[Antonio Gramsci, 1891~1937]의 헤게모니론에 입각하여, 대중문화를 이데올로기적인 저항과 투쟁의 장으로 바라보고자 했다. 이는 대중문화를 적대적으로 비판하거나 무조건적으로 찬양하는 양자택일적인 입장 대신에, 다양한 이데올로기적 투쟁이 일어나는 거대한 정치적 가능성의 장으로서 대중문화를 바라볼 수 있게 했다. 따라서 대중문화의 해석과 이용에 있어서 대중의 창조성이 중시되며 그 속에서 나올 수 있는 지배적 이데올로기의 전복과 파괴, 나아가 이를 통한 "저항적 즐거움"의 정치적 기능이 주목되는 것이다. 이러한 맥락에서 문화연구는 "대중은 어떻게 대중문화의 산물로부터 의미를 생산하는가" 및 "문화적 텍스트는 어떻게 대중적 쾌락과 저항의 형태를 생산하는가"에 주목하게 된다.

피스크에 따르면, 대중문화란 대중이 문화 산물을 소비하는 과정에서 자신들을 위해 새로운 의미와 쾌락을 생산해내는 것, 즉 도피적이거나 저항적인 사용을 위한 기회를 제공하는 것으로 정의된다. 대중문화 분석에서 중요한 것은 대중에 의한 구체적인 이용, 소비-생산의 개별적 실천, 그 과정에서 생겨나는 새로운 창조성인 것이다. 따라서 모든 소비 행위는 의미와 쾌락을 만들어내는 일종의 문화적 생산이며 진보적인 변혁의 실천이다. 다시 말해 피스크에게 있어서 대중에게 인기가 있는 것은 그 자체로 진보적이다. 바로 이러한 관점 때문에 보통 피스크로 대변되는 문화연구의 입장은 대중적으로 인기가 있는 것을 무조건 찬양한다고 하는 의미에서 '문화적 대중주의'라는 낙인이 찍히기도 한다. 이러한 문화적 대중주의는 대중문화가 주는 쾌락을 무조건 저항적이고 진보적인 것으로 찬양하고 물신화함으로써

문화연구의 비판적 정치의식과 정치경제학적 관점을 제거해버린다는 것이다. 이러한 맥락에서 비판이론의 관점을 새롭게 계승·발전시키고자 하는 켈너는 문화연구가 보다 다층적인 접근 방식을 개발하려면 철학과 비판적 사회이론을 종합해야 한다고 주장한다. 이에 따르면, 문화연구는 ① 문화의 생산과 정치경제학, ② 문화 산물의 텍스트 분석과 비판, ③ 문화 산물의 수용자 이용 연구라는 세 차원의 관계를 탐구해야 한다는 것이다.

에필로그
Epilogue

1 지식인 지도

2 지식인 연보

3 키워드 찾기

4 깊이 읽기

5 찾아보기

Epilogue 1
지식인 지도

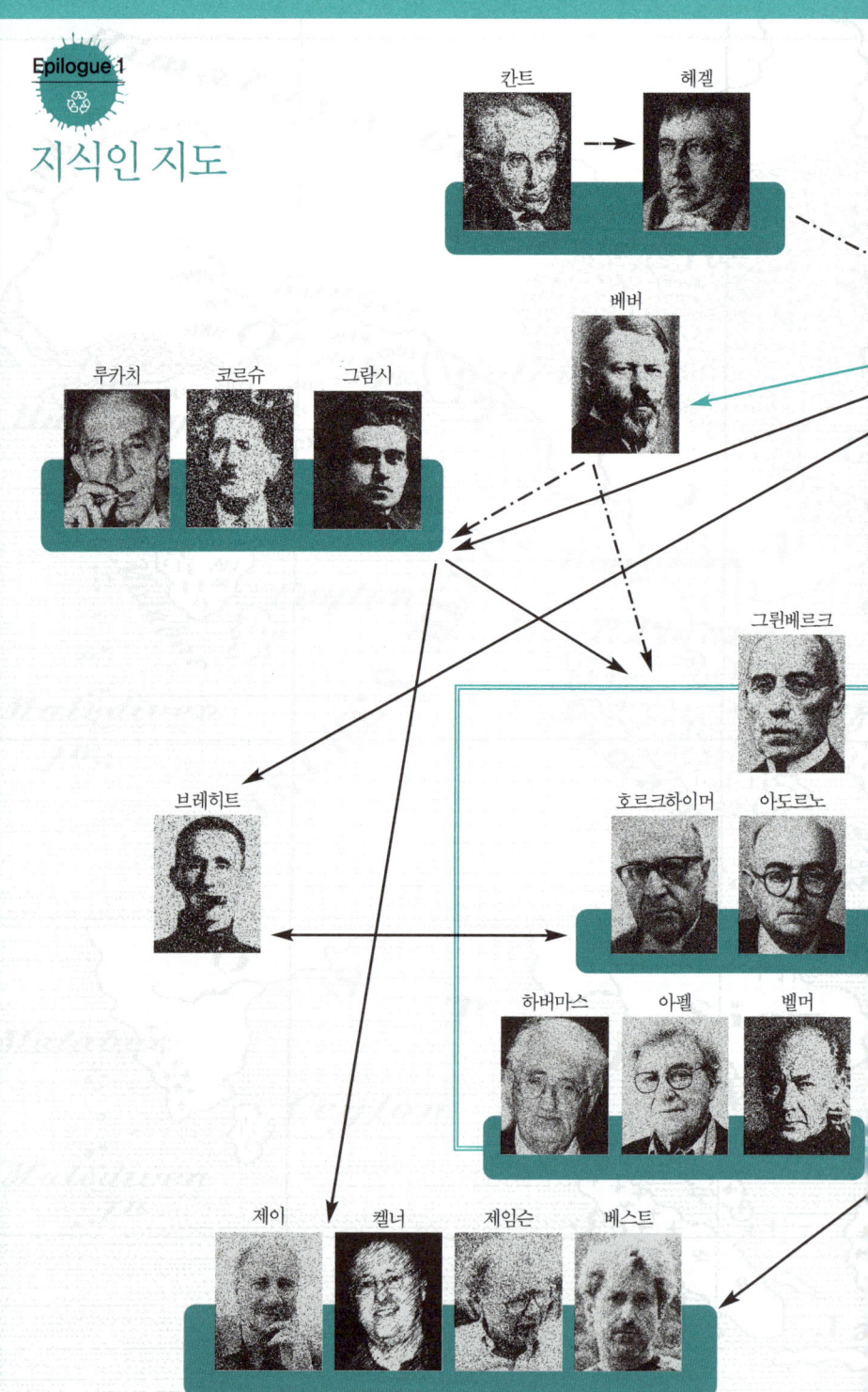

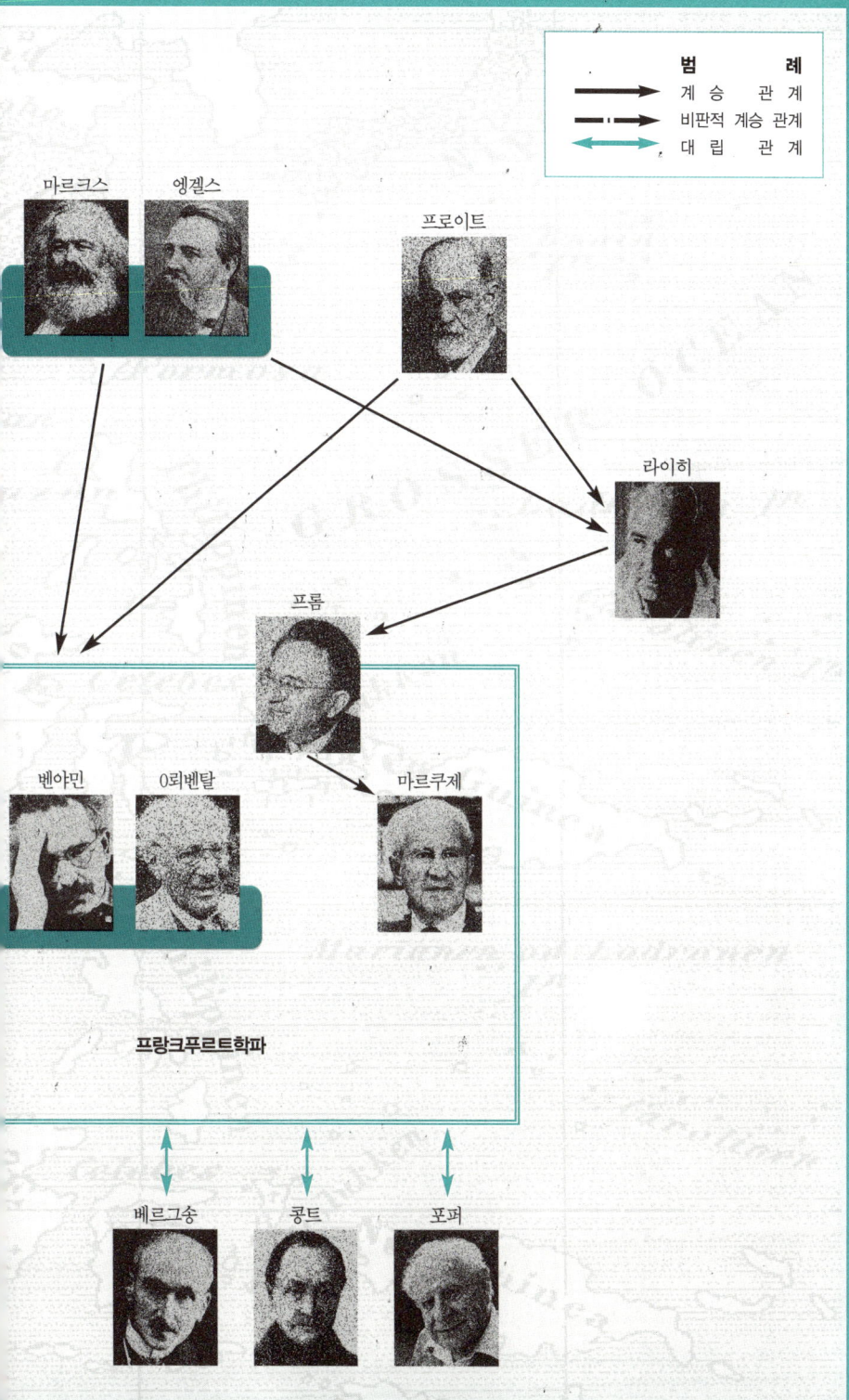

Epilogue 2

지식인 연보

- **발터 벤야민**

1882	독일 베를린에서 유대인 상인 에밀 벤야민(Emil Benjamin)과 파울리네 쇤플리스(Pauline Schönflies)의 삼남매 중 장남으로 출생
1905~1907	튀링겐 하우빈다 기숙학교에서 수학, 구스타프 비네켄(Gustav Wyneken)에게 배움
1912	베를린에서 대학 입학 자격을 치른 후 프라이부르크에서 대학 생활 시작
1912~1915	프라이부르크와 베를린 대학에서 철학, 독문학, 심리학을 배움
1914	자유학생연맹 회장 부인이 될 도라 폴락과 만남
1915	비네켄과 결별 게르숌 숄렘을 알게 되고 그를 통해 유대주의적 전통에 관심
1915~1917	뮌헨에서 학업 펠릭스 뇌게라트(Felix Noeggerath), 라이너 마리아 릴케(Rainer Maria Rilke), 에리히 구스킨트와 교제
1917	폴락과 결혼 스위스로 이주해 베른에서 학업 계속
1918	아들 슈테판 라파엘(Stefan Rafael) 출생 에른스트 블로흐(Ernst Bloch)를 알게 됨

1919	베른 대학의 리하르트 헤르베르츠(Richard Herbertz)의 지도하에, 「독일 낭만주의의 예술 비평 개념(Der Begriff der Kunstkritik in der deutschen Romantik)」으로 박사학위 취득
1920	베를린으로 돌아옴
1923	프랑크푸르트 대학에서 교수 자격 취득 논문 준비 아도르노와 크라카우어를 알게 됨 보들레르의 『악의 꽃(Les Fleurs du mal)』의 2부 부분인 『파리 풍경(Tableaux Parisiens)』 번역 출간
1924	「괴테의 친화력(Goethes Wahlverwandtschaften)」 제1편 발간 이탈리아 여행에서 아샤 라치스를 만나고, 그녀의 영향으로 마르크스주의에 관심
1925	프랑크푸르트 대학에서 교수 자격 취득 실패
1926	《프랑크푸르터 차이퉁(Frankfurter Zeitung)》과 《문학 세계(Die Literarische Welt)》에서 저널리즘 활동 시작
1926~1927	12~1월 모스크바 여행, 아샤 라치스와 다시 만남
1927	파리에서 체류, 『파사젠베르크(Das Passagen-Werk)』(한국어 번역판 제목: '아케이드 프로젝트') 작업 시작 프루스트(Marcel Proust)의 『잃어버린 시간을 찾아서(À la recherche du temps perdu)』 1권 번역 출간 제1차 마약 실험
1928	『일방통행로』와 『독일 비애극의 원천(Ursprung des deutschen Trauerspiels)』 출간
1929	1924년부터 알기 시작한 브레히트와 집중적인 교류
1930	폴락과 이혼 브레히트, 베르나르트 폰 브렌타노(Bernard von Brentano)와 함께 잡지 《위기와 비평(Krise und Kritik)》 기획 『잃어버린 시간을 찾아서』 2권 번역 출간

1030~1931	크라카우어, 되블린, 윙거(Ernst Jünger), 케스트너(Erich Kästner)에 관한 에세이를 《사회》에 다수 발표
1932	스페인 이비사(Ibiza) 섬에 체류 『베를린 연대기』와 『1900년경 베를린의 유년시절(Berliner Kindheit um neunzehnhundert)』 집필 시작 자살 기도
1933	《남서독일 방송(Südwest deutscher Rundfunk)》에서 마지막 강연 나치스 집권 직전 독일 탈출 이비사 섬 체류, 파리에서 망명 생활 시작
1934~1935	《사회조사연구지》에 「프랑스 작가의 사회적 위치」 첫 기고 덴마크의 브레히트 집 방문 이탈리아 산레모(San Remo)의 전처의 집에 체류 경제적 어려움 속에서 『파사젠베르크』 작업 재개
1936	「기술복제시대의 예술작품」의 프랑스어 번역본 출간 데틀레프 홀츠(Detlef Holz)라는 필명으로 편지 선집 『독일인들(Deutsche Menschen. Eine Folge von Briefen)』 출간 모스크바의 잡지 《말》에 「파리에서 보낸 편지(Pariser Brief)」 게재
1937	《사회조사연구지》의 파리 통신원 활동
1938	덴마크의 브레히트 마지막 방문
1939	국적 박탈 『보들레르의 몇 가지 모티브에 대하여(Über einige Motive bei Baudelaire)』 발표 제2차 세계대전 발발, 느베르(Nevers)의 생조제프(St. Joseph) 수용소에 일시 감금 프랑스 문인들의 도움으로 석방
1940	파리로 돌아옴. 『역사의 개념에 대하여』 집필 호르크하이머의 주선으로 미국 비자 획득 9월 피레네 산맥 넘어 스페인으로 탈출하려는 시도 실패 9월 28일 자살

• 테오도어 아도르노

1903	독일 프랑크푸르트암마인에서 유대인 와인 상인 오스카어 비젠그룬트(Oscar Wiesengrund)와 오페라 가수 마리아 칼벨리-아도르노(Maria Calvelli-Adorno)의 외아들로 출생 처음에는 아버지 성인 비젠그룬트를 썼으나 유대인에 대한 박해를 피하기 위해 이탈리아계인 어머니의 성을 따라 아도르노 사용
1921~1923	프랑크푸르트 대학에서 철학, 사회학, 심리학, 음악학 수학. 호르크하이머, 벤야민과 교류. 음악 비평가로 활동
1924	코르넬리우스의 지도로 「후설의 현상학에서의 사물적인 것과 노에마적인 것의 초월(Die Transzendenz des Dinglichen und Noematischen in Husserls Phänomenologie)」로 박사학위 취득
1925~1926	오스트리아 빈으로 가서 알반 베르크와 쇤베르크에게서 음악이론과 작곡 기법을 배움
1929~1930	문화 비평 잡지 《여명(Anbruch)》의 편집자로 일함
1931	틸리히의 지도하에, 「키르케고르; 미적인 것의 구성」으로 교수 자격 취득 프랑크푸르트 대학 취임 강연 '철학의 현재성'으로 공개 강의
1933	나치스의 유대인 교수 면직 조치로 인해 교수 자격 박탈
1934	영국 망명, 옥스퍼드 머튼 칼리지(Merton College)에서 교수 생활
1937	화학 박사 마르가레테 그레텔 카르플루스(Margarete Gretel Karplus)와 결혼
1938	미국 망명, 나치스 집권 후 뉴욕으로 이전한 사회조사연구소의 정식 연구원이 됨
1942~1944	로스앤젤레스로 이주, 호르크하이머와 『계몽의 변증법』 공동 집필
1944~1949	사회 차별에 관한 연구 조사 프로젝트 주도
1947	암스테르담에서 『계몽의 변증법』 출간
1949	독일로 귀환, 프랑크푸르트 대학 사회철학 비정년트랙(track) 교수 프랑크푸르트에서 재설립된 사회조사연구소를 호르크하이머와 공동으로 운영 『신음악의 철학』 출간

1950	브룬스비크(Else Frenkel-Brunswik), 레빈슨(Daniel J. Levinson), 샌퍼드(Nevitt Sanford) 등과의 공저로 『권위주의적 성격(Studien zum autoritären Charakter)』 출간
1951	『미니마 모랄리아; 상처받은 삶에서 나온 성찰』 출간
1956~1969	프랑크푸르트 대학 사회학·철학 정교수
1956	『인식론의 메타 비평에 대하여(Zur Metakritik der Erkenntnistheorie)』 출간
1958	사회조사연구소 소장 취임 『문학노트 1(Noten zur Literatur I)』 출간
1959	베를린 문학 부문 비평상 수상 『음향도형; 음악론 1(Klangfiguren. Musikalische Schriften I)』 출간
1960	『말러; 음악적 인상학(Mahler. Eine musikalische Physiognomie)』 출간
1961	튀빙겐에서 개회된 '사회학 대회'에서 포퍼(Karl Popper)와 사회학 방법론에 대한 논쟁, 이른바 실증주의 논쟁 개시
1963	『헤겔 연구(Drei Studien zu Hegel)』 출간 프랑크푸르트 시에서 주는 괴테 기념메달 수상
1964	『고유성이라는 은어; 독일 이데올로기에 대하여(Jargon der Eigentlichkeit. Zur Deutschen Ideologie)』 출간
1966	『부정 변증법』 출간
1968	5월혁명(68혁명) 당시 학생들과 첨예하게 대립, 경찰력을 요청해 연구소를 점령한 학생들을 해산시킴
1969	8월 스위스 산악 지방으로의 휴가 중, 심장 마비로 사망
1970	『미학이론』을 비롯해 『발터 벤야민(Über Walter Benjamin)』, 『사회이론과 방법론에 대한 논문들(Aufsätze zur Gesellschaftstheorie und Methodologie)』 등이 유고로 출간됨

키워드 찾기

- **비판이론**critical theory 좁은 의미에서 비판이론이란 프랑크푸르트학파로 알려진 서구 마르크스주의 전통의 독일 철학자 및 사회이론가 세대를 지칭한다. '비판'이론은 전통 이론과는 달리 인간을 노예화하는 억압적 사회 상황으로부터 인간을 해방시킬 것을 목표로 한다. 이렇듯 억압적 현실에 대한 해석과 변혁을 지향한다는 점에서 비판이론이라는 말은 현대 사회의 다양한 사회운동과 관련되어 보다 넓은 의미에서 사용되기도 한다. 좁은 의미와 넓은 의미 모두에서 비판이론은 인간 억압의 철폐와 자유의 증진을 목표로 하는 사회 탐구를 위해 기술적이고도 규범적인 토대를 제공하고자 한다.

- **사적 유물론**historical materialism 마르크스의 유물론적 철학에 근거해서 역사의 발전 법칙을 설명하는 철학적 이론. 정신(이념 또는 '신')이 아니라 물질적 생산 활동이 역사의 발전 과정을 규정짓는 현실적인 힘이라고 간주한다. 특정 시대의 생산력이 그 사회의 생산관계와 그 속에서 살아가는 사람들의 의식을 규정 지으며, 새로운 사회의 도래와 변혁은 생산력과 생산관계의 모순에 의거해서 설명된다.

- **토대 상부구조론**base-superstructure theory 마르크스주의의 유물론적 관점에 입각하여 생산력과 생산관계를 사회의 실제적 토대라 보고, 예술, 종교, 문화, 법, 도덕과 같은 사회적 의식 형태로서의 상부구조는 그러한 물질적 토대에 의해 규정된다고 간주하는 이론적 관점. 따라서 특정한 시대의 예술과 문화는 당대의 경제적 토대에 의해 규정되는 것으로 파악한다.

- **경제결정론**economic determinism 마르크스주의의 토대 상부구조론에 대한 속류화된 이해로서, 경제적 요인만이 유일하게 능동적 이해이고 예술, 문화, 법, 도덕, 정치와 같은 이데올로기적 상부구조는 이러한 경제적 요인의 결과라고 보

는 실증주의적 관점. 경제 환원론이라고도 한다.

• **계몽주의**Enlightenment 계몽주의란 17세기 후반과 18세기를 포함하는 유럽사의 시대에 대한 일반적 명칭 가운데 하나이며 또한 그 시대의 가장 거대한 사상적 기획도 가리킨다. 계몽주의 사상가들은 미신과 맹신을 배격하고 이성을 찬양했으며, 이성을 인간 생활의 전 영역에서 개선의 결정적 수단이라고 보았다. 이성적 사고에 의한 정념의 통제, 과학과 기술에 의한 자연의 정복, 보다 민주적인 통치 형태에 의한 전제 정치의 대치, 역사의 발전 법칙의 합법칙성과 진보에 대한 신념, 이 모든 것이 계몽주의를 구성한다.

• **행복의 약속**the promise of happiness "미는 행복의 약속"이라는 스탕달(Stendhal, 1783~1842)의 말. 니체는 『도덕의 계보(Zur Genealogie der Moral)』(1887)에서 이러한 스탕달의 정의를 "미는 무관심적 즐거움"이라는 칸트의 말과 대비시켜 논의한다. 그는 스탕달에게 있어 미에 대한 의지("관심")의 자극이야말로 중요하게 여겨진다고 강조하면서, 무관심적 즐거움이라는 금욕주의적 이념에 대해 비판한다. "미는 행복의 약속"이라는 스탕달의 언명은 마르쿠제와 아도르노를 비롯한 비판이론의 저작에서도 반복적으로 등장한다.

• **마니에리스모**manierismo 전성기 르네상스 말기, 즉 1520년경부터 시작해서 바로크 예술이 등장하기 전인 1600년경까지 유럽에서 등장했던 예술의 양식이나 운동을 지칭하는 말. 이탈리아어로 '양식'이나 '수법'을 뜻하는 마니에라(maniera)에서 나온 말로, 이는 독창성 없이 기성의 수법을 교묘히 답습하는 사람이나 양식을 뜻한다. 특히 전성기 르네상스가 보여주었던 조화와 비례를 거부하고 왜곡되고 기형화된 인체 표현을 통해 감성에 호소하는 양식적 특성을 보여준다.

• **입체주의**cubism 20세기 초반 등장했던 유럽의 혁명적인 예술운동으로, 보통 분석적 입체주의와 종합적 입체주의로 구분한다. 분석적 입체주의는 대상을 분해하고 2차원의 평면 위에 대상을 기본적인 기하학적 형태로 환원하는 것을 특징으로 하는데, 프랑스에서 1908~1911년에 피카소와 브라크의 공동 작업으로 주도되었다. 종합적 입체주의는 신문, 잡지, 천 조각과 같은 실재의 재료들을 직접 회화에 들여놓는 콜라주(collage) 기법을 특징으로 하며 1919년까지 명맥을 유지했다. 입체주의의 혁신을 통해 회화는 현실의 재현 수단이라는 본래의 과제로부터 벗어나서 회화 매체의 평면성을 보다 분명하게 드러내는 방향으로 나아가게 된다.

• **합리화**rationalization 베버가 자본주의 경제 활동의 특성을 묘사하기 위해 도입

한 용어로, 합리화란 합리적 의사 결정을 가능하게 하는 사회 영역이 확대됨을 의미한다. 합리화의 목표는 인간의 목적을 실현하기 위해, 특히 사용될 수단과 비교하여 최선의 결과를 얻기 위해 효과적인 수단을 찾는 것이다.

- **동일성 원리** the principle of identity 주체가 대상을 파악하고 관리하기 위하여 주체가 가지고 있는 동일한 하나의 형식에로 서로 다른 대상들을 강제하는 지배 원리.

- **문화산업** culture industry 아도르노와 호르크하이머가 『계몽의 변증법』에서 대중문화를 지칭하기 위해 고안해낸 용어.

- **상품 물신성** commodity fetishism 마르크스가 자본주의에서 일어나는 사회적 관계의 사물화를 지칭하기 위해 만들어낸 용어. 자본주의적인 상품 생산은 생산의 사회적 성격이 은폐됨으로써 생산관계에서의 인간관계가 사물들 사이의 관계로 현상하게 된다. 즉 생산자들의 사적 노동이 지니는 사회적 관계가 오직 노동 생산물의 교환 속에서만, 즉 사물적인 것으로 나타나는 현상을 지칭한다.

- **사물화** reification 루카치가 『역사와 계급의식(Geschichte und Klassenbewußtsein. Studien über marxistische Dialektik)』(1923)에서 인간, 특히 프롤레타리아들이 보편적인 상품 연관 속에서 하나의 상품, 즉 사물로 전화됨을 지칭하는 용어. 루카치는 이러한 의식의 사물화는 프롤레타리아로 하여금 역사 발전의 현실적 경향을 의식하게 해줄 때만 극복될 수 있다고 주장했다.

- **테일러 시스템** Taylor system 미국의 프레더릭 테일러(Frederick W. Taylor, 1856~1915)가 노동자의 태만을 방지하고 최고의 능률을 발휘하게 하기 위해 개발한 과학적 관리 방식. 이는 시간 연구와 동작 연구를 바탕으로 공정한 1일 작업량, 즉 과업 관리를 통한 차별적 성과급 제도를 채택함으로써 노동 의욕을 높이고, 기능직 공장 제도를 채택한 관리 방식을 말한다.

- **표준화** standardization 현대 자본주의 사회에서 대량 생산 체제의 산물로서 대중문화가 겪을 수밖에 없는 본질적 특성으로, 전형적인 스테레오타입들을 양산해내는 도식화 양상과 체계를 말한다. 아도르노는 문화산업이 이러한 표준화를 통해서 항상 동일한 것을 기계적으로 반복하고 있다고 비판한다.

- **플러깅** plugging 마치 사람들의 머리에 플러그를 끼우듯이 라디오와 같은 대중매체에서 대중음악을 계속해서 틀어줌으로써 언제 어디서든 동일한 음악을 끊임없이 반복하고 주입시킨다는 의미.

- **사이비 개성화** pseudo individualization 항상 동일한 것이 반복되고 대량으로 생산

되는 문화산업의 산물은 상품으로 팔리기 위해 새로운 것, 개성적이고 독특한 것이라는 이데올로기를 선전하지만, 아도르노의 관점에서 이는 진정 새로운 것이 아니라 가짜이자 사이비 주장이라는 것을 강조하기 위해 만들어낸 용어. 개성적인 강조하고 선전하지만, 진정 개성적인 것이 아닌 가짜이자 사이비에 불과한 것이라는 의미이다.

- **원자적 청취/구조적 청취**^{atomic listening/structural listening} 원자적 청취란 귀에 듣기 좋은 소리나 친숙한 선율 등 음악의 세부에 대한 순간적 경험을 강조하는 직관적이고 감각적인 감상 방식을 지칭한다면, 구조적 청취는 음악 작품이 의미 있는 전체로서 전개되는 양상에 관심을 기울이는 논리적이고 지적인 지각 방식을 의미한다.

- **당김음**^{syncopation} 진행 중에 있는 선율에서 센박이 여린박, 여린박이 센박으로 전화되어 셈·여림의 위치가 바뀌는 일. 보통 정상적으로는 강한 박자가 아닌 곳에 강세가 주어지게 되면 그 리듬은 싱커페이트된 것이다. 당김음의 리듬은 센박과 여린박의 규칙적이고 엄격한 교체와 연속(4박자에서는 강-약-중간-약)으로부터 일탈되어 예상치 못한 느낌을 전해주는 리듬 형태이다.

- **지터버그**^{jitterbug} 1930년대 스윙 재즈의 팬이나 스윙 재즈로 열광하는 사람들을 가리키는 은어.

- **부정 변증법**^{negative dialectics} 『부정변증법』(1966)에서 아도르노가 주장한, 역사적이며 비판적이지만 교조적이지는 않는 '철학적 유물론'을 규정하려는 시도이다. 부정 변증법은 부정의 부정을 통해 긍정과 종합을 강조하는 헤겔의 사변 변증법을 실증 변증법이라 비판하면서 "규정성을 소홀히 하지 않으면서도 그런 긍정적 본질로부터 변증법을 해방시키고자" 한다. 아도르노는 비판이론과 부정 변증법이 같은 것을 지칭한다고 하는데, 비판이론이 사유의 주관적 측면, 즉 그 이론을 지칭한다면, 부정 변증법은 이러한 주관적 계기뿐만 아니라 그 계기가 직면하는 실재성, 다시 말해 사유의 과정과 사안 자체의 과정을 아울러 주목하는 것이다. 비판으로서의 부정 변증법은 무엇보다도 개념과 사안의 동일성 요구에 대한 비판이라고 할 수 있으며 체계를 거부하는 노력이라고 칭할 수 있다.

- **무관심성**^{disinterestedness} 무관심성 개념은 영국의 종교철학자 섀프츠베리에 의해 처음으로 도입되었는데, 그는 개인적인 이해관계가 동기가 되지 않은 상태를 무관심적이라고 했다. 이후 칸트는 영국 취미론의 무관심성 개념을 받아들여서, 순수한 미적 즐거움이란 대상의 존재에 대한 관심에서 벗어난 상태에

서 오는 즐거움이라 설명하고 이러한 미적 즐거움을 선함이나 실용성에 대한 즐거움, 즉 관심에 입각한 즐거움과 구분했다. 이로써 무관심적 즐거움을 추구하는 근대적 의미의 순수예술 개념이 확립되었다.

- **미메시스**^{mimesis} '모방', '흉내 내기' 등을 의미하는 그리스어. 벤야민과 아도르노에게 있어서 미메시스는 대상의 모방을 넘어서서 대상과 유사해지기라는 의미에서 주체와 대상의 친화성을 함의한다. 벤야민에게 있어서 유사한 것을 생산하는 인간의 태곳적 능력으로서의 미메시스는 언어에서 최고 단계에 이르렀다고 평가되는 반면, 아도르노는 동일성 사유에서 배제된 비동일성을 지각하고 경험하는 방식으로 미메시스를 자리매김한다. 아도르노에게 있어 미메시스는 합리화된 현대 사회에서는 오직 예술 영역에서만 그 흔적을 찾을 수 있을 뿐이다.

- **12음 기법**^{dodecaphonism, twelve-tone technique} 12음 기법은 쇤베르크가 탄생시킨 현대 음악의 기법으로, 한 옥타브의 서로 다른 12음을 일정한 순서에 따라 한 번씩 배열한 음렬을 만들고 이 기본 음렬을 역행, 전위, 역행전위 등으로 진행시키는 것이다. 말하자면 지금까지의 전통 음악의 음조직을 해체하고 12개의 음을 모두 평등한 가치로 독립시켜 새로운 음의 표현을 시도한 것이다. 작곡 기법상 한편으로 협화음과 불협화음이 자유롭게 사용되어 조성의 감각이 사라진 '무조음악'과 다른 한편 음렬 원리에 입각해 조성 체계를 조직적으로 해체한 '12음 기법'은 구분되지만, 12음 기법의 음악도 조성이 존재하지 않으므로 넓은 의미의 무조음악이라 할 수 있다.

- **예술지상주의**^{art for art's sake} "예술을 위한 예술론"이라고 하며, 19세기 중반 쿠쟁(Victor Cousin, 1792~1867), 고티에(Théophile Gautier, 1811~1872), 콩스탕(Benjamin Constant, 1767~1830), 포(Edgar Allan Poe, 1809~1849) 등에 의해 주장된 예술론. 예술이란 아름다움이라는 순수한 정신적 쾌를 추구하는 것이며, 그 자체로 존재 의미와 목적을 갖는 자율적인 것이다. 따라서 이는 "삶을 위한 예술"이라는 슬로건에 반대되며, 도덕적, 학문적, 실용적 기능 일체로부터 벗어나 있는 예술의 무기능성을 강조한다.

- **낯설게 하기(소격 효과)**^{Verfremdung} 브레히트가 아리스토텔레스의 감정이입극에 반대하여 서사극의 기본 원리로서 주장한 개념. 낯설게 하기란 우리가 친숙하고 당연하게 여기는 것을 눈에 띄게 만들고 기이하게 만들어서 그 사물에 대한 호기심과 탐구심을 발동하게 만드는 연극 기법이라고 정의된다. 낯설게 한다는 것은 역사화하는 것인데, 사건이나 인물을 역사적인 것, 즉 특정 시대와

사회의 산물로서 그려내는 것을 의미하며 연극에서 다루어지는 사건이 관객에게 변화 가능한 것으로 다가가도록 하는 것이다.

• **다다**^{dada} 제1차 세계대전 동안 전쟁을 피해 스위스 취리히에 모인 일군의 예술가들이 벌였던 반예술적 문화운동. 다다는 이성을 강조하는 서구의 근대적 기술 문명이 전쟁이라는 참상을 가져왔다는 데 대한 비판적 반성을 통해 비합리적이고 황당무계한 것, 유희적이고 허무적인 예술을 추구하고 전통적인 순수 예술의 개념에 대해 저항했다.

• **서사극**^{epic theater} 브레히트가 되블린의 소설 기법에서 차용하여 만들어낸 새로운 연극 개념. 서사적이라는 말은 "가위로 각각의 부분들을 잘라내서 이 부분들이 철저하게 생명력을 갖추게 되는 것"을 의미한다. 브레히트는 전통적인 감정이입극에 반대하여 연극의 흐름이 독립적인 부분들로 단절되어 전체적인 줄거리의 흐름이 시시각각 중단되고 그 틈을 이용하여 관객들이 판단을 내리면서 사건들 사이로 끼어들 수 있도록 하는 것을 서사극의 기본 원리로 강조했다.

• **몽타주**^{montage} 영화를 구성하기 위해 숏들이 결합되는 방식인 편집의 한 형태를 가리키는 말. 몽타주 편집은 1920년대 소비에트의 영화적 실험을 통해 등장했다. 특히 예이젠시테인은 숏들의 병치가 충돌과 갈등을 불러일으키고 이러한 충돌로부터 새로운 의미를 탄생시키는 충돌 몽타주를 강조했다.

• **예술의 기능 전환** 벤야민이 브레히트의 영향을 받아 예술의 새로운 기능을 강조하기 위해 발전시킨 개념. 브레히트는 계급 투쟁에 봉사하는 진보적 지식인이라는 의미에서 생산의 제 형식과 수단을 변화시키기 위해서 노력하는 생산자로서의 예술가상을 강조했는데, 벤야민은 이를 새로운 기술 복제 시대에 아우라가 붕괴된 예술의 정치적 기능을 강조하기 위해서 예술의 기능 전환이라는 테제를 주장했다.

• **영화의 투명성**^{transparency} 영화란 카메라의 기계적 과정에 의해 제작되는 것이기 때문에 작가의 주관성이 배제됨으로써 회화적 재현과는 달리 사실성을 구현할 수 있다는 주장. 따라서 영화는 세계를 향해 열려진 투명한 창문이라는 것, 즉 가능한 한 작품을 실물과 유사하게 만들어서 관객이 작품을 통해 객관적인 현실을 볼 수 있게 만들어야 한다는 것이다.

• **디에게시스**^{diegesis} 내레이션과 내러티브의 내용, 스토리 내부에서 묘사된 허구의 세계를 가리키는 말. 영화에서는 스크린 위에서 실제로 전개되는 모든 것, 즉 허구적인 실재를 지칭한다. 등장인물들의 말이나 몸짓, 스크린 위에서 행해

지는 모든 연기들이 디에게시스를 형성한다.
- **숏**shot / **테이크**take 카메라를 중단하지 않고 작동시켜 영화의 한 프레임 혹은 그 이상의 프레임을 연속적으로 촬영하는 것.

Epilogue 4
깊이 읽기

❖ 일러두기

본문에 인용된 원문은 주로 다음의 번역본을 참조하고 때에 따라 필자가 수정했다.

- 아도르노·호르크하이머 지음, 김유동 옮김, 『계몽의 변증법: 철학적 단상』– 문학과지성사, 2001
- 아도르노 지음, 김유동 옮김, 『미니마 모랄리아 : 상처받은 삶에서 나온 성찰』– 길, 2005
- 아도르노 지음, 홍승용 옮김, 『미학이론』– 문학과지성사, 1984
- 발터 벤야민 지음, 최성만 옮김, 『기술복제시대의 예술작품, 사진의 작은 역사 외』– 길, 2007

❖ 아도르노 관련 1차 문헌

아도르노의 저작 중에 무엇보다도 손꼽히는 것은 『계몽의 변증법』, 『부정변증법』, 『미학이론』, 이 세 권의 저작이라고 할 수 있다. 그러나 그 철학적 깊이와 문체의 난해함 때문에 섣불리 도전하기 쉽지 않은 책들이기도 하다. 이 때문에 『계몽의 변증법』은 아주 쉽게 풀어 설명한 국내 저자들의 책들을 먼저 읽어보는 것도 나쁘지 않을 것이다. 이 책에서 가장 기본이 되는 글은 「계몽의 개념」이고 「대중기만으로서의 계몽 : 문화산업론」도 가장 중요하게 인용되는 부분이다. 『프리즘 : 문화비평과 사회』는 문화와 예술에 대한 아도르노의 생각을 알아볼 수 있는 중요한 논문들이 수록되어 있다. 「문화비평과 사회」나 「초시대적 유행 : 재즈에 대하여」가 기본적인 문헌이라 할 수 있다. 『미니마 모랄리아 : 상처받은 삶에서 나온 성찰』은 아도르노가 미국 체류 기간에 쓴 에세이 식의 단상으로, 아도르노의 글쓰기와 문학적 체취를 여실히 드러내주는 책이다. 오늘날의 대중문화나 영화 등에 대한 아도르노의 사유를 이해하는 데 많은 도움이 될 수 있다.

- 김유동 옮김, 『계몽의 변증법 : 철학적 단상』 - 문학과지성사, 2001
- 최문규 옮김, 『한줌의 도덕 : 상처 입은 삶에서 나온 성찰』 - 솔, 1995
  김유동 옮김, 『미니마 모랄리아 : 상처받은 삶에서 나온 성찰』 - 길, 2005
- 홍승용 옮김, 『프리즘 : 문화비평과 사회』 - 문학동네, 2004
- 홍승용 옮김, 『부정변증법』 - 한길사, 1999
- 홍승용 옮김, 『미학이론』 - 문학과지성사, 1984
  방대원 옮김, 『미적이론』 - 이론과실천, 1991
- 김방현 옮김, 『음악사회학입문』 - 삼호출판사, 1990
- 방대원 옮김, 『신음악의 철학 : 모더니즘의 변증법적 철학』 - 까치, 1986

❖ 아도르노 관련 2차 문헌

아도르노 사상 전반에 대한 알기 쉬운 개설서로는 마틴 제이(Martin Jay)의 『아도르노』를 들 수 있다. 비판이론 전반을 보다 깊이 있게 설명한 책으로는 마틴 제이의 『변증법적 상상력』이 고전에 속하는 저작이다. 또한 유진 런(Eugene Lunn)의 『마르크시즘과 모더니즘: 루카치와 브레히트, 벤야민과 아도르노』도 이 네 이론가들의 사상적 특징과 차별성을 자세히 논의하고 있는 유용한 개설서이다. 국내 연구자의 개설서로는 『계몽의 변증법』부터 『부정변증법』을 거쳐 『미학이론』에 이르는 사상의 궤적을 오늘날의 시각에서 새롭게 조명한 이순예의 『아도르노와 자본주의적 우울』 등이 있다.

- 마틴 제이 지음, 서창렬 옮김, 『아도르노』 - 시공사, 2000
  마틴 제이 지음, 홍승일 옮김, 『아도르노』 - 지성의 샘, 1995
- 하르트무트 샤이블레 지음, 김유동 옮김, 『아도르노』 - 한길사, 1997
- 마틴 제이 지음, 황재우 외 옮김, 『변증법적 상상력』 - 돌베개, 1979
- 유진 런 지음, 김병익 옮김, 『마르크시즘과 모더니즘 : 루카치와 브레히트, 벤야민과 아도르노』 - 문학과지성사, 1988

- 문병호 지음, 『비판과 화해 : 아도르노의 철학과 미학』 - 철학과현실사, 2006
- 이순예 지음, 『아도르노와 자본주의적 우울 : 계몽의 변증법에서 미학이론까지 아도르노 새롭게 읽기』 - 풀빛, 2005
- 노명우 지음, 『계몽의 변증법을 넘어서 : 아도르노와 쇤베르크』 - 문학과지성사, 2002
- 김유동 지음, 『아도르노와 현대사상 : 이론과 실천의 가능성을 찾아서』 - 문학과지성사, 1997
- 민형원 지음, 「아도르노」 『현대철학의 흐름』 - 동녘, 1996

❖ 벤야민 관련 1차 문헌

발터 벤야민 선집은 현재 길 출판사와 새물결 출판사에서 기획 출판 중에 있다. 벤야민의 후기 저작 중 가장 기본적으로 읽히는 글은 「기술복제시대의 예술작품」, 「생산자로서의 작가」, 「사진의 작은 역사」 등을 포함하는데, 반성완 번역의 『발터 벤야민의 문예이론』은 「기술복제」 논문의 3판을 수록하고 있지만 최성만 번역의 발터 벤야민 선집은 「기술복제」 논문의 3판 번역 외에도 2판의 번역과 주를 포함하고 있어 보다 깊이 있는 이해를 가능하게 한다. 발터 벤야민이라는 한 인간의 체취를 물씬 느끼기 위해서는 『모스크바 일기』를 읽어보기를 권한다. 벤야민이 프랑크푸르트 대학에 교수 자격 취득을 위해 제출하였으나 "아무리 읽어도 이해할 수 없다"는 평가와 함께 반려되었던 『독일 비애극의 원천』도 조만영에 의해 최근 번역되었다.

- 반성완 옮김, 『발터 벤야민의 문예이론』 - 민음사, 1983
  최성만 옮김, 『기술복제시대의 예술작품, 사진의 작은 역사 외』 - 길, 2007
- 김영옥, 윤미애, 최성만 옮김, 『일방통행로, 사유이미지』 - 길, 2007
  조형준 옮김, 『일방통행로 : 사유의 유격전을 위한 현대의 교본』 - 새물결, 2007
- 윤미애 옮김, 『1900년경 베를린의 유년시절, 베를린 연대기』 - 길, 2007
  조형준 옮김, 『베를린의 어린 시절』 - 새물결, 2007
  박설호 옮김, 『베를린의 유년 시절, 독일 낭만주의에서의 예술 비평의 개념』 - 솔, 1992
- 조만영 옮김, 『독일 비애극의 원천』 - 새물결, 2008
- 최성만 옮김, 『역사의 개념에 대하여, 폭력비판을 위하여, 초현실주의 외』 - 길, 2008
- 최성만 옮김, 『언어 일반과 인간의 언어에 대하여 외』 - 길, 2008

- 김남시 옮김, 『(발터 벤야민의) 모스크바 일기』 - 그린비, 2005
- 조형준 옮김, 『아케이드 프로젝트』 - 새물결, 2005~2006

❖ 벤야민 관련 2차 문헌

발터 벤야민의 일생과 그의 사상 편력을 알아보기 위해서는 베른트 비테(Bernd Witte)와 게르숌 숄렘의 벤야민 전기가 가장 중요하게 읽히고 있다. 좀더 간략한 개괄을 원한다면 비테의 책을, 벤야민의 절친했던 벗에 의한 보다 깊이 있는 벤야민 전기를 읽고 싶다면 숄렘의 책을 추천한다. 최근 번역된 몸메 브로더젠(Momme Brodersen)의 벤야민 개설서는 벤야민의 저작에 대한 간략한 소개와 더불어 벤야민 사상의 기본 구도를 압축적으로 소개해놓고 있다. 벤야민의 『파사젠베르크』에 대한 유용한 해설서로는 수잔 벅 모스(Susan Buck-Morss)와 그램 질로크(Graeme Gilloch)의 책이 모두 번역되어 있다. 『파사젠베르크』에 먼저 도전하기보다는 해설서를 통해 접근해보는 것도 한 가지 방편이 될 수 있다.

- 베른트 비테 지음, 윤미애 옮김, 『발터 벤야민』 - 한길사, 2001
- 게르숌 숄렘 지음, 최성만 옮김, 『한 우정의 역사 : 발터 벤야민을 추억하며』 - 한길사, 2002
- 몸메 브로더젠 지음, 이순예 옮김, 『발터 벤야민』 - 인물과사상사, 2007
- 그램 질로크 지음, 노명우 옮김, 『발터 벤야민과 메트로폴리스』 - 효형, 2005
- 수잔 벅 모스 지음, 김정아 옮김, 『발터 벤야민과 아케이드 프로젝트』 - 문학동네, 2004

Epilogue 5

찾아보기

ㄱ

가벼운 음악 p. 103, 104, 123, 128
가상 p. 143~145, 153, 157, 158
가치의 상실 p.80
경제 결정론 p.40
경제적 환원주의 p.40
계몽 enlightenment p.49, 50, 52, 53, 56, 63, 65, 70, 71, 76~78, 82, 83, 86, 93, 118, 135, 149, 150
『계몽의 변증법』 p. 48~50, 54, 59, 67~69, 86, 118, 123, 137
계몽주의 Enlightenment p. 52, 96
고다르, 장뤼크 Godard, Jean-Luc p. 273, 276
고랭, 장 피에르 Gorin, Jean-Pierre p. 270
〈공장에서 퇴근하는 노동자들〉 p. 262
관조적 침잠 p. 191, 194
굿맨, 베니 Goodman, Benny p. 130
그람시, 안토니오 Gramsci, Antonio p.282
그래칙, 테오도어 Gracyk, Theodore p. 131
그레코, 엘 Graco, El p. 94
「기술복제시대의 예술작품」 p. 172-175, 178, 183, 205, 210, 214, 219, 221~223, 246
길레스피, 디지 Gillespie, Dizzy p. 131

ㄴ

「나이트」 p. 51, 58
나치즘 p. 37, 47, 49, 135
낯설게 하기 p. 188
노이즈 마케팅 p. 107
니엡스, 조세프 Niepce, Joseph p. 186

ㄷ

다게르, 자크 Daguerre, Jacques p. 186
다다 p. 192~194, 201
당김음 p. 120~122
대중문화 p. 38, 40, 87, 88, 95~98, 100, 102, 105, 106, 112, 114, 115, 118, 125, 126, 164, 165, 173, 217, 237, 239, 241~244, 252, 254~257, 259, 278~280, 283
대항 영화 p. 272~274, 276, 277
데시카, 비토리오 De Sica, Vittorio p. 265
데이비스, 마일스 Davis, Miles p. 127, 133
데카르트, 르네 Descartes, René p. 41
도구적 이성 p. 77, 78, 82, 86, 87, 151, 152, 161
「도구적 이성 비판」 p. 77
독소 불가침 조약 p. 36, 37, 47
동일성의 원리 p. 84, 85

〈동풍〉 p. 273
되블린, 알프레드 Döblin, Alfred p. 212
뒤아멜, 조르주 Duhamel, Georges p. 173, 206
디에게시스 p. 274
디프 포커스 p. 266~269
따라 하기 p. 247

ㄹ

라오콘 Laocoon p. 62, 74
라자스펠드, 파울 Lazarsfeld, Paul p. 255
라치스, 아샤 Latsis, Asya p. 171, 172
레닌, 니콜라이 Lenin, Nikolai p. 159, 214
레싱, 고트홀트 Lessing, Gotthold E. p. 74, 75
로셀리니, 로베르토 Rossellini, Roberto p. 265
「록음악의 미학」 p. 131
롱 테이크 p. 266~269
뢰벤탈, 레오 Löwenthal, Leo p. 31, 41
루벤스 Rubens, Peter P. p. 181~183
루카치, 죄르지 Lukács, György p. 90~93
뤼미에르 형제 p. 262
리펜슈탈, 레니 Riefenstahl, Reni p. 223~224

ㅁ

마니에리스모 Manierismo p. 94
마루쿠제, 헤르베르트 Marcuse, Herbert p. 31, 161
마르크스, 카를 Marx, Karl p. 32~36, 38, 39, 41, 84, 90, 93, 175, 199
마오쩌둥 毛澤東 p. 160
〈만사형통〉 p. 270, 271
말러, 구스타프 Mahler, Gustav p. 46
매스 컬처 p. 95, 96

먼저 하기 p. 247
멍크, 텔로니어스 Monk, Thelonious p. 131
메릴린 맨슨 Marilyn Manson p. 22
메이란팡 梅蘭芳 p. 189
모드 문화 p. 241
몽타주 기법 p. 229, 230, 269
무관심성 p. 143
무르나우, 프리드리히 Murnau, Friedrich W. p. 265
무솔리니, 베니토 Mussolini, Benito p. 37
무조 음악 p. 124
문화산업 p. 87~89, 96, 100, 102, 103, 105~118, 120, 123~125, 128, 132, 133, 135, 158, 164, 165, 173, 181, 238, 240, 241, 242, 253, 282
문화산업론 p. 88, 165. 173, 236, 237, 241, 243, 247, 254, 255, 258, 260, 278, 280, 281
「문화산업론」 p. 89, 98, 103, 106, 109, 112, 115, 118, 256, 257
「문화산업론의 재고」 p. 88, 118
문화연구 p. 278~284
〈물에 젖은 물 뿌리는 사람〉 p. 282
「미니마 모랄리아」 p. 240, 252
미메시스 p. 146, 147, 149~151, 153~157, 179, 183, 209, 247
미장센 p. 266~268
「미학이론」 p. 137, 145, 152, 159, 160

ㅂ

바쟁, 앙드레 Bazin, André p. 265, 266,
「방법서설」 p. 41
베니니, 로베르토 Benigni, Roberto p. 51, 58
베르길리우스 Vergilius p. 74
「베를린 연대기」 p. 166

베버, 막스 Weber, Max　p. 78~82, 91, 92
베케트, 사뮈엘 Beckett Samuel　p. 153~155
벤야민, 발터 Benjamin, Walter　p. 18~20, 26, 40, 46~48, 126, 162, 165~175, 177~179, 183~189, 191, 193~201, 203~206, 208~215, 217~221, 223, 224, 226, 244~254, 264, 265
보들레르, 샤를 피에르 Baudelaire, Charles Pierre　p. 139, 140, 153, 154, 169, 178
「보들레르의 몇 가지 모티브에 대하여」p. 178
보티첼리 Botticelli, Sandro　p. 94
『부정변증법』p. 84, 137
부조리극　p. 153, 154
불협화음　p. 155~158
뷔르거, 페터 Bürger, Peter　p. 198~201
브라크, 조르주 Braque, Georges　p. 73
브레히트, 베르톨트 Brecht, Bertolt　p. 18, 168, 169, 172, 183, 188, 189, 212, 217, 218
비네, 로베르트 Wiene, Robert　p. 265
비밥　p. 120, 130~132
비판이론　p. 30, 33~38, 40~45, 48, 88, 93, 137, 159, 160, 161, 280, 281, 284
빙켈만, 요한 Winckelmann, Johann　p. 74, 75

ㅅ

사물화 이론　p. 90, 91
사이비 개성화　p. 102, 106, 107, 123
사적 유물론　p. 35, 38~40, 169, 170, 199
「사진의 작은 역사」p. 180
사회주의 독일 학생연맹　p. 15
상품 물신성　p. 90, 99
〈새로운 천사〉 p. 196, 197
서사극　p. 212, 213, 217, 218
세이렌 The Sirens　p. 57, 65~70

세잔, 폴 Cezanne, Paul　p. 60, 72, 73
소격　p. 188, 189, 212, 271~273
〈소년과 포도〉 p. 148
소외　p. 188, 189
쇤베르크, 아르놀트 Schonberg, Arnold　p. 45, 46, 124, 126, 155
숄렘, 게르숌 Scholem, Gerschom　p. 19, 168, 169
수평 트래킹 숏　p. 271
『순수이성 비판』p. 31, 32
숭배 가치　p. 178, 184, 185, 187, 188, 191, 249
〈쉰들러 리스트〉 p. 51
슈트로하임, 에리히 Stroheim, Erich von　p. 265
스윙　p. 120, 130, 131
스탈린 Stalin　p. 36, 37, 86, 186
스트라빈스키 Stravinsky　p. 127
스필버그, 스티븐 Spielberg, Steven　p. 51
〈시민 케인〉 p. 267
시퀀스 숏　p. 266, 267
「시학」p. 233
『신음악의 철학』p. 156, 157
『실천이성 비판』p. 31
12음 기법　p. 156
〈십자가에서 내려지는 그리스도〉 p. 181

ㅇ

아도르노, 테오도어 Adorno, Theodor W.　p. 14~21, 26, 27, 30, 36, 40, 41, 45~49, 52~56, 59, 63, 67, 68, 70, 71, 76, 78, 82, 83, 85~88, 90, 93, 96~100, 102~104, 106, 107, 110, 114~127, 131~133, 135~137, 144~1478, 149, 150, 153, 155, 156~162, 164~166, 169, 173, 179, 217, 254~257,

259, 260, 278.
아리스토텔레스 Aristoteles p. 233
「아방가르드 이론」 p. 198
아우라 p. 175~180, 183~188, 191, 192, 194, 198, 199, 203, 205, 217, 219, 220, 222, 223, 245~247
「아이네이스」 p. 74
아이슬러, 한스 Eisler, Hanns p. 218
아제, 외젠 Atget, Eugène p. 188, 191
아처, 프레데리크 Archer, Frederick S. p. 186
암스트롱, 루이 Armstrong, Louis p. 130, 132
엑스터시 효과 p. 231, 232
엘링턴, 듀크 Ellington, Duke p. 129, 130
「역사의 개념에 대하여」 p. 169, 196, 197
〈열차의 도착〉 p. 282
예이젠시테인 Eizenshtein p. 214, 215, 224, 229~232, 251, 264~266
오디세우스 Odysseus p. 59, 63, 65~70
「오디세이아」 p. 56, 59, 63, 68
「오페라 '마하고니 시의 흥망성쇠'에 대한 주석」 p. 216
와일러, 윌리엄 Wyler, William p. 265
원자적 청취 p. 113
월른, 피터 Wollen, Peter p. 272, 275
웰스, 오선 Welles, Orseon p. 267
위젤, 엘리 Wiessel, Elie p. 51
유미주의 p. 141, 160, 185, 186
유비쿼티 ubiquity p. 104
68세대 p. 165~167
「음악의 물신성과 듣기의 퇴행에 관하여」 p. 99
「음악의 사회적 상황을 위하여」 p. 46
의미의 상실 p. 81
〈의지의 승리〉 p. 223, 224, 270
인상주의 p. 208
〈인생은 아름다워〉 p.51

「일리아스」 p. 59, 60
「일방통행로」 p. 174

ㅈ

자기보존 p. 53, 65, 70, 76, 78, 82, 93, 149
「자본론」 p. 32, 84
자유의 상실 p. 80, 81
잘리거, 이보 Saliger, Ivo p. 94
전시 가치 p. 187, 188, 191, 192, 219, 249, 250
「전통 이론과 비판이론」 p. 41, 44
〈전함 포템킨〉 p. 214, 215, 224, 231, 232, 266
정신 산만 p. 226~228
정신 집중 p. 191
「정치경제학 비판」 p. 41
「정치경제학 비판을 위하여」 p. 38, 39
제욱시스 p. 148
제퍼슨, 토니 Jefferson, Tony p. 240
〈조처〉 p. 218
즉흥 연주 p. 120, 122, 130, 131, 133
〈지옥의 묵시록〉 p. 51

ㅊ

채플린, 찰리 Chaplin, Charles p. 194
「초시대적 유행; 재즈에 대해」 p. 122~125
총체적으로 관리되는 사회 p. 86

ㅋ

〈카이에 뒤 시네마〉 p. 269
카프카, 프란츠 Kafka, Franz p. 153, 154, 169
칸트, 이마누엘 Kant, Immanuel p. 31~34, 52
칼로카가티아 kalokagatia p. 141
켈너, 더글러스 Kellner, Douglas p. 237

콜먼, 오넷 Coleman, Ornette p. 133
쿨레쇼프, 레프 Kuleshov, Lev p. 229, 230
쿨레쇼프 효과 p. 229
큐비즘 Cubism p. 73
크라카우어 Kracauer, Siegfried p. 226~228
크랄, 한스 위르겐 Krahl, Hans-Jürgen p. 16
클레, 파울 Klee, Paul p. 196
키르케 Kirke p. 66, 67
키르케고르, 쇠렌 Kierkegaard, Søren p. 46, 154

ㅌ
탈집중화 p. 111
탤벗, 윌리엄 Talbot, William F. p. 186
테이텀, 아트 Tatum, Art p. 130
테일러 시스템 p. 91
「텔레비전을 보는 방법」 p. 127
트레티야코프, 세르게이 Tret'yakov, Sergei M. p. 218
트로이 전쟁 p. 59, 61~63
트로츠키, 레온 Trotskii, Leon p. 159
틸리히, 폴 Tilich, Paul p. 31, 41, 46

ㅍ
〈파리스의 심판〉 p. 59, 94
파시즘 p. 33, 37, 49, 196, 200, 221~224, 257
〈파업〉 p. 230
파커, 찰리 Parker, Charles p. 131, 132
파토스 p. 231, 232

「판단력 비판」 p. 31
포퓰러 컬처 p. 95, 96
폴록, 프리드리히 Pollock, Friedrich p. 31
표준화 p. 102~107, 109, 110, 120~124, 130, 238
푸돕킨, 프세볼로트 Pudovkin, Vsevolod p.230, 265
「프랑스 작가의 사회적 위치」 p. 47
프랑크푸르트학파 p. 30, 33, 41, 161
프로이트, 지그문트 Freud, Sigmund p. 220
프롬, 에리히 Fromm, Erich p. 31
플라어티, 로버트 Flaherty, Robert J. p. 265
플라톤 Platon p. 146, 147, 149
「플랜더스의 개」 p. 180~182
플러깅 plugging p. 103~105
피스크, 존 Fiske, John p. 242~244
〈피아니스트〉 p. 51
피카소, 파블로 Picasso, Pablo p. 73

ㅎ
하버마스, 위르겐 Habermas, Jürgen p. 49, 82
하위문화 p. 280
호르크하이머, 막스 Horkheimer, Max p. 35, 41, 43~49, 52, 53, 59, 63, 67, 78, 82, 83, 87, 88, 93, 96, 103, 118, 172
호메로스 Homeros p. 56, 59
홀, 스튜어트 Hall, Stuart p.240
후원자 체계 p. 139
히틀러, 아돌프 Hitler, Adolf p. 18, 37, 38, 49, 196, 223, 270

⊙ 이 책의 저자와 김영사는 모든 사진과 자료의 출처 및 저작권을 확인하고 정상적인 절차를 밟아 사용했습니다. 일부 누락된 부분은 이후에 확인 과정을 거쳐 반영하겠습니다.